21 世纪全国高职高专汽车类规划教材

汽车机械基础

（第二版）

主　编　马　琳　郑旭浩
副主编　娄万军　夏志华　马骊歌
主　审　韩清林

北京大学出版社
PEKING UNIVERSITY PRESS

内 容 简 介

"汽车机械基础"是汽车检测与维修、工程机械等机械类专业的一门专业基础课，它包括了静力学、材料力学、金属材料与热处理、金属制造工艺、互换性与测量技术、平面连杆机构、凸轮机构、键与螺纹连接、轴与轴承、带与链传动、齿轮传动及液压与液力传动等内容。本书编写力求简洁明了，注重理论联系实际，强调各种知识在实际中的应用，着重培养学生分析、解决问题的能力，充分体现了高等职业教育特色。

本书可供汽车检测与维修、汽车运用、工程机械等机械类专业使用，还可用于各类成人高校的相关专业。

图书在版编目（CIP）数据

汽车机械基础/马琳,郑旭浩主编.—2版.—北京:北京大学出版社,2013.7
（21世纪全国高职高专汽车类规划教材）
ISBN 978-7-301-22745-9

Ⅰ.汽…　Ⅱ.①马…②郑…　Ⅲ.汽车—机械学—高等职业教育—教材　Ⅳ.U463

中国版本图书馆 CIP 数据核字(2013)第 143010 号

书　　　　名：	汽车机械基础（第二版）
著作责任者：	马　琳　郑旭浩　主编
策划编辑：	傅　莉
责任编辑：	傅　莉
标准书号：	ISBN 978-7-301-22745-9/TH·0356
出版发行：	北京大学出版社
地　　　址：	北京市海淀区成府路 205 号　100871
网　　　址：	http://www.pup.cn　新浪官方微博:@北京大学出版社
电子信箱：	zyjy@pup.cn
电　　　话：	邮购部 62752015　发行部 62750672　编辑部 62754934　出版部 62754962
印　刷　者：	河北涿州星河印刷有限公司
经　销　者：	新华书店
	787 毫米×1092 毫米　16 开本　19.25 印张　448 千字
	2006 年 3 月第 1 版
	2013 年 7 月第 2 版　2013 年 7 月第 1 次印刷　总第 6 次印刷
定　　　价：	38.00 元

未经许可，不得以任何方式复制或抄袭本书之部分或全部内容。
版权所有，侵权必究
举报电话：010-62752024　电子信箱：fd@pup.pku.edu.cn

第二版前言

《汽车机械基础》是根据高职高专院校机械工程类专业为社会培养应用型人才的改革要求而组织编写的。本书共分四篇,分别是基础知识、工程力学、机械原理与机械零件、液压与液力传动。以上各篇内容都是由多年从事一线教学工作、具有丰富实践经验的双师型教师,根据高职高专的教学特点而编写的。本书在编写过程中力求突出以下特点。

(1) 知识点多

本书包含了金属材料及热处理、互换性与测量技术、金属工艺学、工程力学、机械原理与机械零件、液压传动等几门课程的主要内容。

(2) 简洁明了、够用为度

本书在编写过程中摒弃了理论性较强的内容,以实用为标准,注重知识在实践中的应用,着重培养学生分析问题、解决问题的能力,充分体现了高职教育的特色。

(3) 内容新

本书在编写过程中吸收了国内外比较成熟的新理论、新技术,并注重介绍这些新知识在目前各种机型上的应用。本书配有大量的结构原理插图,有助于学生学习和理解。

(4) 实用性强

《汽车机械基础(第二版)》,不仅修改了第一版中存在的问题,而且还采用了最新颁布的国家标准,并纳入了一些最新的知识,加强了汽车类、工程机械类技能人才所必须掌握的实践技能,以适应培养现阶段高素质、高技能人才的需要。

本书由马琳、郑旭浩任主编并负责全书统稿工作,娄万军、夏志华、马骊歌任副主编。具体编写分工为:夏志华编写了第1~3章;马骊歌编写了第4~6章;娄万军编写了第7~10章;郑旭浩编写了第11~16章;马琳编写了第17~20章。韩清林撰写了前言并负责全书的审阅工作。

由于编者水平有限,书中肯定存在不少缺点和不足,敬请广大读者批评指正。

编 者
2013年6月

目 录

第一篇 基础知识

第1章 金属材料及热处理概论 2
1.1 金属及合金的主要性能 2
1.2 常用的金属材料和非金属材料 9
1.3 钢的热处理 20

第2章 互换性与技术测量 26
2.1 光滑圆柱体结合的公差与配合 26
2.2 几何公差 37
2.3 表面粗糙度 47

第3章 金属制造工艺 54
3.1 铸造 54
3.2 压力加工 58
3.3 焊接 61
3.4 切削加工 69

第二篇 工程力学

第4章 静力学基础 84
4.1 静力学基本概念和公理 84
4.2 约束与约束反力 90
4.3 受力图 94

第5章 平面力系 97
5.1 平面任意力系的简化及平衡方程 97
5.2 平面特殊力系的简化及平衡方程 100
5.3 考虑摩擦时的平衡问题 101

第6章 杆件的应力与强度计算 106
6.1 应力的概念 106
6.2 材料在轴向拉压时的力学性能 107
6.3 轴向拉(压)杆的应力、变形和强度计算 111

6.4 剪切与挤压的实用计算 …………………………………………………………… 117
6.5 圆轴扭转的实用计算 …………………………………………………………… 120
6.6 直梁的平面弯曲 ………………………………………………………………… 125
6.7 组合变形构件的应力与强度计算 ……………………………………………… 133

第三篇　机械原理与机械零件

第7章　平面机构的运动简图 ………………………………………………………… 140
7.1 平面机构概述 …………………………………………………………………… 140
7.2 运动副及其分类 ………………………………………………………………… 141
7.3 平面机构运动简图 ……………………………………………………………… 142

第8章　平面连杆机构 ………………………………………………………………… 144
8.1 铰链四杆机构 …………………………………………………………………… 144
8.2 滑块四杆机构 …………………………………………………………………… 146
8.3 平面四杆机构的运动特性 ……………………………………………………… 148

第9章　凸轮机构 ……………………………………………………………………… 153
9.1 凸轮机构的应用和分类 ………………………………………………………… 153
9.2 从动推杆的常用运动规律 ……………………………………………………… 155

第10章　螺纹连接 …………………………………………………………………… 159
10.1 螺纹的形成、类型和主要参数 ………………………………………………… 159
10.2 螺旋副的受力分析、自锁和效率 ……………………………………………… 161
10.3 螺纹连接的基本类型和螺纹连接件 …………………………………………… 163
10.4 螺栓连接的预紧与防松 ………………………………………………………… 166

第11章　键连接 ……………………………………………………………………… 168
11.1 键连接概述 ……………………………………………………………………… 168
11.2 键连接的类型 …………………………………………………………………… 168
11.3 花键连接 ………………………………………………………………………… 172

第12章　带、链传动 ………………………………………………………………… 174
12.1 带传动 …………………………………………………………………………… 174
12.2 链传动 …………………………………………………………………………… 179

第13章　齿轮传动 …………………………………………………………………… 181
13.1 齿轮传动的特点、类型及基本要求 …………………………………………… 181
13.2 齿廓啮合基本定律 ……………………………………………………………… 183
13.3 渐开线齿廓 ……………………………………………………………………… 184
13.4 渐开线直齿轮的各部分名称、基本参数及几何尺寸 ………………………… 186
13.5 渐开线标准直齿圆柱齿轮的啮合传动 ………………………………………… 189

- 13.6 渐开线齿轮的加工原理和根切现象 ... 191
- 13.7 渐开线变位齿轮概述 ... 194
- 13.8 齿轮传动的失效形式和计算准则 ... 196
- 13.9 直齿圆柱齿轮传动的强度计算 ... 198
- 13.10 斜齿圆柱齿轮传动 ... 200
- 13.11 直齿圆锥齿轮传动 ... 205
- 13.12 齿轮传动的效率和润滑 ... 206
- 13.13 齿轮的结构 ... 207
- 13.14 蜗杆传动 ... 208

第14章 齿轮系 ... 214
- 14.1 齿轮系的分类 ... 214
- 14.2 定轴齿轮系传动比的计算 ... 217
- 14.3 行星轮系传动比的计算 ... 218
- 14.4 齿轮系的功用 ... 221

第15章 轴 ... 223
- 15.1 轴概述 ... 223
- 15.2 轴的结构设计 ... 225

第16章 轴承 ... 229
- 16.1 滑动轴承 ... 229
- 16.2 滚动轴承 ... 232

第四篇 液压与液力传动

第17章 液压与液力传动概论 ... 238
- 17.1 液压传动 ... 238
- 17.2 液力传动 ... 241

第18章 液压泵 ... 244
- 18.1 液压泵概述 ... 244
- 18.2 齿轮泵 ... 247
- 18.3 叶片泵 ... 250
- 18.4 柱塞泵 ... 253
- 18.5 螺杆泵 ... 257
- 18.6 各类液压泵的性能比较及应用 ... 258

第19章 液压缸和液压马达 ... 259
- 19.1 液压缸的类型和特点 ... 259
- 19.2 液压缸的结构 ... 263

19.3 液压马达 ………………………………………………………………… 271
第20章 液压控制阀 ……………………………………………………………… 273
20.1 液压控制阀概述 …………………………………………………………… 273
20.2 方向控制阀 ………………………………………………………………… 274
20.3 压力控制阀 ………………………………………………………………… 281
20.4 流量控制阀 ………………………………………………………………… 287
附录 ……………………………………………………………………………… 290
参考文献 ………………………………………………………………………… 298

第一篇

基础知识

第1章 金属材料及热处理概论

金属材料是现代机械制造业的基本材料,广泛应用于制造生产及生活用品。金属材料之所以获得广泛应用,是由于它具有许多良好的性能。

金属材料分为黑色金属和有色金属两类。

黑色金属包括钢和铸铁。碳的质量分数超过2.11%的铁碳合金称为铸铁,碳的质量分数不大于2.11%的铁碳合金称为钢。

钢铁以外的金属材料称为有色金属材料或非铁金属材料。当前,全世界的金属材料总产量中钢铁占95%,是金属材料的主体;有色金属材料约占5%,处于补充地位,但它的作用却是钢铁材料无法代替的。

有色金属材料与钢铁材料相比较,其突出的优良性能主要在物理性能和化学性能方面:钛和钛合金的耐蚀性优于不锈钢;铜及铝的导电和导热性明显高于铁合金;镍铬合金的电阻率高,同时还有高的抗氧化性和塑性;铅具有高的抗X射线和γ射线穿透的能力;铅、锡基合金和某些铝基、铜基合金具有优良的减摩性能等。关于力学性能,一般地说,钢铁强度高,而多数有色金属塑性好。若考虑到铝、铁合金的相对密度低于钢,并用材料的相对密度除以强度得出的比强度,则铝或铝合金的比强度和比刚度均比钢铁成倍地提高。

热处理是指金属或合金在固态范围内,通过一定的加热、保温和冷却的方法,以改变金属或合金的内部组织,从而得到所需性能的一种工艺操作。

1.1 金属及合金的主要性能

金属材料的性能,是指用来表征材料在给定外界条件下的行为参量。当外界条件发生变化时,同一种材料的某些性能也会随之变化。通常所指金属材料的性能包括以下两个方面。

(1) 使用性能:即为了保证零件、工程构件或工具等的正常工作,材料所应具备的性能,包括物理性能(如熔点、导热性、热膨胀性等)、化学性能(如耐腐蚀性、抗氧化性等)、力学性能等。金属材料的使用性能决定了其应用范围、安全可靠性和使用寿命等。

(2) 工艺性能:是指金属在制造加工过程中反映出来的各种性能,即反映金属材料在被制成各种零件、构件和工具的过程中,材料适应各种冷、热加工的性能,主要包括铸造、压力加工、焊接、切削加工、热处理等方面的性能。

1.1.1 金属及合金的物理、化学性能

1. 金属材料的物理性能

金属材料的本质不发生变化所表现的性能称为物理性能,包括密度、熔点、导热性、

导电性、磁性等。涉及金属加工的主要物理性能有如下几种。

(1) 密度及熔点。

金属的密度就是单位体积金属的质量，金属的熔点用温度来衡量。不同用途的机器零件，对金属材料的密度和熔点要求也不同。如飞机和汽车上的许多零件和构件，要选用密度比较小的铝镁合金来制造；而重型机器上的许多构件，则必须用密度较大的钢铁材料来制造。又如铸钢、铸铁和铸造铝合金的熔点各不相同，在铸造时三者的熔炼工艺就有很大的差别。

(2) 导热性。

金属传导热的性能称为导热性，一般用热导率 λ 来衡量金属导热性的好坏，λ 值越大，导热性越好。在热加工时，若金属的导热性很差，则在加热或冷却时，尤其以较快的速度加热或冷却时，会在金属中产生较大的温度差而引起较大的热应力，从而导致工件变形甚至产生裂纹。因而对导热性差的材料，应减慢其加热或冷却速度。例如高速钢的导热性较差，在锻造时就应该用很低的速度进行加热，否则易产生裂纹。

(3) 热膨胀性。

金属在温度升高时体积涨大的现象称为热膨胀性。热膨胀性用线膨胀系数 α 表示，单位是 $1/℃$ 或 $1/K$，即温度每升高 $1℃$ 金属的单位长度膨胀量。α 值越大，金属的尺寸或体积随温度变化而变化的程度就越大。

2. 金属材料的化学性能

金属材料的化学性能是指金属材料在室温或高温条件下抵抗各种腐蚀性介质对其化学侵蚀的能力，一般包括耐蚀性、抗氧化性和化学稳定性。

由于金属材料的氧化和腐蚀不仅破坏零件的表面质量，而且还会降低零件的精度，严重的局部腐蚀和应力共同作用还会使零件产生破坏，因此对处于高温或有腐蚀性介质中的工件，首先要考虑的是它们的化学稳定性。

1.1.2 金属及合金的力学性能及工艺性能

1. 金属及合金的力学性能

金属及合金的机械性能即金属材料的力学性能。所谓力学性能是指金属在外力作用下所表现出来的性能。力学性能包括强度、疲劳强度、塑性、冲击韧性及硬度等。

(1) 强度。

强度是指在外力作用下材料抵抗变形和断裂的能力，是材料最重要、最基本的力学性能指标之一。

根据受力形式不同，金属及合金的强度包括：抗拉强度、抗压强度、抗弯强度等，其中最基本、最重要的强度是抗拉强度。静载时材料的抗拉强度可通过拉伸试验来测定。关于抗拉强度及其测定将在后面的力学部分进一步深入研究。

(2) 疲劳强度。

金属材料在极限强度以下，长期承受交变载荷（即大小、方向反复变化的载荷）的作用，在不发生显著变形的情况下而突然断裂的现象，称为疲劳。如汽车、拖拉机或柴油机上的连杆螺栓，其损坏形式除了由于强度不足引起过量塑性变形而失效外，多数情况下是由于疲劳破坏而造成断裂。

金属材料在重复或交变应力作用下，经过周次 N 的应力循环仍不发生断裂时所能承受的最大应力称为疲劳极限或持久极限。材料的疲劳极限与应力循环特征有关，在不同循环特征的交变应力作用下，有着不同的疲劳极限，其中对称循环下的疲劳极限为最低。因此，常用对称循环下的疲劳极限作为材料的疲劳强度指标。

（3）塑性。

塑性是指金属材料在外力作用下，产生永久变形而不致破裂的能力。

许多零件或毛坯是通过塑性变形而成形的，故要求材料有较高的塑性；并且为防止零件工作时脆断，也要求材料有一定的塑性。塑性也是金属材料的主要力学性能指标之一。常用的塑性指标有断后伸长率 δ 和断面收缩率 ψ。关于塑性的测定将在后面的力学部分进一步深入研究。

（4）韧性。

韧性是指金属材料在冲击力（动载荷）的作用下而不被破坏的能力。金属的韧性通常随加载速度的提高、温度的降低、应力集中程度的加剧而减少。韧性高的材料在断裂前要发生明显的塑性变形，由可见的塑性变形至断裂会经过一段较长的时间，能引起注意，一般不会造成严重事故；而韧性低的材料，脆性大，材料断裂前没有明显的征兆，因而危险性极大。评定材料韧性的力学性能指标是冲击韧度和断裂韧度。

金属材料抵抗冲击载荷的能力称为冲击韧性。不少机器零件如冲床连杆、曲轴等，在工作时都要承受冲击载荷，且冲击所引起的变形和应力比静载荷时大得多。如果仍只用静载荷作用下的抗拉强度来设计计算机器零件，就不能保证零件工作时的安全性，因此必须同时考虑金属材料的冲击韧性。目前，工程上一般用金属夏比冲击试验来测定金属材料的冲击韧性值 α_k。

金属夏比冲击试验是先将被测的金属材料制成一定形状和尺寸的试样，如图 1-1（a）所示为 U 形缺口冲击试样，然后将冲击试样安放在冲击试验机上，把具有一定重量 G 的摆锤提到 h_1 高度后，使摆锤自由下落，如图 1-1（b）所示。

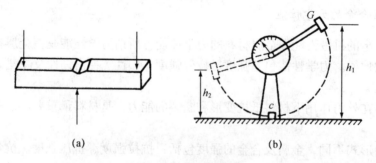

图 1-1　冲击试验原理图

冲断试样后，摆锤摆至 h_2 高度，其位能的变化值即为摆锤对试样所做的冲击功 A_k，即：

$$A_k = G(h_1 - h_2)$$

冲击功除以冲击试样缺口处初始截面积即为冲击韧性值 α_k，即：

$$\alpha_k = \frac{A_k}{S}$$

式中：α_k——冲击韧性值，J/cm^2；

A_k——冲击功，J；

S——试样缺口处初始截面积，cm^2。

α_k 值越大，金属材料的冲击韧度越好。对于重要零件，要求 $\alpha_k > 50 J/cm^2$。实践中零件往往是要经过小能量多次重复冲击才被冲断，因此 α_k 值一般只作为设计计算的参考。

(5) 硬度。

硬度是指金属抵抗更硬物体压入其表面的能力。硬度不是一个单纯的物理量，而是反映弹性、强度、塑性等能力的一个综合性能指标。

硬度是各种零件和工具必须具备的性能指标。机械制造业所用的刀具、量具、模具等，都应具备足够的硬度才能保证使用性能和寿命。因此硬度是金属材料重要的力学性能之一。硬度又可间接地反映金属的强度及金属在化学成分、金相组织和热处理工艺上的差异。与拉伸试验相比，硬度试验简便易行，因而硬度试验应用十分广泛。

测定金属材料硬度的方法很多，常用的是布氏硬度试验和洛氏硬度试验。

① 布氏硬度。布氏硬度用 HB 表示，是用淬火小钢球或硬质合金球压入金属表面，以其压痕面积除加在钢球上的载荷，所得之商，即为金属的布氏硬度数值。布氏硬度试验原理如图 1-2 所示。

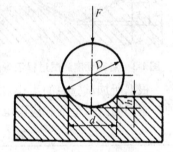

图 1-2 布氏硬度试验原理图

布氏硬度计算公式如下：

$$HBS(HBW) = \frac{F}{S} = \frac{0.102 \times 2F}{\pi D(D - \sqrt{D^2 - d^2})}$$

式中：HBS（HBW）——用钢球（或硬质合金球）试验时的布氏硬度值，N/mm^2；

F——试验力，N；

S——球面压痕表面积，mm^2；

D——球体（压头）直径，mm；

d——压痕平均直径，mm。

从布氏硬度的计算公式中可以看出，当试验力（F）、球体（压头）直径（D）一定时，布氏硬度值仅与压痕平均直径（d）的大小有关。d 越小，布氏硬度值越大，也就是硬度越高。相反，d 越大，布氏硬度值越小，硬度也越低。

通常布氏硬度值不标单位。在实际应用中，布氏硬度一般不用计算，而是用专用的刻度放大镜量出压痕平均直径（d），根据压痕平均直径的大小，再从专门的硬度表中查出相应的布氏硬度值。

布氏硬度符号，如硬度机压头为淬火小钢球时用 HBS 表示，适用于硬度较低（HB < 450）的材料；硬度机压头为硬质合金球时用 HBW 表示，适用于硬度较高（450 ≤ HB ≤ 650）

的材料。由于布氏硬度压痕较深且面积大,故不适宜测试太薄的试样和成品零件的硬度。

生产中常用布氏硬度法测定经退火、正火和调质的钢件以及铸铁、有色金属、低合金结构钢等毛坯或半成品件的硬度。标注布氏硬度时,符号"HBS"或"HBW"之前为硬度值,符号后面用数值按顺序依次表示球体直径、试验力和试验保持时间(10~15 s不标注),并用斜线分别隔开。

例如:170HBS10/30000/30,表示用直径10 mm的淬火钢球压头,在30 000 N试验力作用下保持30 s,测得的布氏硬度值为170;500HBW5/7500,表示用直径5 mm的硬质合金球在7 500 N试验力作用下保持10~15 s,测得的布氏硬度值为500。

布氏硬度试验的特点是:测出的硬度准确可靠,重复性强;但因其压痕面积大,故不适宜测量成品件硬度,也不宜测量薄件硬度。同时,布氏硬度试验的测量速度慢,测得压痕直径后还需要计算或查表。

布氏硬度试验常用于测量灰铸铁、结构钢、非铁金属及非金属材料的硬度。

② 洛氏硬度。用一定的试验力 F,将顶角为120°的金刚石圆锥体或直径为1.588 mm的淬火钢球压入被测金属表面,然后根据压痕的深度确定被测金属材料硬度值的方法称为洛氏硬度试验。

如图1-3所示为洛氏硬度测试过程示意图。一般洛氏硬度机不需要直接测量压痕深度,其值可由刻度盘上的指针指示出来。

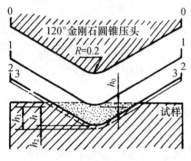

图1-3 洛氏硬度测试过程示意图

根据所加试验力的大小和压头类型的不同,洛氏硬度可分为HRA、HRB和HRC三种,它们的测量范围和应用范围也不同(参见表1-1)。

表1-1 常用洛氏硬度的试验条件和应用范围

硬度符号	所用压头	测量范围(硬度)	总载荷(N)	应用举例
HRA	金刚石圆锥	70~85	588.4(60 kgf)	碳化物、硬质合金、淬火工具钢、浅层表面硬化钢
HRB	φ1.5875 mm钢球	25~100	980.7(100 kgf)	软钢、铜合金、铝合金
HRC	金刚石圆锥	20~67	1471.1(150 kgf)	淬火钢、调质钢、深层表面硬化钢

洛氏硬度的标注法比布氏硬度简单,但仍是硬度值在硬度符号的前面,如60HRC表示用C标尺所测得的洛氏硬度值为60。

洛氏硬度试验的压痕小,可测较薄的材料和硬的材料或成品件的硬度。一般生产中以HRC用得最多,HRC与HBS的数值关系(当HBS>220时)约为1:10。

洛氏硬度试验的特点是:操作简便、迅速、效率高,可以测定软、硬金属的硬度;压痕小,可用于成品检验;但重复性差,不适宜测试组织不均匀的材料,且不同的硬度级别测得的硬度值无法比较。

2. 金属及合金的工艺性能

工艺性能指金属材料在加工过程中所表现出来的性能,即接受加工难易程度的性能。

工艺性能主要有铸造性、切削加工性、焊接性、可锻性、冲压性、顶锻性、冷弯性、热处理工艺性等。在设计机械零件和选择加工方法时，都要考虑金属材料的工艺性能。如灰铸铁具有优良的铸造性能和切削加工性能，常用来铸造机械零件；但其锻造性能差，不能锻造，焊接性能也较差。低碳钢的锻造性能和焊接性能都很好。热处理工艺通常作为改善切削加工性能或使零件得到所要求的最终性能而安排在有关工序之间。

（1）铸造性。

铸造是将熔融金属浇注、压射或吸入铸件型腔中，待其凝固后而得到一定形状和性能铸件的方法。由此可知，铸造性是指金属熔化成液态后，在铸造成形时所具有的一种特性。衡量铸造性的指标有流动性、收缩率和偏析趋势。

① 流动性。流动性是液态金属充满铸型的能力。流动性越好，液态金属充满铸型的能力越强，越容易铸造细、薄、精密的铸件。流动性差，铸型就不易被液态金属充满，铸件就容易造成"缺肉"而成为废品。

② 收缩性。收缩性是指铸件在冷却凝固时，体积和线性尺寸收缩的程度。收缩不利于金属铸造，它将使铸件产生缩孔、缩松、变形等缺陷。

③ 偏析趋势。偏析趋势是指铸件凝固后，出现化学成分和组织上不均匀的现象，从而导致铸件各部位的力学性能差异。一般来说，合金钢的偏析倾向较大，高碳钢的偏析倾向比低碳钢大，因此，合金钢和高碳钢需要铸后热处理（扩散退火）来消除偏析。

（2）切削加工性。

金属材料在切削加工时所表现的性能称为切削加工性。切削加工性的优劣反映金属材料经过切削加工而成为合乎要求工件的难易程度。切削加工性与多种因素有关，如材料的组织、成分、硬度、强度、塑性、韧性、导热性、金属加工硬化程度以及热处理等。评价金属材料的切削加工性是比较复杂的，它包括切削力、切削热、对刀具的磨损、断屑性能、表面粗糙度等。一般可根据材料的韧性和硬度作大致的判断。硬度为 170～230HBS 并有足够脆性的金属材料，常有良好的切削加工性。硬度和韧性过高或过低，切削性能均不理想。金属材料的切削加工性很难用一个指标来评定，通常用"切削率"或"切削加工系数"来相对地表示。

一般来说，有色金属比黑色金属材料的切削加工性好，铸铁比钢的切削加工性好，中碳钢又比低碳钢的切削加工性好。

（3）焊接性。

用焊接方法将两种相同或不同的金属材料焊合在一起，并能获得优良性能的焊缝称为焊接性。

一般来说，导热性过高或过低、热膨胀性大、塑性低或焊接时容易氧化吸气的金属，其焊接性比较差。低碳钢具有良好的焊接性，中碳钢的焊接性为中等，高碳钢、高合金钢、铸铁和铝合金的焊接性较差。

（4）可锻性。

可锻性是指金属材料在锻造过程中承受塑性变形的性能。如果金属材料的塑性好，易于锻造成形而不发生破裂，就认为可锻性好。铜、铝的合金在冷态下就具有很好的可锻性；碳钢在加热状态下，可锻性也很好；而青铜的可锻性就差些。至于脆性材料的可锻性就更差，如铸铁几乎就不能锻造。

(5) 冲压性。

冲压性是指金属经过冲压变形而不产生裂纹等缺陷的性能。许多金属产品的制造都要经过冲压工艺，如汽车壳体、搪瓷制品坯料等。为保证制品的质量和工艺的顺利进行，用于冲压的金属板、带等必须具有合格的冲压性能。

检验金属材料冲压性的方法叫杯突试验（也叫艾利克森试验）。试验过程是：用规定的钢球或球形冲头顶压夹紧在压模内的试样，直至试样产生第一个裂纹为止。这时的压入深度叫杯突深度。杯突深度不小于规定时就认为合格。材料能承受的杯突深度越大，则其冲压性越好。

(6) 顶锻性。

顶锻性是指金属材料承受打铆、镦头等顶锻变形的性能。金属必须具有良好的顶锻性。

金属的顶锻性是用顶锻试验测定的。在常温下进行的顶锻试验叫冷顶锻试验，在锻造温度范围内进行的顶锻试验叫热顶锻试验。进行顶锻试验时，应将试样锻短至规定长度（一般为长度的 1/3，1/2 或 2/5），锻后检查试样侧面，如无裂缝、扯破、气泡等即为合格。

(7) 冷弯性。

金属材料在常温下能承受弯曲而不破裂的性能，称为冷弯性。出现裂纹前能承受的弯曲程度越大，则材料的冷弯性越好。弯曲程度一般用弯曲角度或弯芯直径对材料厚度的比值来表示。弯曲角度越大或弯芯直径对材料厚度的比值越小，则材料的冷弯性就越好。

金属材料的弯曲是靠弯曲处附近的塑性变形来实现的，因此，塑性越大，冷弯性也越好。

(8) 热处理工艺性。

热处理工艺性是指金属经过热处理后，其组织和性能改变的能力，包括淬硬性、淬透性、回火脆性、氧化及脱碳趋势等。

3. 合金元素对钢性能的影响

合金是指由两种或两种以上的元素（其中至少有一种是金属元素）所组成的具有金属性质的物质。钢中主要合金元素对钢的作用及其性能的影响相当复杂，它对钢的组织和性能有很大的影响。下面仅简述合金元素几种主要的作用。

(1) 强化铁素体。

大多数合金元素（除铅外）都能溶于铁素体，形成合金铁素体。由于合金元素与铁的晶格类型和原子半径存在差异，引起铁素体的晶格畸变，产生固溶强化作用，从而使铁素体的强度、硬度提高，塑性和韧性下降。合金元素对铁素体韧性的影响与它们的含量有关。例如，Si 含量小于 1.0%、Mn 含量小于 1.5% 时铁素体韧性没有下降，当含量超过此值时韧性则有下降的趋势；而铬和镍在适当范围内（Cr 含量小于 2.0%，Ni 含量小于 5.0% 时）可使铁素体的韧性提高。

(2) 形成合金碳化物。

锰、铬、钼、钨、钒、钛等元素与碳能形成碳化物。根据合金元素与碳的亲和力不同，它们在钢中形成的碳化物可分为两类。

① 形成合金渗碳体。锰、铬、钼、钨等弱、中强碳化物形成元素一般倾向于形成合金渗碳体，如 $(Fe, Mn)_3C$, $(Fe, Cr)_3C$, $(Fe, W)_3C$ 等。合金渗碳体较渗碳体略为稳定，硬度也略高。

② 形成特殊化合物。钒、铌、钛等强碳化物形成元素能与碳形成特殊碳化物，如 VC，TiC 等。特殊碳化物比合金渗碳体具有更高的熔点、硬度和耐磨性，而且更稳定，不易分解，能显著提高钢的强度、硬度和耐磨性。

（3）细化晶粒。

几乎所有的合金元素都有抑制钢在加热时的奥氏体晶粒长大的作用，达到细化晶粒的目的。强碳化物形成元素钒、铌、钛等形成的碳化物，铝在钢中形成的 AlN 和 Al_2O_3 细小质点，均能强烈地阻碍奥氏体晶粒长大，使合金钢在热处理后获得比碳钢更细的晶粒。

（4）提高钢的淬透性。

除钴外，所有的合金元素溶于奥氏体后，均可增加过冷奥氏体的稳定性，推迟其向珠光体的转变，使 C 曲线（即奥氏体等温转变曲线）右移，从而减小淬火临界冷却速度，提高钢的淬透性。

由于合金元素加入后可提高钢的淬透性，因此，在获得同样淬硬层深度的情况下，可以采用冷却能力较低的淬火介质，以减小形状复杂的零件在淬火时的变形和开裂。在淬火条件相同的条件下，合金钢可获得较深的淬硬层，能使大截面的零件获得均匀一致的组织，从而得到较好的力学性能。常用的提高淬透性的合金元素有钼、锰、铬、镍和硼等。

（5）提高钢的回火稳定性。

淬火钢在回火时，抵抗软化的能力称为钢的回火稳定性。合金钢在回火过程中，由于合金元素的阻碍作用，使马氏体不易分解，碳化物不易析出，即使析出后也不易聚集长大，从而保持较大的弥散度，所以钢在回火过程中硬度下降较慢。

和碳钢相比，在相同的回火温度下，合金钢比相同含碳量的碳素钢具有更高的硬度和强度，故在强度要求相同的条件下，合金钢可在更高的温度下回火，以充分消除内应力，从而使韧性更好。高的回火稳定性使钢在较高温度下仍能保持高硬度和高耐磨性。金属材料在高温下保持高硬度的能力称为热硬性，这种性能对一些工具钢具有重要意义。如高速切削时，刀具温度很高，刀具材料的回火稳定性高，就可以提高刀具的使用寿命。

1.2 常用的金属材料和非金属材料

1.2.1 碳素钢的分类、牌号及用途

通常将含碳量在 0.02%～2.11% 的铁碳合金称为碳素钢，简称碳钢。碳钢的冶炼较简便，价格低廉，在工业上使用极为广泛。实际使用的碳钢，其含碳量一般不超过 1.4%，而且除了铁和碳这两种元素外，由于冶炼过程的原因，还含有少量的硫、磷、锰、硅等常存杂质元素。

1. 常存杂质元素对碳钢性能的影响

（1）硫的影响。

硫是由生铁和燃料带入钢中的杂质。由于硫元素的存在，当钢材加热到 1 000～1 200℃进行锻造或轧制时，会导致钢材沿晶界开裂，这种现象称为热脆。此外，硫对钢的焊接性也有不良作用，使焊缝容易产生热裂；在焊接过程中硫易于氧化，生成 SO_2 气体，使焊缝中产生气孔和疏松。

但含硫量较多的钢，可与锰形成较多的 MnS，在高温下具有一定塑性，从而避免了热脆性。在切削加工中，MnS 能起断屑的作用，可改善钢的切削加工性，这是硫有利的一面。从总体上讲，硫是钢材中的有害元素，其含量不得超过 0.05%。

（2）磷的影响。

磷也是冶炼时由于矿石和炼钢铁水带入钢中的。磷有强烈的固溶强化作用，即使少量的磷都能使钢的强度和硬度显著提高，但使塑性和韧性大大下降。这种脆化现象在低温时更严重，故称为冷脆。一般认为钢中磷是有害杂质，要严格控制其含量，一般小于 0.04%。

（3）锰的影响。

锰有较好的脱氧能力，能清除钢中的 FeO，降低钢的脆性。同时，锰能取代 FeS 中的铁而与硫形成高熔点的 MnS，以防止硫在钢中所产生的热脆性。锰既能溶入铁素体中，又能溶入渗碳体中，从而使钢的强度与硬度得到提高。因此，锰是有益杂质，在钢中锰的含量一般为 0.25%～0.8%。

（4）硅的影响。

在钢中，硅大多溶入铁素体中，使铁素体的强度和硬度得到提高。因此，硅也是有益杂质，钢中硅的含量一般小于 0.5%。

2. 碳钢的分类

碳钢的分类方法很多，下面介绍几种常用的分类法。

（1）按钢中的含碳量分类。

① 低碳钢：含碳量≤0.25%的钢。

② 中碳钢：含碳量在 0.25%～0.60%的钢。

③ 高碳钢：含碳量＞0.60%的钢。

（2）按钢的质量（或硫、磷的质量分数）分类。

① 普通碳素钢：钢中硫的含量≤0.050%、磷的含量≤0.045%。

② 优质碳素钢：钢中硫、磷的含量约≤0.040%。

③ 高级优质碳素钢：钢中硫的含量≤0.030%，磷的含量≤0.035%。

（3）按钢的用途分类。

① 碳素结构钢：用于制造各种工程结构件和机械零件的碳素钢，大多数为低碳钢和中碳钢。

② 碳素工具钢：用于制造各种刃具、模具和量具的碳素钢，大多数为高碳钢。

（4）按钢的冶炼方法分类。

① 按冶炼方法和设备的不同，碳钢可分为平炉钢和转炉钢两类；每一类还可根据炉

衬材料的不同，分为酸性钢和碱性钢两种。

② 按钢液脱氧程度的不同，碳钢又可分为沸腾钢、镇静钢和半镇静钢。

3. 碳素结构钢

碳素结构钢的杂质和非金属夹杂物较多，但冶炼容易，工艺性好，价格便宜，产量大，在性能上能满足一般工程结构及普通零件的要求，因而应用普遍。碳素结构钢通常轧制成钢板和各种型材（圆钢、方钢、扁钢、槽钢、工字钢、钢筋等），用于厂房、桥梁、船舶等建筑结构或一些受力不大的机械零件（如铆钉、螺钉、螺母等）。

碳素结构钢的牌号由代表屈服点的汉语拼音字母"Q"、屈服点数值、质量等级符号和脱氧方法符号四个部分按顺序组成。质量等级符号用字母 A、B、C、D 表示，其中 A 级的硫磷含量最低，D 级的硫磷含量最高。脱氧方法符号用 F、b、Z、TZ 表示，其中 F 是沸腾钢，b 是半镇静钢，Z 是镇静钢，TZ 是特殊镇静钢。Z 与 TZ 符号在钢号组成表示方法中予以省略。例如 Q235-AF，表示屈服点为 235 MPa 的 A 级沸腾钢。

碳素结构钢按屈服点高低分为 Q195、Q215、Q235、Q255、Q275 五个不同强度级别的牌号，在钢的强度、级别和质量等级等方面为使用部门提供了较大的选择余地。

Q195、Q215 具有较高的塑性、韧性和焊接性能，并具有良好的压力加工性能，但强度低，适用于制造地脚螺栓、犁铧、烟筒、屋面板、铆钉、低碳钢丝、薄板、焊管、拉杆、吊钩、支架、焊接结构等。

Q235 具有良好的塑性、韧性、焊接性能、冷冲压性能以及冷弯性能。它广泛应用于一般要求的零件和焊接结构，如受力不大的拉杆、连杆、销、轴、螺钉、螺母、套圈、支架、机座、建筑结构、桥梁等。

Q255 具有较好的强度、塑性和韧性，较好的焊接性能和冷、热压力加工性能。它用于制造要求强度不太高的零件，如螺栓、键、摇杆、轴、拉杆和钢结构用的各种型钢、钢板等。

Q275 具有较高的强度、较好的塑性和切削加工性能，并具有一定的焊接性能。小型零件可以淬火强化。它用于制造要求强度较高的零件，如齿轮、轴、链轮、键、螺栓、螺母、农机用型钢、输送链和链节。

4. 优质碳素结构钢

优质碳素结构钢是按化学成分和力学性能供应的，钢中所含硫、磷及非金属夹杂物量较少，常用来制造重要的机械零件，使用前一般都要经过热处理来改善力学性能。

优质碳素结构钢的牌号用两位数字表示，这两位数字表示该钢的平均含碳量的万分数，例如，45 表示平均含碳量为 0.45% 的优质碳素结构钢；08 表示平均含碳量为 0.08% 的优质碳素结构钢。优质碳素结构钢根据钢中含锰量的不同，可分为普通含锰量钢（Mn 的含量 = 0.35%～0.80%）和较高含锰量钢（Mn 的含量 = 0.7%～1.2%）两组。较高含锰量钢在牌号后面标出元素符号"Mn"。例如 10F 表示平均含碳量为 0.10% 的优质碳素结构钢——沸腾钢，20G 是平均含碳量为 0.20% 的优质碳素结构钢——锅炉用钢。与普通含锰量的碳素结构钢相比，较高含锰量的碳素结构钢具有较高的淬透性以及较高的强度和硬度。

与碳素结构钢相比，优质碳素结构钢对硫、磷等杂质限制较严，硫、磷含量均不大于0.035%。除08、10、15钢可浇铸成沸腾钢，08～25钢可浇铸成半镇静钢外，其余均为镇静钢，钢的组织均匀致密、偏析程度小、质量好。

优质碳素结构钢的性能主要取决于含碳量。含碳量越高，钢的强度、硬度越高，塑性、韧性越低。根据含碳量的不同，优质碳素结构钢可分为低碳钢、中碳钢和高碳钢三种。低碳钢有良好的塑性和韧性，常经表面热处理制造成要求表面硬而耐磨、芯部有良好韧性的零件，如销轴、受力不大的小齿轮等。含碳量较低的低碳钢，如08、08F等，有很好的塑性和冲压成形性能，是常用的冲压用钢，广泛用作汽车壳体、搪瓷器皿等。中碳钢的结构性能适中，经过调质热处理有较高的综合力学性能，常用来制造一些尺寸较小的调质零件，如小轴、齿轮等，也可在正火状态下或经表面淬火制造一些对性能要求不高而尺寸较大的零件。高碳钢有较高的强度和硬度，常用来制造弹簧、耐磨零件和钢丝绳等零部件。

优质碳素结构钢的主要缺点是淬透性差，因而不适于制造对性能要求较高的、截面尺寸较大的或形状较复杂的零件。

5. 碳素工具钢

碳素工具钢是用于制造刀具、模具和量具的钢。由于大多数工具都要求高硬度和高耐磨性，故碳素工具钢含碳量均在0.70%～1.30%，都是优质钢或高级优质钢。

碳素工具钢简称碳工钢。碳素工具钢的牌号以汉字"碳"的汉语拼音字母开头"T"及后面的阿拉伯数字表示，其数字表示钢中平均含碳量的千分数，例如T8表示平均含碳量为0.80%的碳素工具钢。若为高级优质碳素工具钢，则在牌号后面标以A，如T12A表示平均含碳量为1.2%的高级优质碳素工具钢。不同牌号的工具钢用于制造不同使用要求的各类工具。牌号数字越大，含碳量越高，钢在热处理后的硬度和耐磨性越好，但韧性越差。所以，侧重要求韧性的工具如錾子、凿子、冲子、榔头等多采用T7、T8；侧重硬度和耐磨性要求的工具（如锉刀、刨刀）多采用T12、T13；而要求较高硬度和韧性适中的工具（如小钻头、丝锥、低速车刀等）多采用T9、T10、T11等。

碳素工具钢只适用于在刃部受热温度较低（200℃以下）、低速、小走刀量的机用工具、手工工具、小型冷模具、量具等方面。碳素工具钢的主要缺点包括：淬透性差，工具直径或厚度大于15 mm时则由于淬硬层太薄而不能使用；碳素工具钢需要用水淬，形状较复杂的工具易于淬火变形，开裂危险性大；碳素工具钢回火稳定性小，热硬性低，刃部受热至200～250℃时其硬度和耐磨性已迅速下降，因此当刀具性能要求较高时，就必须采用合金工具钢。

1.2.2 合金钢的分类、牌号及用途

1. 合金钢的分类

合金钢的种类繁多，分类方法有多种，常见的分类方法有以下两种。

（1）按其合金元素总含量的多少可分为以下三种。

① 低合金钢：合金元素总含量 <5.0%。

② 中合金钢：合金元素总含量 5.0%～10.0%。
③ 高合金钢：合金元素总含量 >10.0%。
(2) 按不同用途可分为以下三种。
① 合金结构钢：用于制造各种机械零件和工程结构件。
② 合金工具钢：用于制造各种工具。
③ 特殊性能钢：是指具有一些特殊性能的钢。

2. 低合金高强度结构钢

低合金高强度结构钢指含有锰及钒、铌、钛等少量合金元素，用于工程和一般结构的钢种。依靠这些元素的作用，低合金高强度钢的强度比碳素结构钢高 30%～150%，并在保持低碳的条件下，获得不同的强度等级。用低合金高强度结构钢代替碳素结构钢使用，可以减轻结构自重，节约金属材料消耗，提高结构承载能力并延长其使用寿命。

低合金高强度结构钢的牌号由代表屈服点的汉语拼音字母 Q、屈服点数值、质量等级符号（A、B、C、D、E）三个部分按顺序排列组成，如 Q390A 为屈服点 390 MPa 的 A 级低合金高强度结构钢。

3. 合金结构钢

除了低合金高强度结构钢外，其他合金结构钢的编号采用"两位数字+化学元素符号+数字"的表示方法。前面的两位数字表示钢的平均含碳量，以万分之几表示，例如平均含碳量为 0.25%，则以 25 表示；合金元素直接用化学元素符号（或汉字）表示；后面的数字表示该合金元素的平均含量，以百分之几表示。当合金元素的含量小于 1.5% 时，编号中只标明合金元素的符号，其后的数字一般不标出；如果平均含量等于或大于 1.5%，2.5%，3.5%…则相应地以 2，3，4…表示。如果为高级优质钢，则在编号后面加"高"或"A"字。例如，40Cr 表示 C 含量 =0.4%、Cr 含量 <1.5% 的合金结构钢；60Si2Mn 表示 C 含量 =0.60%，Si 含量 =2.0%，Mn 含量 <1.5% 的合金结构钢。

结构钢中的滚动轴承钢比较例外，在钢号前冠以"G"（"滚"字的汉语拼音第一个大写字母）；合金元素铬后的数字表示铬的平均含量，但以千分之几表示；其含碳量不标出。这种特殊情况需要区别开来，例如：GCr15 表示 C 含量 =0.95%～1.05%，Cr 含量 =1.5% 的滚动轴承钢。

4. 合金工具钢

合金工具钢的牌号和结构钢的区别仅在于碳含量的表示方法，它用一位数字表示含碳量的千分之几。当平均含碳量大于或等于 1.0% 时，不标出数字；小于 1.0% 时，以千分之几标出数字。例如，CrW5 表示平均含碳量大于 1.0%（不标出），Cr 含量 <1.5%，W 含量 =5.0% 的合金工具钢；9Mn2V 表示平均含碳量为 0.90%（要标出），Mn 含量 =2%，V 含量 <1.5% 的合金工具钢。

5. 特殊用途钢

特殊用途钢中，耐热钢和不锈钢的牌号表示方法与合金工具钢的牌号表示方法基本相同，钢号前面的数字表示含碳量的千分之几。例如，9Cr18 表示 C 含量＝0.9%，Cr 含量＝18% 的钢。但对于含碳量小于 0.03% 及 0.08% 者，在钢号前分别冠以"00"及"0"，如 00Cr18Ni10、0Cr18 等。

1.2.3 铸铁的分类、牌号及用途

铸铁是应用广泛的一种铁碳合金材料，其碳的质量分数在 2.11% 以上，实际生产中的铸铁含碳量一般为 2.5%～4.0%，铸铁材料基本上以铸件形式应用。但在近年来，铸铁板材、棒材的应用也日见增多。

在铸铁化学成分中，除了铁和碳以外，还有硅、锰、磷、硫及其他合金元素。碳除极少量固溶于铁素体外，还因化学成分、熔炼处理工艺和结晶条件的不同，或以游离状态（即石墨），或以化合形态（即渗碳体或其他碳化物）存在。

与钢相比，铸铁成本低，铸造性能良好，体积收缩不明显，而且力学性能、可加工性、耐磨性、耐蚀性、热导率和减振性能之间有良好的配合，也具有一定的强度。铸铁的缺点是冲击、韧性值较低，均质性较差，缺乏塑性变形能力，焊接性差。

铸铁是工厂中应用最广泛的铸造材料，大部分机械设备的箱体、壳体、机座、支架和受力不等的零件多用铸铁制造。某些承受冲击不大的重要零件，如小型柴油机的曲轴，也多用球墨铸铁制造。

1. 铸铁的分类

（1）按碳的析出状态和断口颜色不同，可分为灰铸铁、白口铸铁、麻口铸铁。

（2）按化学成分不同，可分为普通铸铁、合金铸铁。

（3）按生产方法和组织性能不同，可分为灰铸铁、球墨铸铁、可锻铸铁、蠕墨铸铁及特种性能铸铁。

2. 铸铁的性能

铸铁的性能包括：抗拉强度、屈服强度、伸长率、弹性模量、疲劳极限、布氏硬度值、冲击韧性、密度、热导率、线膨胀系数及电阻率。

各种铸铁由于其化学成分、生产方法及组织性能的不同，其性能也不相同。

铸铁中的碳以两种形式存在，即化合物状态的渗碳体和自由状态的石墨。石墨的强度、硬度极低，塑性、韧性几乎为零。当铸铁在极其缓慢的冷却条件下结晶，或在铸铁中含有促进石墨形成元素时，碳便会以稳定的石墨形式析出，而不再析出渗碳体。碳以石墨形式析出的过程称为石墨化。化学元素对铸铁性能的影响因素主要有以下几种。

（1）碳和硅。碳和硅是铸铁中的两个主要元素，能促进石墨化。石墨碳越多，铸铁越软。因此，往往通过控制碳和硅的含量来保证一定的组织和性能。

（2）锰。锰可阻止石墨化过程，抵消硫的有害影响，因此，铸铁中含有适量的锰是有益的。

（3）硫。硫是一种有害元素，它能强烈地阻止石墨的形成，降低铸铁的流动性，故应尽量降低硫的含量。

(4) 磷。磷对石墨化无明显影响，含量较高时，可增加铁水的流动性，提高耐磨性，但高磷铁的缺点是质硬性脆。

3. 铸铁的牌号表示方法

各种铸铁代号，由表示该铸铁特征的汉语拼音字母的第一个大写字母组成；当两种铸铁名称的代号字母相同时，可在该大写正体字母后加小写字母来区别；同一名称铸铁，需要细分时，取其细分特点的汉语拼音第一个大写正体字母，排列在后面。

例如，QT400-17，其中：QT 为球墨铸铁的代号，400 表示最低抗拉强度为 400 MPa，17 表示最低延伸率为 17%。又如，MTCu1PTi-150，其中：MT 为耐磨铸铁代号；Cu 为铜的元素符号，1 为铜的名义质量分数；P 为磷的元素符号；Ti 为钛的元素符号；150 为抗拉强度（MPa）。

4. 灰铸铁

灰铸铁是使用最广泛的一种铸铁。在各类铸件总量中，灰铸铁要占 80% 以上，这是由于灰铸铁的铸造性能、切削加工性、耐磨性能和减振性能等都优于其他铸铁，且生产方便，成品率高，成本低。

灰铸铁的组织实际上是在钢的基体上分布了大量的片状石墨。

灰铸铁的牌号由"灰铁"两字的汉语拼音字首"HT"及后面一组数字组成。数字表示的是最低抗拉强度。例如 HT300，表示最低抗拉强度为 300 MPa 的灰铸铁。

灰铸铁共有六种牌号：HT100、HT150、HT200、HT250、HT300 和 HT350。验收灰铸铁时，各牌号的灰铸铁其抗拉强度应在 n 至 $(n+100)$ MPa 的范围内。

灰铸铁的应用范围很广。一般铁素体灰铸铁和铁素体-珠光体灰铸铁主要用于受力不大、形状复杂的薄壁小铸件，如盖、外罩、箱体、阀体、轴承座等；珠光体灰铸铁主要用于承受较大载荷、振动和摩擦的零件，如机座、床身、汽缸体、齿轮箱等；孕育铸铁主要用于截面积较大、载荷高的重要零件，如齿轮、凸轮、压力机机身，滑阀壳体等。

5. 球墨铸铁

球墨铸铁是指其中的碳以球状石墨存在的铸铁。球墨铸铁是通过将灰铸铁原材料熔化后经球化处理后得到的。

球化处理是在铁水浇铸前加入少量的球化剂及孕育剂，使石墨以球状析出。球墨铸铁与灰铸铁相比，它的碳、硅含量较高，以利于石墨球化。

球墨铸铁牌号用"球铁"两字的汉语拼音字首"QT"表示，字母后面有两组数字，前面一组数字表示该铸铁的最低抗拉强度，后面一组数字表示最低延伸率。例如，QT400-15 表示最低抗拉强度为 400 MPa，最低延伸率为 15% 的球墨铸铁。

球墨铸铁在机械制造、交通、冶金、化工等工业部门都得到广泛的应用。可用它部分代替钢来制造一些复杂的、要求强度、硬度、韧性和耐磨性较高的零件，如柴油机曲轴、凸轮轴、减速箱齿轮、机床主轴及轧钢机轧辊等。

6. 可锻铸铁

可锻铸铁俗称玛钢、马铁。它是白口铸铁通过石墨化退火，使渗碳体分解而获得团絮状石墨的铸铁。因其具有一定的塑性变形的能力，故得名可锻铸铁，实际上可锻铸铁并不能锻造。

可锻铸铁牌号是用"可铁"两字的汉语拼音字首"KT"加上两组数字表示。如果是黑心可锻铸铁则在 KT 后面用 H 表示，如果是白心可锻铸铁则在 KT 后面用 B 表示，如果是珠光体可锻铸铁则在 KT 后面用 Z 表示。两组数字中，第一组数字表示最低抗拉强度，第二组数字表示最低延伸率。例如，KTH300-06 表示最低抗拉强度为 300 MPa，最低延伸率为 6% 的黑心可锻铸铁。

铁素体可锻铸铁适用于制造承受冲击和振动的铸件，如农机件、汽车和拖拉机后桥壳以及管接头等。珠光体可锻铸铁适宜制造某些要求强度高、减摩性好的铸件。

7. 蠕墨铸铁

蠕墨铸铁是近代发展起来的一种新型结构材料。它是在高碳、低硫、低磷的铁水中加入蛹化剂，经蛹化处理后，使石墨变为短螟虫状的高强度铸铁。蠕虫状石墨介于片状石墨和球状石墨之间，金属基体和球墨铸铁相近。因此这种铸铁的性能介于优质灰铸铁和球墨铸铁之间。抗拉强度和疲劳强度相当于铁素体球墨铸铁，减振性、导热性、耐磨性、切削加工性和铸造性能近似于灰铸铁。

蠕墨铸铁的牌号用"RuT + 数字"表示。"RuT"是"蠕铁"两字汉语拼音的字首，其后的数字表示蠕墨铸铁的最低抗拉强度。如 RuT420 表示最低抗拉强度为 420 MPa 的蠕墨铸铁。

蠕墨铸铁已用于制造复杂的大型构件及高强度耐压件，例如各种泵体，机床床身，柴油机机体、阀体、液压件等。对于要求强度高、导热性能好及热变形量小的铸件，应该选用蛹化率较高（$v > 70\%$）的蠕墨铸铁，如用于生产汽缸盖及排气管等铸件。

1.2.4 有色金属合金

在工业生产中，有色金属材料通常是指铝、铜、镁、锌、钛等金属及其合金。与黑色金属材料（如钢铁）相比，有色金属具有许多特殊的物理、化学和力学性能，因而成为现代工业中不可缺少的材料。有色金属材料种类繁多，在工业中应用较广的是铝、铜及其合金和轴承合金。

1. 铝及其合金

（1）纯铝。

铝是目前工业中用量最大的有色金属。铝的相对密度小，仅为 2.7 g/cm^3，大约是钢或铁的 1/3。铝的熔点为 660℃，在冷却过程中无同素异构转变。铝的导电、导热性好，仅次于银、铜和金，且价格较低，资源丰富。铝在空气中有良好的抗蚀性，由于铝与氧亲和力强，故在大气中铝极易在表面生成一层致密的 Al_2O_3 膜，从而阻止了铝的进一步氧化。铝的强度低、塑性好,具有良好的塑性加工性能和焊接性能。

影响纯铝性能的主要因素是其所含的杂质,随着 Fe、Si、Cu、Zn 等杂质含量的增加,纯铝的性能将下降。

工业纯铝分铸造纯铝和变形铝两种。铸造纯铝牌号由"Z"和铝的化学元素符号及表示铝纯度百分含量的数字组成,如:ZAl99.5 表示 ω_{Al} = 99.5% 的铸造纯铝。变形铝采用4位字符牌号命名,即用"1×××"表示。牌号的最后两位数字表示铝百分含量中小数点后面的两位数字;牌号第二位的字母表示原始纯铝的改型情况,如果字母为 A,则表示原始纯铝,若为其他字母,则表示为原始纯铝的改型。如:1A30 表示 ω_{Al} = 99.30% 的原始纯铝。

(2) 铝合金。

纯铝的强度很低,无法作为承受载荷的结构材料使用。所以,通常在铝中加入一定量的其他元素以制成具有较高强度的铝合金。

铝合金可根据其成分和工艺特点,分为变形铝合金和铸造铝合金两大类。变形铝合金具有较高的强度和良好的塑性,可通过压力加工制作成各种半成品,可以焊接。它主要用于各类型材和结构件,如发动机机架、飞机大梁等。变形铝合金又可分为防锈铝合金、硬铝合金、超硬铝合金和锻造铝合金。铸造铝合金包括铝镁、铝锌、铝硅、铝铜等合金。它们有良好的铸造性能,可以铸成各种形状复杂的零件。但铸造铝合金塑性低,不宜进行压力加工。铸造铝合金中应用最广的是硅铝合金。

铸造铝合金的牌号用"铸铝"的汉语拼音字首"ZL"+三位数字表示。其中第一位数字为合金的类别(1 为 Al-Si 系,2 为 Al-Cu 系,3 为 Al-Mg 系,4 为 Al-Zn 系),后两位数字为合金顺序号,顺序号不同,其化学成分也不同。牌号后面加"A"表示优质。

2. 铜及其合金

(1) 纯铜。

纯铜又称为紫铜,密度为 8.96 g/cm³,熔点为 1083℃,具有良好的导电性、导热性及抗大气腐蚀性,是抗磁性金属。纯铜广泛用作电工导体、传热体及防磁器械等。

纯铜强度低,塑性好,可进行冷变形强化,但塑性下降显著。纯铜的焊接性能良好。

纯铜中的杂质主要有 Pb、Bi、O、S 和 P 等,它们对纯铜的性能影响极大,如 Pb、Bi 可引起铜的"热脆性",而 S、O 却能导致铜的"冷脆性"。所以,在纯铜中必须控制杂质含量。

工业纯铜有 T1、T2、T3、T4 四个牌号,"T"为铜的汉语拼音字首,其后的数字越大,纯度越低。

(2) 黄铜。

黄铜是以锌作为主要合金元素的铜合金。通常把铜锌二元合金称为普通黄铜,用"黄"字汉语拼音字首"H"表示,其后附以数字表示平均含铜量。如 H70 表示平均含铜量为 70% 的普通黄铜。在普通黄铜基础上加入其他元素的铜合金称为特殊黄铜,仍以"H"表示,后跟其他添加元素的化学符号和平均成分。

3. 轴承合金

轴承合金是用来制造滑动轴承中的轴瓦及内衬的合金。当轴承支撑轴进行工作时,轴瓦表面要承受一定的交变载荷,并与轴之间发生强烈的摩擦。为了确保机器正常、平稳、无噪声运行,减少轴瓦对轴颈的磨损,轴承合金应具备一系列性能要求:一定的强度和疲劳抗力,以承受较高的交变载荷;足够的塑性和韧性,以抵抗冲击和震动并保证与轴的良好配合;较小的摩擦系数和良好的磨合能力,并能储油;良好的导热性、抗蚀性和低的膨胀系数,以防温升导致与轴的咬合。

为了满足以上性能要求,轴承合金的组织特点应该是软硬兼有:或者是在软基体上均匀分布着硬质点;或者是在硬基体上均匀分布着软质点。当轴承工作时,软组织很快被磨凹,凸出的硬组织便起支撑轴的作用。这样,既减小了轴与轴瓦的接触面,凹下的空间又可储存润滑油,保证轴承有良好的润滑条件和低的摩擦系数,减轻轴的磨损。此外,偶然进入的外来硬物也能被压入软组织内,不致擦伤轴颈。

工业上应用最广的轴承合金是锡基和铅基轴承合金(又称为巴氏合金)。其编号为"ZCh+基本元素+主加元素+主加元素含量+辅加元素含量",编号中"Z"、"Ch"分别为"铸"和"承"字的汉语拼音字首。

除了巴氏合金以外,还有铜基、铝基轴承合金。它们的特点是承载能力高,密度较小,导热性和疲劳强度好,工作温度较高,价格便宜。所以,铜基、铝基轴承合金也广泛用作汽车、拖拉机、内燃机车等一般工业轴承。

1.2.5 非金属材料

工业中除大量使用金属材料外,其他的非金属材料如有机高分子材料、无机非金属材料和复合材料在近几十年来迅速发展,也得到愈来愈广泛的应用。

1. 有机高分子材料

根据其性质及用途,有机高分子材料主要有塑料、橡胶及胶黏剂三类。

(1)塑料。

塑料是应用最广的有机高分子材料,也是最主要的工程结构材料之一。

塑料的主要成分是合成树脂,此外还包括填料或增强材料、增塑剂、固化剂、润滑剂、稳定剂、着色剂、阻燃剂等。合成树脂是各种单体通过聚合反应合成的高聚物。树脂在一定的温度、压力下可软化并塑造成形,它决定了塑料的基本属性,并起到黏结剂的作用。其他添加剂是为了弥补或改进塑料的某些性能。例如填料(木粉、碎布、纤维等)主要起增强和改善性能的作用,其用量可达20%~50%。

塑料的相对密度一般只有1.0~2.0,大约为钢的1/6,铝的1/2,这对减轻车辆、飞机、船舶等运输工具的自重意义十分重大。大多数塑料化学稳定性好,对酸、碱和有机溶液都有良好的抗蚀能力。有些还可与陶瓷材料媲美。绝大多数塑料具有良好的电绝缘性和较小的介电损耗,因此是理想的电绝缘材料。大部分塑料摩擦系数低,有自润滑能力,可在湿摩擦和干摩擦条件下有效工作。大部分塑料都可以直接采用注塑或挤压成形工艺,无须切削,所以可提高生产率,降低成本。塑料的不足之处是强度、硬度较低,耐热性差,易老化,易蠕变等。

(2) 橡胶。

橡胶与塑料的不同之处是橡胶在使用温度下处于高弹性状态。

工业橡胶的主要成分是生胶。生胶基本上是线型非晶态高聚物,其结构特点是由许多能自由旋转的链段构成柔顺性很大的大分子长链,通常显卷曲线团状。当受外力时,分子便沿外力方向被拉直,产生变形,外力去除后又恢复到卷曲状态,变形消失。所以,生胶具有很高的弹性。但生胶分子链间相互作用力很弱,强度低,易产生永久变形。此外,生胶的稳定性差,如会发黏、变硬、溶于某些溶剂等。因此,工业橡胶中还必须加入各种配合剂。

橡胶的性能特点有两点:一是高弹性能,即受外力作用而发生的变形是可逆弹性变形,外力去除后,只需要千分之一秒便可恢复到原来的状态;二是强度,即经硫化处理和炭黑增强后,其抗拉强度可达 25~35 MPa,并具有良好的耐磨性。

(3) 胶黏剂。

工程中,工程材料的连接方法除焊接、铆接、螺纹连接之外,还有一种连接工艺称为黏结剂黏接,又称胶接。其特点是接头处应力分布均匀,应力集中小,接头密封性好,而且工艺操作简单,成本低。

常用的胶黏剂可分为无机胶和有机胶。有机胶主要有环氧胶黏剂和改性酚醛胶黏剂。无机胶主要有磷酸型、硼酸型和硅酸型。目前工程上最常用的是磷酸型。

2. 陶瓷材料

陶瓷是各种无机非金属材料的通称,是现代工业中很有发展前途的一类材料。

传统陶瓷(亦称普通陶瓷)是以天然的硅酸盐矿物质(高岭土、长石、石英等)为原料配制成的。传统陶瓷质地坚硬,有良好的抗氧化性、耐蚀性和绝缘性,能耐一定高温。它成本低,生产工艺简单,故广泛应用于日用、电气、化工、建筑等部门,如装饰瓷、餐具、绝缘子、耐蚀容器、管道、设备等。

新型陶瓷(亦称特种陶瓷)是以化工原料(氧化物、氮化物、碳化物等)经配料、成型、烧结而成。它可分为氧化物陶瓷、氮化物陶瓷和碳化物陶瓷,它们的用途非常广。如氧化铝陶瓷广泛用于制造高速切削工具、量规、高温炉零件、空压机泵零件、内燃机火花塞等。氮化硼陶瓷可用来制作金属切削刀具,适用于高硬度金属材料(调质、淬火钢)的精加工、高强度钢和耐热钢的精加工、有色金属的低粗糙度加工等。碳化硅陶瓷可用来制造工作温度高于 1500℃ 的零件,如火箭喷嘴、热电偶套管、高温电炉零件,各种泵的密封圈等。

金属陶瓷是把金属的热稳定性和韧性与陶瓷的硬度、耐火度、耐蚀性综合起来而形成的具有高强度、高韧性、高耐蚀和高的高温强度的新型材料。

3. 复合材料

由两种或两种以上物理、化学性质不同的物质,经人工合成的材料称为复合材料。复合材料不仅具有各组成材料的优点,而且还可获得单一材料不具备的优越的综合性能。日常所见的人工复合材料很多，如钢筋混凝土就是用钢筋与石子、沙子、水泥等制成的复合材料，轮胎是由人造纤维与橡胶复合而成的材料。

复合材料依照增强相的性质和形态，可分为纤维增强复合材料、层合复合材料和颗粒复合材料三类。

（1）纤维增强复合材料。

玻璃纤维增强复合材料是以玻璃纤维及制品为增强剂，以树脂为黏结剂而制成的，俗称玻璃钢。以尼龙、聚烯烃类、聚苯乙烯类等热塑性树脂为黏结剂制成的热塑性玻璃钢，具有较高的力学、介电、耐热和抗老化性能，工艺性能也较好。此类复合材料达到或超过了某些金属的强度，可用来制造轴承、齿轮、仪表盘、壳体、叶片等零件。

碳纤维增强复合材料是以碳纤维或其织物为增强剂，以树脂、金属、陶瓷等为黏结剂而制成的。目前有碳纤维树脂、碳纤维金属、碳纤维陶瓷复合材料等，其中以碳纤维树脂复合材料应用最为广泛。

（2）层合复合材料。

层合复合材料是由两层或两层以上不同性质的材料结合而成，达到增强的目的。层合复合材料比单一塑料的承载能力提高20倍，导热系数提高50倍，热膨胀系数降低75%，从而改善了尺寸稳定性，常用作无油润滑轴承，此外还可制作机床导轨、衬套、垫片等。

（3）颗粒复合材料。

颗粒复合材料是由一种或多种颗粒均匀分布在基体材料内而制成的。颗粒起增强作用。常见的颗粒复合材料有两类：

① 颗粒与树脂复合，如塑料中加颗粒状填料，橡胶用炭黑增强等；

② 陶瓷粒与金属复合，典型的有金属基陶瓷颗粒复合材料等。

1.3 钢的热处理

1.3.1 热处理的重要意义

钢的热处理是指将钢在固态下进行不同的加热、保温和冷却，以改变其内部组织，从而获得所需性能的一种工艺。热处理是改善钢材加工性能、提高产品质量、降低成本、延长使用寿命、充分发挥材料潜力的重要手段。在机械工业中，绝大部分重要的零件和工、模具都必须进行热处理。例如，现代机床工业中，有60%～70%的零件要经过热处理；汽车、拖拉机工业中，有70%～80%的零件要进行热处理；而滚动轴承和各种工、模具几乎百分之百地要进行热处理。可见，热处理在机械制造工业中占有十分重要的地位。

热处理与其他加工方法（如压力加工、铸造、焊接等）不同，它不改变工件的形状和大小，而只改变工件的组织和性能。热处理的目的，是为了改善钢的性能，例如强度、硬度、塑性、韧性、耐磨性、耐蚀性、加工性能等。

热处理工艺在机械加工过程中一般有预先热处理和最终热处理两种。

预先热处理是安排在铸、锻或焊件毛坯之后，切削加工之前进行的热处理，其工艺位置为：锻坯→预先热处理→切削加工。预先热处理的主要作用是改善工件毛坯的组织和切削加工性能，以及为最终热处理作组织准备。其最常用的是退火、正火，对高合金钢某些零件也可能是淬火＋高温回火（调质）。

最终热处理是安排在工件已加工成形之后和最后精加工之前进行的热处理，其工艺位置为：锻坯→预先热处理→切削加工→最终热处理→精加工→成品。最终热处理的作用是使工件达到规定的性能要求，最常用的是淬火＋回火、表面热处理和化学热处理等。最终热处理是保证零件质量的重要热处理工序。

零件的热处理工艺过程常用热处理工艺曲线来表示（如图 1-4 所示）。工艺过程包括三个阶段，即把工件以一定的加热速度加热到规定的温度，并在该温度下保温达规定的时间，然后以一定的冷却速度冷却下来。加热速度、加热温度、保温时间及冷却速度，称为热处理过程的工艺参数，变动其中任一参数，都可改变钢的组织，从而改变钢的性能，其中尤其以冷却速度影响最显著。

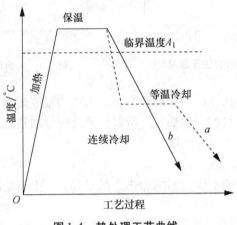

图 1-4　热处理工艺曲线

1.3.2　钢的热处理工艺及分类

1. 钢热处理的组织转变（热处理的基本原理）

（1）钢加热时的组织转变与保温。

在热处理工艺中，钢的加热是为了获取奥氏体。奥氏体虽然是钢在高温状态时的组织，但其晶粒大小、成分及其均匀程度，对钢冷却后的组织和性能有重要影响。因此了解钢在加热时组织结构的变化规律，是对钢进行正确热处理的先决条件。

如图 1-5 所示，A_1、A_3、A_{cm} 是钢在极缓慢加热和冷却时的临界点。但在实际的加热和冷却条件下，钢的组织转变总有滞后现象，在加热时高于而在冷却时低于相图上的临界点。为了便于区别，通常把加热时的各临界点分别用 A_{c1}、A_{c3}、A_{ccm} 来表示，冷却时的各临界点分别用 A_{r1}、A_{r3}、A_{rcm} 来表示。

热处理时必须将钢加热到一定温度，使其组织全部或部分转变为奥氏体，这种通过加热获得奥氏体组织的过程称为奥氏体化。如图 1-6 所示，共析钢在 A_1（727℃）温度以下时为珠光体（P），要使珠光体变为奥氏体，必须把钢加热到 A_1 以上某一温度。对于亚共析钢和过共析钢,则应分别加热到 A_3 和 A_{cm} 以上,而且均要保温一段时间,使内外温度一致,成分均匀,以便在冷却后得到均匀的组织和稳定的性能。

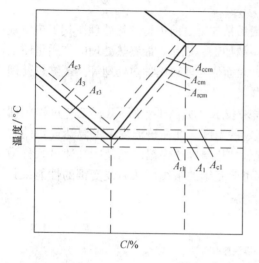

图 1-5　钢在加热和冷却时的临界温度　　　图 1-6　共析钢 C 曲线测定示意图

珠光体全部转变成奥氏体的初期晶粒细小,但加热温度过高或保温时间过长时,奥氏体的晶粒会长大,影响材料的力学性能。所以,热处理时加热温度不可太高,保温时间不能太长,以便冷却后获得细晶粒组织。

（2）钢冷却时的组织转变。

热处理后钢的力学性能不仅与钢的加热、保温有关,更重要的是与奥氏体冷却转变后所获得的组织有关。

① 钢在奥氏体化后的冷却方式有两种。一种是连续冷却,即将奥氏体化的钢以一定的冷却速度连续冷却到室温（图1-4中 b 线）,使奥氏体在一个温度范围内连续转变;另一种是等温冷却,即将奥氏体化的钢快速冷却到 A_1 以下某一温度进行保温,使奥氏体在该温度下完成转变,然后再冷却到室温（图1-4中 a 曲线）。

② 奥氏体等温转变曲线（C 曲线）是由实验获得的共析钢奥氏体等温转变曲线图,如图1-6所示。图中粗实线分别为等温冷却曲线和 C 曲线,细实线为连续冷却曲线,虚线为温度线。A_1 线以上的区域是奥氏体稳定区,aa 线左面是过冷奥氏体区;aa 线是奥氏体开始转变,bb 线是转变终止线,两曲线之间是奥氏体转变的过渡区;bb 线右面为奥氏体转变的产物区。由于奥氏体等温转变曲线的形状像字母"C",故又称 C 曲线。曲线的转折处（550℃左右）通常称为 C 曲线的"鼻子"。每种成分的钢都有自己的 C 曲线,读者可在有关的手册中查到。

③ 奥氏体等温转变的产物。按转变温度分为高温、中温、低温转变,可在 C 曲线图上画出三个转变的温度区间。高温转变:奥氏体过冷到727～550℃,等温转变为层片状铁素体和渗碳体所组成的机械混合物,即珠光体,称为珠光体型的转变。过冷度越大,层片状越薄,硬度也越高。中温转变:奥氏体过冷到550～230℃,等温转变为含过量碳的铁素体和微小渗碳体的机械混合物,称为贝氏体（用 B 表示）。贝氏体比珠光体硬度高。低温

转变：奥氏体过冷到230℃（M_S）以下时，由于温度过低，奥氏体来不及析出，只发生晶格的改变（γ-Fe 变为 α-Fe），碳原子全部保留在 α-Fe 的晶格中，形成过饱和的 α-Fe 固溶体，称为马氏体（用 M 表示）。马氏体的硬度很高（60～65HRC），但塑性、韧性几乎等于零。

（3）奥氏体等温转变曲线的应用。

在生产实践中，钢热处理的冷却方式多为连续冷却，即奥氏体的转变是在一个温度区间进行的。将某一冷却速度的冷却曲线画在 C 曲线上（如图1-6所示），然后根据两曲线的相交位置，可以大致确定钢在连续冷却时获得的组织及性能。

当冷却速度为 v_1（相当于随炉冷却）时，按其与 C 曲线相交的位置判断，奥氏体转变为珠光体。

当冷却速度为 v_2（相当于在静止空气中冷却），转变产物为索氏体（细珠光体，用 S 表示）。

当冷却速度为 v_4（相当于在水中冷却），冷却曲线与 C 曲线不相交，奥氏体过冷到 M_S 以下转变为马氏体。

若过冷速度为 v_0，冷却曲线恰好与 C 曲线"鼻尖"相切，这是奥氏体全部过冷到 M_S 以下转变为马氏体的最小冷却速度，称为临界冷却速度。它对钢的热处理冷却方式有重要意义。

2. 钢的热处理分类

按照加热、冷却的特点和材料成分、组织的变化情况，可把钢的热处理分为普通热处理和表面热处理两大类。普通热处理工艺主要有退火、正火、淬火和回火，表面热处理常用的为表面淬火和化学热处理。

（1）退火。

将钢加热到 A_3（亚共析钢）、A_1（过共析钢）以上某一温度范围，保温一定时间，然后缓慢冷却（一般是随炉冷却）的热处理过程，称为退火。

退火的目的包括：调整硬度（160～230HBS 为宜）以利于切削加工；细化晶粒，改善组织，以提高力学性能或为最终热处理作准备；消除内应力，防止零件的变形或开裂，并稳定其尺寸。

（2）正火。

将钢加热到 A_3 或 A_1 以上某一温度范围，经保温使之完全奥氏体化，然后在空气中冷却的热处理工艺，称为正火。

正火的目的与退火相似。与退火相比，正火的冷却速度较快，所以得到的珠光体组织更细，强度和硬度都有所提高。此外，正火操作简单，生产周期短，生产效率高，比较经济。所以正火工艺应用广泛，尤其对低、中碳钢和低碳合金钢特别适用。

（3）淬火。

淬火是将钢加热到 A_3 或 A_1 以上某一温度范围，保温，然后在水、盐水或油中急剧冷却的热处理工艺。

淬火的目的一般是为了获得马氏体组织，以提高钢的力学性能。例如各种工具、模具、滚动轴承的淬火，是为了提高硬度和耐磨性；有些零件的淬火，是使强度和韧性得到良好的配合，以适应不同工作条件的需要。对于含碳量很低的钢进行一般的淬火是没有意义的。

钢在淬火时获得淬硬层深度的能力称为淬透性。淬硬层越深，淬透性越好。淬透性对钢的力学性能影响很大，所以机械设计选材时，应考虑材料的淬透性。

(4) 回火。

把淬火后的工件重新加热到 A_1 以下某一温度，保温后再以适当的冷却速度冷却到室温的热处理工艺，称为回火。

回火的目的是为了稳定钢在淬火后的组织，消除因淬火冷却过快而产生的内应力并稳定其尺寸，调整强度、硬度，提高塑性，使工件获得较好的综合力学性能等。所以回火总是伴随在淬火后进行的，通常是热处理的最后工序。

淬火后回火的性能，与回火的加热温度有关，硬度和强度随回火温度的升高而降低。根据加热温度的不同，回火可分为低温回火、中温回火和高温回火。

① 低温回火（加热温度通常为150～250℃）可减小工件的淬火应力，降低脆性并保持高硬度。低温回火用于要求硬度高、耐磨性的零件，如刀具、模具等，回火后的硬度一般为58～64HRC。

② 中温回火（加热温度通常为350～500℃）可显著减小淬火应力，提高弹性。中温回火常用于各种弹簧和某些模具，回火后的硬度一般为35～45HRC。

③ 高温回火（加热温度通常为500～650℃）可消除淬火应力，使零件获得优良的综合力学性能。通常把"淬火＋高温回火"称为调质。调质广泛用于处理各种重要的中碳钢零件，尤其是承受动载荷的零件，如各种轴、齿轮等。高温回火后的硬度一般为200～350HBS。

(5) 表面淬火。

表面淬火是将钢件表层快速加热至淬火温度，随后快速冷却的一种局部淬火工艺。其目的主要是改变零件的表层组织。这种热处理工艺适用于要求表面硬而耐磨，芯部具有高韧性的零件，如曲轴、花键轴、齿轮、凸轮等。零件在表面淬火前，一般应进行正火或调质处理，表面淬火后要进行低温回火。

按表面加热的方法，表面淬火可分为感应加热表面淬火、火焰加热表面淬火和接触电阻加热表面淬火等。由于感应加热速度快，生产效率高，产品质量好，易实现机械化和自动化，所以感应加热表面淬火应用广泛。但感应加热表面淬火的设备较贵，且不宜用于单件或形状复杂的零件。

(6) 化学热处理。

化学热处理是将钢件放在某种化学介质中，通过加热和保温，使介质中的一种或几种元素渗入钢件表层，以改变表层的化学成分、组织和性能的热处理工艺。

表面渗层的性能取决于渗入元素与基体金属所形成合金的性质及渗层的组织结构。常见的化学热处理有渗碳、渗氮、渗铝和渗铬等。其中，渗碳和渗氮应用最多。一般而言，渗碳后还需要进行适当的热处理。

钢的最常用的化学热处理方法及其作用参见表1-2。渗入各种非金属元素的基本过程是：

① 介质分解出渗入元素的活性原子；

② 活性原子被钢件表面吸收，形成固溶体或化合物；
③ 钢件表层渗入元素的浓度增高并向内扩散，形成一定厚度的渗层。

表1-2 钢的最常用的化学热处理方法及其作用

工艺方法	渗入元素	作　用	应用举例
渗碳（900～950℃）淬火＋回火	C	提高钢件表面硬度、耐磨性和疲劳强度，使之能承受重载荷	齿轮、轴、活塞、万向节、链条等
渗氮（500～600℃）	N	提高钢件的表面硬度、耐磨性、抗胶合性、疲劳强度、抗蚀性以及抗回火软化能力	镗杆、精密轴、齿轮、量具、模具等
碳氮共渗淬火＋回火	C、N	提高钢件的表面硬度、耐度性和疲劳强度。低温共渗还能提高工具的热硬性	齿轮、轴、链条、工模具、液压件等

第2章 互换性与技术测量

互换性现象在工业及日常生活中到处都能见到。例如，机器上丢了一个螺钉，可以按相同的规格装上一个；灯泡坏了，可以换个新的；自行车、缝纫机、钟表的零部件磨损了，换个相同规格的新的零部件即能满足使用要求。可见，互换性的含义即指：同一规格的一批零部件，任取其一，不需任何挑选和修理就能装在机器上，并能满足机器的使用功能要求。零部件所具有的不经任何挑选或修配便能在同规格范围内互相替换的特性叫做互换性。互换性是机器和仪器制造行业中产品设计和制造的重要原则。

机器和仪器制造业中的互换性通常包括几何参数（如尺寸）和力学性能（如硬度、强度）的互换，本课程仅讨论几何参数的互换。

所谓几何参数，主要包括尺寸大小、几何形状（宏观、微观）以及相互的位置关系等。为了满足互换性的要求，最理想的情况是同规格的零部件其几何参数完全一致，这在我们的生产实践中，由于种种因素的影响，是不可能实现的，也是不必要的。实际上，只要零部件的几何参数在规定的范围内变动，就能满足互换的目的。

允许零件几何参数的变动量称为"公差"。

设计时要规定公差。因为加工时会产生误差，因此要使零部件具有互换性，就应把零部件的误差控制在规定的公差范围内。设计者的任务就在于正确地确定公差，并把它在图样上明确地表示出来。这就是说，互换性要用公差来保证。显然，在满足功能要求的条件下，公差应尽量规定得大些，以获得最佳的技术经济效益。

互换性按其互换程度，可分为完全互换和不完全互换两种。前者要求零部件在装配时不需要挑选和辅助加工；后者则允许零部件在加工完后，通过测量将零部件按实际尺寸大小分为若干组，使各组组内零部件间实际尺寸的差别减小，装配时按对应组进行。不完全互换既可保证装配精度和使用要求，又能解决加工上的困难，降低成本。但不完全互换仅组内零部件可以互换，组与组之间不可互换，故称为不完全互换。

一般来说，零部件需厂际协作时应采用完全互换性；部件或构件在同一厂制造和装配时，可采用不完全互换性。

2.1 光滑圆柱体结合的公差与配合

圆柱体的结合是由孔与轴构成的在机械制造中应用最广泛的一种结合。这种结合由结合直径与结合长度两个参数确定。从使用要求看，直径通常更重要，而且长径比可规定在一定的范围内。因此，对圆柱体结合可简化为按直径这一主参数考虑。

圆柱体结合的公差与配合是机械工程方面重要的基础标准，它不仅用于圆柱体内、外表面的结合,也用于其他结合中由单一尺寸确定的部分,例如键结合中键与槽宽、花键结合中的外径、内径及键与槽宽等。

"公差"主要反映机器零件使用要求与制造要求的矛盾,而"配合"则反映组成机器的零件之间的关系。公差与配合的标准化有利于机器的设计、制造、使用和维修。公差与配合标准不仅是机械工业各部门进行产品设计、工艺设计和制定其他标准的基础,而且是广泛组织协作和专业化生产的重要依据。公差与配合标准几乎涉及国民经济的各个部门,因此,国际上公认它是特别重要的基础标准之一。

本章主要阐述公差与配合国家标准的构成规律和特征。在讲述标准的内容上,凡是有代替旧标准的新标准,均以新标准为主。

2.1.1 术语及定义

1. 孔和轴

(1) 孔。孔是指工件的圆柱形内表面,也包括其他内表面中由单一尺寸确定的部分。孔的直径尺寸用 D 表示。

(2) 轴。轴是指工件的圆柱形外表面,也包括其他外表面中由单一尺寸确定的部分。轴的直径尺寸用 d 表示。

2. 尺寸

尺寸即用特定单位表示长度值的数值,如长度、宽度、直径、深度等。

(1) 基本尺寸:由设计确定的尺寸值称为基本尺寸。基本尺寸一般要符合标准尺寸系列,以减少定值刀具、夹具和量具的种类。

(2) 实际尺寸:通过测量所得的尺寸称为实际尺寸。由于存在测量误差,故实际尺寸并非被测尺寸的真值。如孔的尺寸为 $\phi 25.985$ mm,测量误差在 ± 0.001 mm 以内,则实测尺寸的真值为 $\phi 25.984 \sim \phi 25.986$ mm。真值是客观存在的,但不确定,即实际尺寸的随机性。因此,只能以测得尺寸作为实际尺寸。由于形状误差等影响,零件同一表面不同部位的实际尺寸往往是不相等的。

(3) 极限尺寸:允许尺寸变化的两个界限值称为极限尺寸。两个界限值中较大的一个称为最大极限尺寸,较小的一个称为最小极限尺寸。孔和轴的最大极限尺寸分别用 D_{max}、d_{max} 表示,孔和轴的最小极限尺寸分别用 D_{min}、d_{min} 表示。公差与配合示意图如图 2-1 所示。

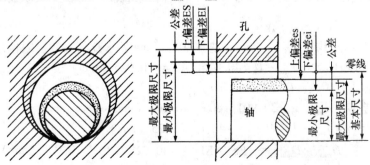

图 2-1 公差与配合示意图

3. 偏差与公差

（1）尺寸偏差。

某一尺寸减去基本尺寸所得的代数差，即为尺寸偏差（简称偏差）。

当某一尺寸为实际尺寸时得到的偏差称实际偏差，当某一尺寸为极限尺寸时得到的偏差称极限偏差。极限偏差又可分为上偏差和下偏差。

① 上偏差：最大极限尺寸减去基本尺寸所得的代数差称上偏差。孔的上偏差用 ES 表示，轴的上偏差用 es 表示。

② 下偏差：最小极限尺寸减去基本尺寸所得的代数差称下偏差。孔的下偏差用 EI 表示，轴的下偏差用 ei 表示。

孔和轴的上偏差、下偏差用公式表示为：

$$ES = D_{max} - D \; ; \; es = d_{max} - d$$
$$EI = D_{min} - D \; ; \; ei = d_{min} - d$$

偏差值可为正值、负值或零。偏差值除零外，前面必须冠以正、负号。

（2）尺寸公差。

尺寸的允许变动量称为尺寸公差（简称公差）。

公差等于最大极限尺寸与最小极限尺寸之代数差的绝对值，也等于上偏差与下偏差之代数差的绝对值。孔和轴的公差分别用 T_D 和 T_d 表示。

公差、极限尺寸及偏差的关系如下：

$$T_D = |D_{max} - D_{min}| = |ES - EI|$$
$$T_d = |d_{max} - d_{min}| = |es - ei|$$

由公式可见，公差值不可能为负值或零。

公差与偏差的比较：

① 偏差可以为正值、负值或零，而公差则一定是正值；

② 极限偏差用于限制实际偏差，而公差则用于限制误差；

③ 对于单个零件，只能测出尺寸的"实际偏差"，而只有对于数量足够多的一批零件，才能确定尺寸误差；

④ 偏差取决于加工机床的调整（如车削时进刀的位置），不反映加工的难易，而公差表示制造精度，反映加工难易程度。

⑤ 极限偏差主要反映公差带位置，影响配合松紧程度，而公差反映公差带大小，影响配合精度。

【例 2-1】 已知孔 $\phi 40^{+0.025}_{0}$ mm，轴 $\phi 40^{-0.009}_{-0.025}$ mm，求孔与轴的极限偏差与公差。

解： 孔的上偏差 $ES = D_{max} - D = 40.025 - 40 = +0.025$（mm）

孔的下偏差 $EI = D_{min} - D = 40 - 40 = 0$

轴的上偏差 $es = d_{max} - d = 39.991 - 40 = -0.009$（mm）

轴的下偏差 $ei = d_{min} - d = 39.975 - 40 = -0.025$（mm）

孔公差 $T_D = |D_{max} - D_{min}| = |ES - EI| = |40.025 - 40| = 0.025$（mm）

轴公差 $T_d = |d_{max} - d_{min}| = |es - ei| = |39.991 - 39.975| = 0.016$（mm）

(3) 公差带图与零线、尺寸公差带。

由于公差及偏差的数值与尺寸数值相比差别甚大，不能使用统一比例表示，故常采用公差与配合图解，简称公差带图（如图 2-2 所示）。

① 零线：在公差带图中，用来表示基本尺寸的一条直线，称为零线。以其为基准确定偏差和公差。正偏差位于零线的上方，负偏差位于零线的下方。

② 尺寸公差带：在公差带图中，由代表上、下偏差的两条直线所限定的一个区域，称为尺寸公差带。公差带有两个基本参数，即公差带大小与公差带位置。公差带大小由标准公差确定，公差带位置由基本偏差确定。

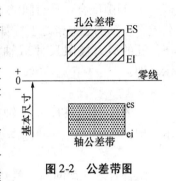

图 2-2 公差带图

4. 加工误差与公差的关系

工件在加工中，由于工艺系统误差的影响，使加工后零件的几何参数与理想值不相符合，其差值称为加工误差。加工误差包括尺寸误差、几何形状误差和位置误差。

(1) 尺寸误差。

工件加工后的实际尺寸和理想尺寸之差称为尺寸误差。

(2) 几何形状误差。

几何形状误差包括宏观几何形状误差、表面微观形状特性及表面波度误差。

① 宏观几何形状误差：即通常所指的形状误差。它一般是由机床、刀具、工件所组成的工艺系统的误差所造成的。

② 表面微观特性：通常称为表面粗糙度。它是指加工后，刀具在工件表面留下波峰和波长都很小的波形。

③ 表面波度误差：介于宏观几何形状误差与微观几何形状误差之间的几何形状误差，一般是由加工过程中的振动引起的，具有明显的周期性。

(3) 位置误差。

工件加工后，各要素之间的实际相互位置与理想位置的差值称位置误差。虽然加工误差是不可避免的，但零件在使用中也不是绝对不允许有误差，其误差值在一定范围内变化是允许的。因此，加工后的零件的误差只要不超过零件的公差，零件就是合格的。所以，公差是限制加工误差的。

5. 配合与配合制

(1) 配合。

基本尺寸相同的、相互结合的孔和轴公差带之间的关系如图 2-1 所示。不同的配合就是不同的孔、轴公差带之间的关系。

间隙或过盈是指孔的尺寸减去相配合的轴的尺寸所得的代数差。差值为正时，称为间隙，用符号 X 表示；差值为负时，称为过盈，用符号 Y 表示。因此，过盈就是负的间隙。

（2）配合种类。

① 间隙配合：具有间隙（包括最小间隙等于零）的配合称为间隙配合。此时，孔的公差带在轴的公差带之上（如图 2-3 所示）。

孔的最大极限尺寸减轴的最小极限尺寸所得的代数差称为最大间隙，用 X_{max} 表示。即：

$$X_{max} = D_{max} - d_{min} = ES - ei$$

孔的最小极限尺寸减轴的最大极限尺寸所得的代数差称为最小间隙，用 X_{min} 表示。即：

$$X_{min} = D_{min} - d_{max} = EI - es$$

配合公差（或间隙公差）是允许间隙的变动量，等于最大间隙与最小间隙之代数差的绝对值，也等于相互配合的孔公差与轴公差之和。配合公差用 T_f 表示。即：

$$T_f = |X_{max} - X_{min}| = T_D + T_d$$

【例 2-2】 孔 $\phi 50^{+0.039}_{0}$ mm，轴 $\phi 50^{-0.025}_{-0.050}$ mm，求 X_{max}、X_{min} 及 T_f。

解：

解法一：$X_{max} = D_{max} - d_{min} = 50.039 - 49.950 = 0.089$ （mm）

$X_{min} = D_{min} - d_{max} = 50 - 49.975 = 0.025$ （mm）

$T_f = |X_{max} - X_{min}| = |0.089 - 0.025| = 0.064$ （mm）

解法二：$X_{max} = ES - ei = 0.039 - (-0.050) = 0.089$ （mm）

$X_{min} = EI - es = 0 - (-0.025) = 0.025$ （mm）

$T_f = |X_{max} - X_{min}| = |0.089 - 0.025| = 0.064$ （mm）

比较可见，解法二方法更简便，建议采用。

② 过盈配合：具有过盈（包括最小过盈等于零）的配合称为过盈配合。此时，孔的公差带在轴的公差带之下（如图 2-4 所示）。

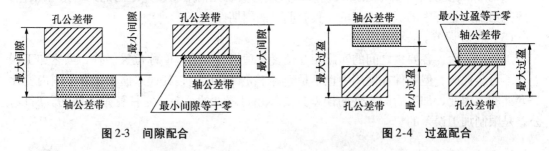

图 2-3 间隙配合　　　　　　图 2-4 过盈配合

孔的最小极限尺寸减轴的最大极限尺寸所得的代数差称为最大过盈，用 Y_{max} 表示。即：

$$Y_{max} = D_{min} - d_{max} = EI - es$$

孔的最大极限尺寸减轴的最小极限尺寸所得的代数差称为最小过盈，用 Y_{min} 表示。即：

$$Y_{min} = D_{max} - d_{min} = ES - ei$$

配合公差（或过盈公差）是允许过盈的变动量，它等于最小过盈与最大过盈之代数差的绝对值，也等于相互配合的孔公差与轴公差之和。即：

$$T_f = |Y_{\min} - Y_{\max}| = T_D + T_d$$

【例2-3】 孔 $\phi 50_0^{+0.039}$ mm，轴 $\phi 50_{+0.054}^{+0.079}$ mm，求 $Y_{\max}$、$Y_{\min}$ 及 T_f。

解：$Y_{\max} = \text{EI} - \text{es} = 0 - 0.079 = -0.079$（mm）

$Y_{\min} = \text{ES} - \text{ei} = 0.039 - 0.054 = -0.015$（mm）

$T_f = |Y_{\min} - Y_{\max}| = |-0.015 - (-0.079)| = 0.064$（mm）

③ 过渡配合：可能具有间隙或过盈的配合称为过渡配合。此时，孔的公差带与轴的公差带相互交叠（如图 2-5 所示）。

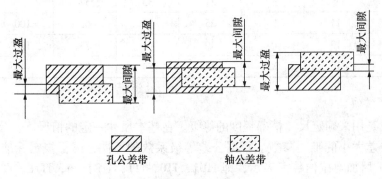

图 2-5　过渡配合

在过渡配合中，其配合的极限情况是最大间隙与最大过盈，即：

$$X_{\max} = D_{\max} - d_{\min} = \text{ES} - \text{ei}$$
$$Y_{\max} = D_{\min} - d_{\max} = \text{EI} - \text{es}$$

配合公差等于最大间隙与最大过盈之代数差的绝对值，也等于相互配合的孔与轴公差之和。即：

$$T_f = |X_{\max} - Y_{\max}| = T_D + T_d$$

【例2-4】 孔 $\phi 50_0^{+0.039}$ mm，轴 $\phi 50_{-0.009}^{+0.034}$ mm，求 $X_{\max}$、$Y_{\max}$ 及 T_f。

解：$X_{\max} = \text{ES} - \text{ei} = 0.039 - (-0.009) = 0.048$（mm）

$Y_{\max} = \text{EI} - \text{es} = 0 - 0.034 = -0.034$（mm）

$T_f = |X_{\max} - Y_{\max}| = |0.048 - (-0.034)| = 0.082$（mm）

2.1.2　标准公差与基本偏差

国家标准《极限与配合》中规定了标准公差系列、基本偏差系列和基准制，以适应不同的配合要求。

1. 标准公差系列

标准公差是国家标准规定的用以确定公差带大小的任一公差值。标准公差值参见表 2-1。由表 2-1 可以看出，标准公差与公差等级及基本尺寸有关。

表 2-1　标准公差数值（部分）

基本尺寸/mm		公差等级						
		μm						
大于	至	IT5	IT6	IT7	IT8	IT9	IT10	IT11
3	6	5	8	12	18	30	48	75
6	10	6	9	15	22	36	58	90
10	18	8	11	18	27	43	70	110
18	30	9	13	21	33	52	84	130
30	50	11	16	25	39	62	100	160
50	80	13	19	30	46	74	120	190
80	120	15	22	35	54	87	140	220

（1）公差等级。

公差等级是用来确定尺寸精确程度的等级。在基本尺寸一定的情况下，公差等级系数是决定标准公差大小的唯一参数。根据公差等级系数的不同，国标规定标准公差分为20个等级，以IT后加阿拉伯数字表示，即IT01，IT0，IT1，IT2，…，IT18。IT表示标准公差，即国标公差的编写代号。如IT8表示标准公差8级或8级标准公差。从IT01到IT18等级依次降低，而相应的标准公差值依次增大。

（2）基本尺寸。

根据标准公差计算公式，每一个基本尺寸都对应一个公差值；但在实际生产中基本尺寸很多，因而就会形成一个庞大的公差数值表，给生产带来麻烦，同时不利于公差值的标准化、系列化。为了减少标准公差的数目，统一公差值，简化公差表格以便于生产实际应用，因此国标对基本尺寸进行分段。

2. 基本偏差系列

（1）基本偏差及其代号。

① 基本偏差。基本偏差是确定零件公差带相对零线位置的上偏差或下偏差。它是公差带位置标准化的唯一指标，除JS和js外，均指靠近零线的偏差，而与公差等级无关。对于JS和js，公差带相对零线对称分布，其基本偏差是上偏差或下偏差，且与公差等级有关。

② 基本偏差代号。如图2-6所示为基本偏差系列。基本偏差的代号用拉丁字母表示。大写代表孔，小写代表轴。在26个字母中，除容易与其他混淆的5个字母：I、L、O、Q、W（i、l、o、q、w）外，再加上7个用两个字母表示的代号CD、EF、FG、JS、ZA、ZB、ZC（cd、ef、fg、js、za、zb、zc），共有28个基本代号，即孔和轴各有28个基本偏差。其中JS和js在各个公差等级中相对零线是完全对称的。JS和js将逐渐代替近似对称的基本偏差J和j。因此在国家标准中，孔仅留J6、J7和J8，轴仅留j5、j6、j7和j8。

对于轴：a～h的基本偏差为上偏差es，其绝对值依次减小；j～zc的基本偏差为下偏差ei，其绝对值逐渐增大。

对于孔：A～H 的基本偏差为下偏差 EI，其绝对值依次减小；J～ZC 的基本偏差为上偏差 ES，其绝对值依次增大。H 和 h 的基本偏差为零。

在图 2-6 中，基本偏差系列各公差带只画出一端，另一端未画出，因为它取决于公差带的大小。

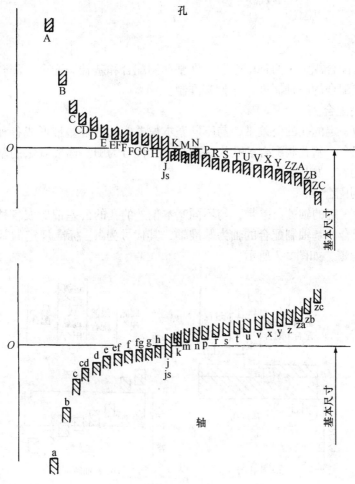

图 2-6 基本偏差系列

（2）轴的基本偏差及另一极限偏差。

轴的基本偏差数值可从附录中的"六、轴的基本偏差数值"里查得。轴的另一个偏差（上偏差或下偏差）可根据轴的基本偏差数值和标准公差值，按下列公式计算：

$$ei = es - IT$$

或

$$es = ei + IT$$

（3）孔的基本偏差及另一极限偏差。

孔的基本偏差数值可从附录中的"七、孔的基本偏差数值"中查得。孔的另一个极限偏差可根据孔的基本偏差数值和标准公差值，按下列公式计算：

$$EI = ES - IT$$

或

$$ES = EI + IT$$

2.1.3 基准制

1. 基准制

国家标准对配合规定了两种配合制,即基孔制配合和基轴制配合。配合制是同一极限制的孔和轴组成配合的一种制度,亦称基准制。

(1) 基孔制配合。

基本偏差为一定的孔的公差带,与不同基本偏差的轴的公差带形成各种配合的一种制度称为基孔制配合。基孔制配合的孔为基准孔,其代号为 H。标准规定的基准孔的基本偏差(下偏差)为零,如图 2-7 所示。

(2) 基轴制配合。

基本偏差为一定的轴的公差带,与不同基本偏差的孔的公差带形成各种配合的一种制度称为基轴制配合。基轴制配合的轴为基准轴,其代号为 h。标准规定的基准轴的基本偏差(上偏差)为零,如图 2-7 所示。

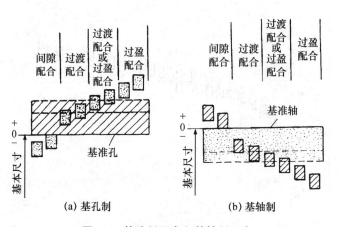

图 2-7 基孔制配合和基轴制配合

2. 国家标准规定的公差带与配合

根据国家标准提供的 20 个等级的标准公差及 28 种基本偏差代号,可组成公差带。孔有 543 种,轴有 544 种,由孔和轴的公差带又可组成大量的配合。如此多的公差带与配合全部使用显然是不经济的。为了减少定值刀具、量具和工艺装备的品种及规格,对公差带和配合选用应加以限制。

根据生产实际情况,国家标准对常用尺寸段推荐了孔、轴的一般、常用和优先公差带。

常用配合形式的分类和组合(即孔与轴的结合)参见表 2-2,可从中了解其应用特点。

表 2-2 配合形式的分类和组合

分类		孔				摘要
		H6	H7	H8	H11	
间隙配合	轴 a					间隙很大
	轴 b					一般极少用
	轴 c			c8	c9	c11	大间隙特别松的转动配合
	轴 d		d8	d8/d10	d11	松转动配合
	轴 e	e7	e8	e8/e9		易转动配合
	轴 f	f6	f7	f8		转动配合
	轴 g	g5	g6	(g7*)		紧动配合
	轴 h	h5	h6	h7/h8	h11	滑合
过渡配合	轴 j	j5	j6	j7		推合
	轴 k	k5	k6	k7		用木槌轻击连接
	轴 m	m5	m6	m7		用铜锤打入
	轴 n		n6	n7		用轻压力连接
			p7			
			r7			
过盈配合		n5				
	轴 p	p5	p6			轻压入
	轴 r	r5	r6			压入
	轴 s	s5	s6	s7		重压入
	轴 t	t5	t6	t7		
	轴 u	u5	u6	u7		重压入或热装
	轴 v					过盈量依次增大,一般不推荐
	轴 x					
	轴 y					
	轴 z					

2.1.4 一般公差、线性尺寸未注公差

一般公差是指在车间一般加工条件下可以保证的公差。一般公差主要用于较低精度的非配合尺寸。

1. 线性尺寸的一般公差的概念

线性尺寸的一般公差是指在车间普通工艺条件下,机床设备一般加工能力可保证的公差。在正常维护和操作情况下,一般公差代表经济加工精度。

采用一般公差的尺寸在正常车间精度保证的条件下,一般可不检验。

应用一般公差可简化制图，使图样清晰易读；设计人员只要熟悉和应用一般公差的规定，可不必逐一考虑其公差值，从而节省图样设计时间；此外，应用一般公差还突出了图样上注出公差的尺寸，以便在加工和检验时引起重视。

2. 有关国标规定

线性尺寸的一般公差规定了 4 个公差等级。其公差等级从高到低依次为：精密级（f）、中等级（m）、粗糙级（c）、最粗级（v）。公差等级越低，公差数值越大。线性尺寸的极限偏差数值可参见国标的有关规定。

3. 线性尺寸的一般公差的表示方法

线性尺寸的一般公差主要用于较低精度的非配合尺寸。当功能上允许的公差等于或大于一般公差时，均应采用一般公差。

采用国标规定的一般公差，在图样中的尺寸后不注出公差，而是在图样上、技术文件或标准中用本标准号和公差等级符号来表示。

例如，选用中等级时，表示为 GB/T 1804—m；选用粗糙级时，表示为 GB/T 1804—c。

2.1.5 公差与配合在图上的标注

1. 在装配图中的标注

国家标准规定，在装配图上标注公差与配合时，配合代号一般用相结合的孔与轴的公差带代号组合表示，即在基本尺寸的后面将代号写成分数的形式，分子为孔的公差带代号，分母为轴的公差带代号。孔和轴的公差带代号分别由基本偏差代号与公差等级两部分组成。

当配合代号的分子中出现基孔制代号 H，而分母中同时出现基轴制代号 h 时，则称为基准件相互配合。如 $\phi 50 H7/h6$，它既可以视为基孔制，也可视为基轴制，是一种最小间隙为零的间隙配合。如果分子、分母均无基准件代号，则属于某一孔公差

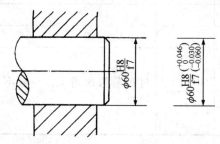

图 2-8　在装配图中公差与配合的标注

带与某一轴公差带组成的配合。在装配图中公差与配合的标注如图 2-8 所示。H8/f7 表示基孔制 8 级基准孔与 7 级 f 配合的轴相结合。

2. 零件图中尺寸公差的标注

如图 2-9（a）所示的 "$\phi 60_{0}^{+0.046}$"，其含义为直径的基本尺寸为 60 mm 的孔，上偏差为 + 0.046 mm，下偏差为 0。如图 2-9（b）所示的 "$\phi 60_{-0.060}^{-0.030}$"，其含义为直径的基本尺寸为60 mm 的轴，上偏差为 - 0.030 mm，下偏差为 - 0.060 mm。带有基本偏差和公差等级的标注时，H8、f7 分别表示 8 级基准孔和 7 级 f 配合的轴。

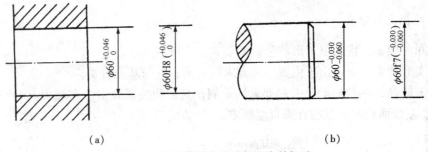

图 2-9 在零件图中公差与配合的标注

2.2 几何公差

按照与国际标准接轨的原则,我国对几何公差国家标准进行了几次修订。目前推荐使用的标准为 GB/T 1182—2008《产品几何技术规范(GPS)几何公差形状、方向、位置和跳动公差标注》、GB/T 1184—1996《形状和位置公差未注公差值》、GB/T 4249—2009《产品几何技术规范(GPS)公差原则》、GB/T 16671—2009《产品几何技术规范(GPS)几何公差最大实体要求、最小实体要求和可逆要求》、GB/T 1958—2004《产品几何技术规范(GPS)形状和位置公差检测规定》等。

2.2.1 有关要素的术语

几何公差的研究对象是构成零件几何特征的点、线、面。这些点、线、面统称几何要素(简称要素)。如图 2-10 所示的零件就是由多种要素组成的。

要素可从不同角度来分类。

1. 按结构特征分类

(1) 组成要素:指构成零件外形为人们直接感觉到的点、线、面。

(2) 导出要素:指组成要素对称中心所表示的点、线、面。其特点是它不能为人们直接感觉到,而是通过相应的组成要素才能体现出来,如零件上的中心面、中心线、中心点等。

2. 按存在状态分类

(1) 实际要素:指零件上实际存在的要素,可以通过测量反映出来。

(2) 理想要素:指具有几何意义的要素,按设计要求,由图样给定的点、线、面的理想形态;它不存在任何误差,是绝对正确的几何要素。

3. 按所处部位分类

(1) 被测要素:指在图样上给出了形状公差或位置公差要求的要素,是检测的对象。

(2) 基准要素:指用来确定被测要素的方向或位置的参考要素,简称基准。

4. 按功能关系分类

（1）单一要素：指给出了形状公差的要素，它没有基准。

（2）关联要素：指给出了位置公差要求的要素，它与基准有关。

如图 2-11 所示的阶梯轴是关联要素的示例，其被测关联要素为左端面。Φd 轴线为基准要素 A。左端面相对于基准有垂直度要求。

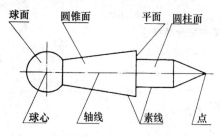

图 2-10　零件的几何要素

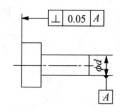

图 2-11　零件的关联要素示例

2.2.2　几何公差项目及其标注方法

1. 几何公差的特征项目及其符号

GB/T 1182—2008 规定了 20 种几何公差的特征项目。各几何公差特征项目的名称及其符号参见表 2-3。

表 2-3　几何公差的特征项目

公差类型	几何特征	符　号	有无基准
形状公差	直线度	—	无
	平面度	▱	无
	圆度	○	无
	圆柱度	⌭	无
	线轮廓度	⌒	无
	面轮廓度	⌓	无
方向公差	平行度	∥	有
	垂直度	⊥	有
	倾斜度	∠	有
	线轮廓度	⌒	有
	面轮廓度	⌓	有

续表

公差类型	几何特征	符 号	有无基准
位置公差	位置度	⊕	有或无
	同心度（用于中心点）	◎	有
	同轴度（用于轴线）	◎	有
	对称度	≡	有
	线轮廓度	⌒	有
	面轮廓度	⌒	有
跳动公差	圆跳动	↗	有
	全跳动	↗↗	有

2. 几何公差的标注

根据 GB/T 1182—2008 规定，几何公差要求在矩形方框中给出，该方框由两格或多格组成。框格中的内容从左到右按顺序填写，框格内容包括公差特征符号、公差值、基准及指引线等组成。

公差特征符号根据零件的特殊要求，由设计者从表 2-3 中选取。公差值用线性值，以 mm 为单位表示。如果公差带是圆形或圆柱形的，则在公差值前面加注 ϕ；如果是球形的，则在公差值前面加注 $S\phi$。相对于被测要素的基准，由基准字母表示，为不致引起误解，字母 E、I、J、M、Q、O、P、L、R、F 不采用。指引线用细实线表示。指引线的一端与公差框格相连，可从框格左端或右端引出。指引线引出时必须垂直于公差框格，另一端带有箭头。

3. 形状公差的公差带及其标注

形状公差是指单一实际形体的形状相对于理想形状所允许的变动全量，包括直线度、平面度、圆度、圆柱度。

（1）直线度。

直线度公差可用来限制圆柱体和圆锥体的素线、回转体的轴线、棱线、刻线以及平面上的任一直线的形状误差。

在给定平面内的直线度，其公差带是距离为公差值 t 的两平行直线间的区域。如图 2-12（a）所示的标注，其含义是圆柱表面上任意素线必须位于轴剖面内、距离为公差值 0.02 mm 的两平行直线之间，如图 2-12（b）所示。

从图 2-12（a）可知，形位公差是用公差框格和指引线来标注的。公差框格和指引线均用细实线绘制；公差框格第一格（左边第一格）是标注公差项目的符号，第二格是标注公差数值及有关符号；指引线的箭头指向公差带的宽度方向或直径。

在任意方向上的直线度的公差带是直径为公差值 t 的两圆柱面内的区域。如图2-12（c）所示，框格表示圆柱面轴线的直线度不大于 0.05 mm，即 ϕD 圆柱体的轴线必须位于直径为公差值 0.05 mm 的圆柱体内，如图2-12（d）所示。

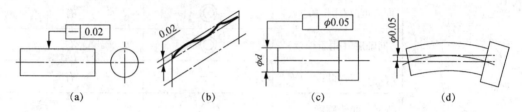

图2-12　直线度及其公差带

（2）平面度。

平面度公差带是距离为公差值 t 的两平行平面间的区域。如图2-13（a）所示的标注表示上平面的平面度不大于 0.1 mm，即上平面必须位于距离为公差值 0.1 mm 的两平行平面之间，如图2-13（b）所示。如图2-13（c）所示的标注表示上平面在任意 100 mm×100 mm 的范围内，且必须位于距离为公差值 0.1 mm 的两平行平面内，如图2-13（d）所示。

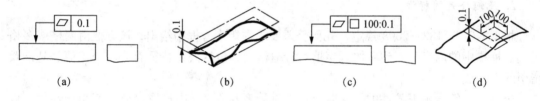

图2-13　平面度及其公差带

（3）圆度。

圆度公差用于限制回转体（圆柱体、圆锥体及任意形状的回转体）的径向截面（正截面）和球面通过球心的任意剖面内实际轮廓的形状误差。其公差带是在同一正截面上半径差为公差值 t 的两同心圆之间的区域。如图2-14（a）所示，框格表示该表面的圆度不大于 0.02 mm，即在垂直于轴线的任一正截面上，该圆必须位于半径差为公差值 0.02 mm 的两同心圆之间，如图2-14（b）所示。

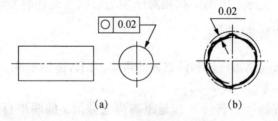

图2-14　圆度及其公差带

（4）圆柱度。

圆柱度公差用于限制圆柱面的形状误差，它是评定圆柱面轴向剖面和正截面形状误差的综合指标,可综合控制圆柱面的圆度误差及圆柱面的素线、轴线的直线度误差以及素线间的平行度误差。其公差带是半径差为公差值 t 的两同轴圆柱面之间的区域。如图 2-15（a）所示的标注,其要求实际圆柱面必须位于半径差为公差值 0.05 的两个同轴圆柱面之间,如图 2-15（b）所示。

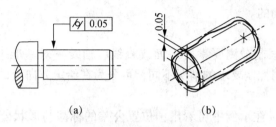

图 2-15 圆柱度及其公差带

（5）线轮廓度。

线轮廓度无基准时为形状公差。如图 2-16（a）所示,在任一平行图示投影平面内,提取实际轮廓线应限定在直径等于 0.04mm,圆心位于被测要素理论正确几何形状上的一系列圆的两等距包络线之间。如图 2-16（b）所示为无基准的线轮廓度的公差带。

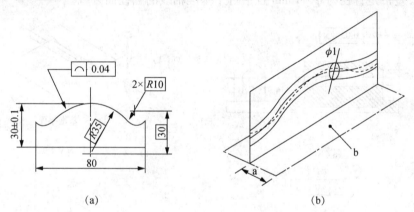

图 2-16 线轮廓度（无基准）及其公差带

（6）面轮廓度。

面轮廓度无基准时为形状公差。如图 2-17（a）所示,提取实际轮廓面应限定在直径等于 0.02mm,球心位于被测要素理论正确几何形状上的一系列圆球的两等距包络面之间。如图 2-17（b）所示为无基准的面轮廓度的公差带。

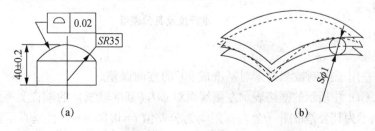

图 2-17 面轮廓度（无基准）及其公差带

4. 方向公差的公差带及其标注

所谓方向公差，是指关联实际形体的方向对基准在方向上允许的变动全量。方向公差包括平行度、垂直度、倾斜度、线轮廓度和面轮廓度五项公差。这五项公差带的方向都是确定的，但位置是浮动的。

（1）平行度。

平行度公差用于限制被测要素（平面或直线、轴线）对基准平面（或直线、轴线）平行的方向误差。根据控制要求的情况不同，可分为在给定方向上的平行度和任意方向上的平行度。

从图 2-18 所示的标注示例中可看出：位置公差的标注与形状公差标注的区别在于增加了基准的标注。基准符号用一个小方框细实线和黑点组成。图 2-18（a）中的框格表示被测轴线对 A 面（基准面）的平行度不大于 0.03 mm，图 2-18（b）所示为其公差带图。

由于被测要素和基准要素均可为平面或直线，故会出现面对面、面对线、线对面、线对线的平行度等四种形式。图 2-18（a）所示为线对面的平行度，图 2-18（c）所示为线对线的平行度，图 2-18（d）所示为被测 ϕD 轴线对 ϕD_1 基准轴线。在给定任意方向上的平行度，公差带是直径为 $\phi 0.1$ mm 且平行于基准轴线的圆柱面区域。

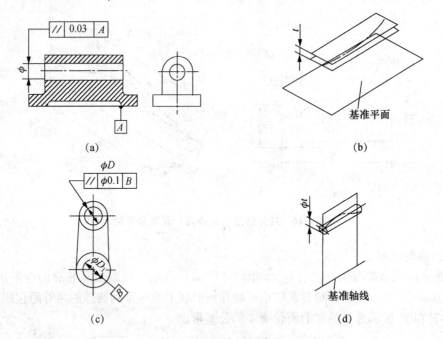

图 2-18 平行度及其公差带

（2）垂直度。

垂直度公差用于限制被测要素对基准成 90°的方向误差。

如图 2-19（a）中所示的框格表示左侧端面对 ϕD（基准轴线）的垂直度不大于 0.05 mm，图 2-19（b）所示为其公差带图（公差带距离为公差值 $t = 0.05$ mm，且垂直于基准轴线的两平行平面间区域）。如图 2-19（c）中所示的框格表示被测轴线 ϕD 对基准平面 A 的垂直度不大于 0.05 mm，图 2-19（d）所示为其公差带图（公差带是直径为 0.05 mm，且垂直于基准平面的圆柱面的区域）。

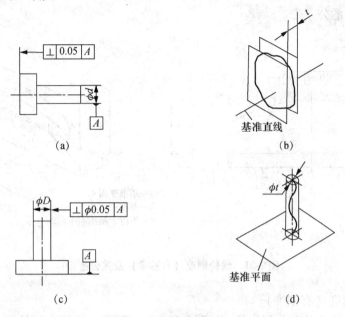

图 2-19　垂直度及其公差带

由上述可知，垂直度公差与平行度公差有相似之处。不过应当注意的是，线对线的平行度有四棱柱和圆柱形的公差带，而线对线的垂直度则没有；线对面的垂直度有四棱柱和圆柱形公差带，而线对面的平行度则没有。

（3）倾斜度。

倾斜度用于限制实际要素对基准在倾斜方向的变动量。倾斜度的公差带是距离为公差值 t，且与基准平面成理论正确角度的两平行平面之间的区域。

如图 2-20（a）中所示的框格表示斜面对基准面 A 成 45°角的倾斜度不大于 0.08 mm。图 2-20（b）所示为其公差带图（$t = 0.08$ mm）。

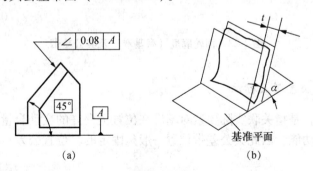

图 2-20　倾斜度及其公差带

（4）线轮廓度（有基准）。

线轮廓度有基准时为方向公差。如图 2-21（a）所示，在任一平行图示投影平面内，提取实际轮廓线应限定在直径等于 0.04 mm、圆心位于由基准平面 A 和基准平面 B 确定的被测要素理论正确几何形状上的一系列圆的两等距包络线之间。如图 2-21（b）所示为有基准的线轮廓度的公差带。

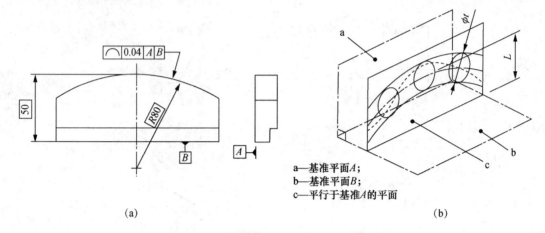

a—基准平面 A；
b—基准平面 B；
c—平行于基准 A 的平面

图 2-21　线轮廓度（有基准）及其公差带

(5) 面轮廓度（有基准）。

面轮廓度有基准时为方向公差。如图 2-22（a）所示，提取实际轮廓面应限定在直径等于 0.02 mm、球心位于由基准平面确定的被测要素理论正确几何形状上的一系列圆球的两等距包络面之间。如图 2-22（b）所示为有基准的面轮廓度的公差带。

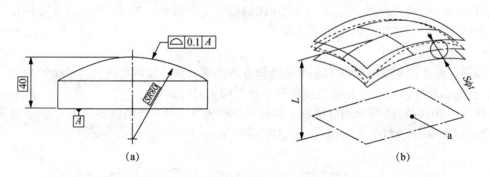

图 2-22　面轮廓度（有基准）及其公差带

5. 位置公差的公差带及标注

所谓位置公差，是指关联实际要素对基准在位置上允许的变动全量。位置公差具有确定被测要素位置的功能，因此其公差带位置一般是固定的。位置公差包括同轴度、对称度和位置度三项。

(1) 同轴度。

同轴度公差用于限制被测轴线与基准轴线的同轴误差，其公差带是直径为公差值 t 且与基准轴线为轴线的圆柱面内的区域。

如图 2-23（a）中所示的框格表示 ϕD 轴线对左端 ϕD_1 和右端 ϕD_2 公共基准轴线的同

轴度不大于 ϕ0.1 mm。图2-23（b）所示为其公差带图（$t = 0.1$ mm）。

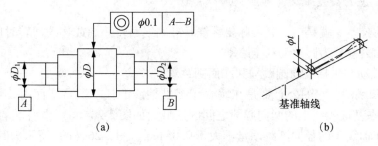

图2-23 同轴度及其公差带

（2）对称度。

对称度公差用于限制被测中心平面对基准中心平面的对称误差。其公差带是距离为公差值 t，且相对基准中心平面对称配置的两平行平面之间的区域。如图2-24（a）中所示的框格表示槽的中心面对基准中心平面的对称度不大于 0.08 mm。图2-24（b）所示为其公差带图（$t = 0.08$ mm）。

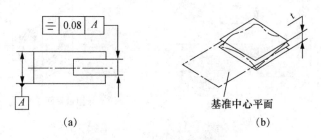

图2-24 对称度及其公差带

（3）位置度。

位置度公差用于限制被测实际要素的位置对理想位置的变动量。如图2-25所示是标注示例，其中图2-25（a）中的框格表示被测孔的轴线必须位于直径为公差值 ϕ0.1 mm，轴线位于由基准 A、B、C 和理论正确尺寸所确定的理想位置上的圆柱面公差带内。如图2-25（b）所示为其公差带图（公差带是直径为公差值 $\phi t = 0.1$，出现在理想位置上的圆柱面内的区域）。

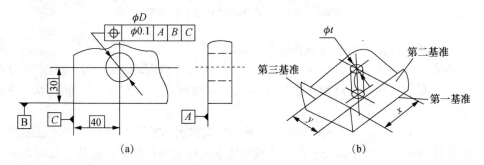

图2-25 位置度及其公差带

6. 跳动公差的公差带及其标注

所谓跳动公差，就是指关联实际要素绕基准轴线回转一周或连续回转时所允许的最大跳动量。跳动公差分为圆跳动和全跳动。

（1）圆跳动：包括径向圆跳动和端面圆跳动。

① 径向圆跳动：它的公差带是在垂直于基准轴线的任一测量平面内，半径差为公差值 t，且圆心在基准轴线上的两同心圆之间的区域。如图 2-26（a）中所示的框格表示 ϕD 圆柱面对基准轴线 A 的径向圆跳动量不大于 0.05 mm，图 2-26（b）所示为其公差带图（$t = 0.05$ mm）。

② 端面圆跳动：它的公差带是在与基准轴线同轴的任一直径的测量圆柱上，沿母线方向宽度为公差值 t 的圆柱面区域。如图 2-26（c）中所示的框格表示左端面对基准轴线 A 的轴向端面圆跳动量不大于 0.06 mm，图 2-26（d）所示为其公差带图（$t = 0.06$ mm）。

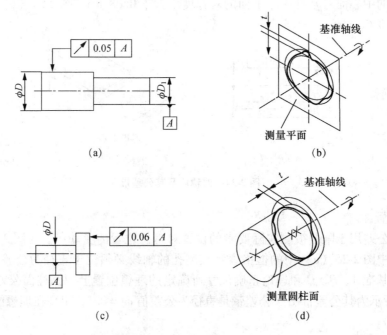

图 2-26 径向与端面圆跳动及其公差带

（2）全跳动：分为径向全跳动和端面全跳动。

全跳动公差是被测要素绕基准轴线作无轴向移动地连续回转，同时指示器作平行（径向全跳动）或垂直（端面全跳动）于基准轴线的直线移动时，在整个表面上所允许的最大跳动量。

如图 2-27（a）所示为径向全跳动标注形式，框格表示被测圆柱面绕基准轴线作无轴向移动的连续回转，同时指示表平行于基准轴线方向作直线移动时，在整个被测表面上的跳动量不大于 0.2 mm。图 2-27（b）所示为径向全跳动公差带（公差带是半径差为公差值 $t = 0.2$，且与基准轴线同轴的两同轴圆柱面内的区域）。

如图 2-27（c）所示为端面全跳动的标注形式，框格表示被测零件绕基准轴线作无轴向移动的连续回转，同时指示表沿垂直于基准轴线的方向作直线移动时，在整个端面上的跳动量不大于 0.05 mm。图 2-27（d）所示为端面全跳动公差带（公差带是距离为公差值 t = 0.05，且与基准轴线垂直的两平行平面间的区域。

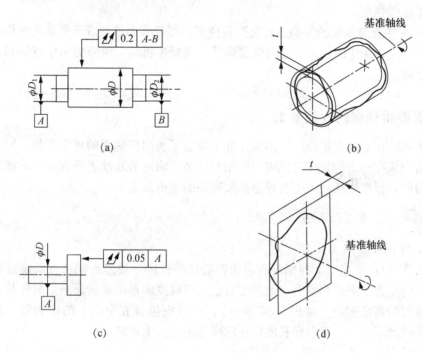

图 2-27　径向与端面全跳动及其公差带

跳动公差具有综合控制被测要素的位置、方向和形状的作用，但因为必须有基准，所以一般归结在位置公差中。例如，径向全跳动公差可同时控制同轴度、圆柱度误差；端面全跳动可同时控制端面对基准轴线的垂直度和平面度误差。

2.3　表面粗糙度

零件经表面加工后，无论其加工方法如何精密，由于切削过程中各种几何、物理因素的影响，其几何形状在微观上总呈现出"峰"、"谷"相间的起伏不平。如果以 S 表示波距（峰与峰之间或谷与谷之间的距离），H 表示波高（峰、谷间的高度），则把 $(S/H) < 40$ 的这种微观几何形状偏差，称为表面粗糙度。表面越粗糙，则表面粗糙度越大。

表面粗糙度对零件使用性能的影响有以下几点。

（1）对零件耐磨性的影响。表面粗糙度越大，两个配合零件之间实际接触面积越小；在外力的作用下，凸峰处的压强越大；当零件作相对运动时，越容易产生磨损。此外，表面粗糙度越大，摩擦系数越大，摩擦消耗的能量也越大，机器的工作效率就低。而且大量的摩擦热有可能导致零件相互咬死。所有这些因素都会降低零件的耐磨性。

（2）对零件配合质量的影响。对间隙配合，表面越粗糙，越容易磨损，从而使零件在工作过程中间隙加速增大；对过盈配合，由于装配时将微观凸峰挤平，使实际过盈量减少，降低了连接强度。

（3）对零件疲劳强度的影响。在交变载荷下，零件表面的微观不平如同划伤和裂纹一样，容易引起应力集中，使零件疲劳强度降低。表面越粗糙，对应力集中越敏感，疲劳强度越容易下降。

2.3.1 表面粗糙度的评定参数

为了正确地评定表面粗糙度，国家标准中规定了表面粗糙度的评定参数。同时，这些参数的数值应该在一定的长度范围内，并相对于某一确定的基准进行评定，才能获得正确的结果。为此，标准中还规定了与评定参数有关的术语及定义。

1. 与评定参数有关的术语

（1）取样长度。

取样长度（l）是指用于判别具有表面粗糙度特征的一段基准线长度。规定和选择取样长度的目的是为了限制和减弱表面波度对表面粗糙度测量结果的影响。取样长度的选取与表面粗糙度的高低有关（如图 2-28 所示），一般应包含五个以上的峰和谷。表面越粗糙，取样长度就应越大，且取样长度应在轮廓总的走向上量取。

（2）评定长度。

评定长度（l_n）是指评定轮廓所必需的一段长度，它可包括一个或几个取样长度。规定和选取评定长度的目的是为了减弱表面不均匀性对测量结果的影响。由于加工表面的粗糙度具有不均匀性，为了更加客观地反映被测表面的粗糙度特征，应在一个或几个取样长度上分别进行测量，取其平均值作为测量结果。

评定长度的选取与被测表面的加工均匀性有关，一般可取 $l_n = 5l$。若被测表面均匀性较好，可选用小于 $5l$ 的评定长度值；反之，可取大于 $5l$ 的评定长度值（如图 2-28 所示）。

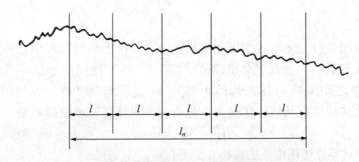

图 2-28　取样长度和评定长度

(3) 基准线。

基准线是指用以评定表面粗糙度参数给定的线。基准线有以下两种。

① 轮廓的最小二乘中线。它是具有几何轮廓形状并划分轮廓的基准线，在取样长度内，使轮廓线上各点至一条假想线的距离的平方和为最小。

② 轮廓的算术平均中线。它是具有几何轮廓形状在取样长度内与轮廓走向一致的基准线，在取样长度内由该线划分轮廓使上下两边面积相等（如图 2-29 所示）。即：

$$F_1 + F_3 + \cdots + F_{2n-1} = F_2 + F_4 + \cdots + F_{2n} \ (n \text{ 为正整数})$$

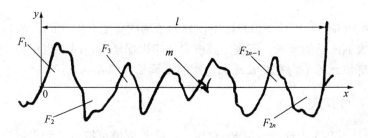

图 2-29　轮廓的算术平均中线

在轮廓图形上确定最小二乘中线的位置比较困难，因此通常用目测估计来确定算术平均中线，并以此作为评定表面粗糙度数值的基准线。

2. 评定参数

（1）轮廓的算术平均偏差 Ra。

轮廓的算术平均偏差 Ra 指在取样长度内，被测轮廓上各点至轮廓中线距离绝对值的算术平均值（如图 2-30 所示）。

$$Ra = \frac{1}{l} \int_0^l |y(x)| \, dx$$

或近似为：

$$Ra = \frac{1}{n} \sum_{i=1}^{n} |y_i|$$

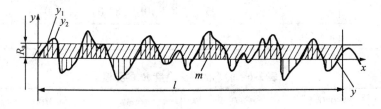

图 2-30　轮廓的算术平均偏差 Ra

（2）轮廓的最大高度 Rz。

轮廓的最大高度 Rz 指在取样长度内，轮廓峰顶线与轮廓谷底线之间的距离（如图 2-31所示）。

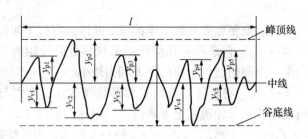

图 2-31 轮廓的最大高度 Rz

新国家标准（GB/T 1031—2009）中仅列入了两项高度参数（Ra、Rz）作为基本评定参数。当根据表面的功能要求，仅规定高度参数难以保证质量时，也可另外增加相应的附加参数，如轮廓单元的平均宽度 Rsm 和轮廓的支承长度率 $Rmrcc$。

3. 评定参数的数值

Ra 的数值从表 2-4 中选用。与 Ra 对应的取样长度值可按表 2-5 选用，此时取样长度值的标注在图样上或技术文件中可省略。当有特殊要求时应给出相应的取样长度值，并在图样上或技术文件中注出。

Rz 的数值应从表 2-6 中选取。与 Rz 对应的取样长度值可按表 2-7 选用。

表 2-4 轮廓的算术平均偏差 Ra 的数值

$Ra/\mu m$	0.012	0.2	3.2	50
	0.025	0.4	6.3	100
	0.050	0.8	12.5	
	0.1	1.6	25	

表 2-5 Ra 参数值与取样长度的对应关系

$Ra/\mu m$	$l/\mu m$	$l_n = 5l/\mu m$	$Ra/\mu m$	$l/\mu m$	$l_n = 5l/\mu m$
≥0.008～0.02	0.08	0.4	>2.0～10.0	2.5	12.5
>0.02～0.1	0.25	1.25	>10.0～80.0	8.0	40.0
>0.1～2.0	0.8	4.0			

表 2-6 轮廓的最大高度 Rz 的数值

$Rz/\mu m$	0.025	0.4	6.3	100	1600
	0.05	0.8	12.5	200	
	0.1	1.6	25	400	
	0.2	3.2	50	800	

表 2-7 Rz 参数值与取样长度的对应关系

$Rz/\mu m$	$l/\mu m$	$l_n = 5l/\mu m$	$Rz/\mu m$	$l/\mu m$	$l_n = 5l/\mu m$
≥0.025～0.10	0.08	0.4	>10.0～50.0	2.5	12.5
>0.10～0.50	0.25	1.25	>50～320	8.0	40.0
>0.50～10.0	0.8	4.0			

2.3.2 表面粗糙度的符号、代号

国标规定了零件表面特征符号、代号及其在图样上的标注。

1. 表面粗糙度的符号

（1）√——用去除材料的方法（如车、铣、磨等）获得的表面。

（2）√——用不去除材料的方法（如铸、锻等）获得的表面。

（3）√——基本符号，表示可用任何方法获得的表面。

2. 表面粗糙度的代号

在表面粗糙度符号中，要求注写上若干必要的表面特征规定，其表面特征各项规定的注写位置如图 2-32 所示。由粗糙度符号和各种必要的特征规定，共同组成表面粗糙度的代号。

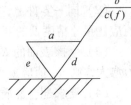

图 2-32 表面粗糙度代号

图 2-33 中各字母含义如下：

a——粗糙度高度参数代号及其允许数值（单位为 μm），其标注示例参见表 2-8；

b——加工方法、镀涂或其他表面处理，如表面粗糙度要求由指定的加工方法获得时，可用文字标写在符号长边的横线上方；

c——取样长度或波纹度（单位为 μm），按规定选取，可以不标；

d——加工纹理方向符号（通常不注，若有要求时可查手册）；

e——加工余量（单位为 μm），需要时可注上，一般不注；

f——粗糙度间距参数值（单位为 mm）或轮廓支承长度率。

表 2-8 表面粗糙度高度特性参数的标注示例

代 号	意 义
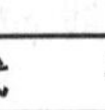 3.2√	用任何方法获得的表面，Ra 的上限值为 3.2μm（Ra 字样省略）
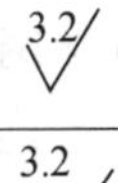 3.2/1.6√	用去除材料的方法获得的表面，Ra 的上限值为 3.2μm，下限值为 1.6μm
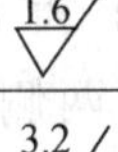 3.2√	用不去除材料的方法获得的表面，Ra 的上限值为 3.2μm
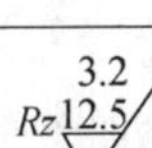 3.2 Rz12.5√	用去除材料的方法获得的表面，Ra 的上限值为 3.2μm，Rz 的上限值为 12.5μm（Rz 字样必须标出）

2.3.3 表面粗糙度与加工方法的关系

表面粗糙度的选用问题，同选用尺寸公差一样，也是一个经济技术问题。因为一方面，表面粗糙度对零件的使用性能有着直接的影响，适当提高零件的表面粗糙度要求，可以减小摩擦系数，减少动力损耗，延长机器的使用寿命；同时可以提高零件的耐疲劳强度，因而可使零件的尺寸和重量相对减小；还可以增加表面抗腐蚀的能力，增加间隙配合的稳定性和提高过盈配合的连接强度，改善配合表面间的密封性，并提高结合零件的接触刚度和机器的工作精度。特别是随着现代工业的发展，对零件的表面质量提出了更高的要求，表面粗糙度参数值选用不当，就会显著地影响机器工作的可靠性和使用寿命。但另一方面，如果不切实际地将表面粗糙度参数值选得过小，则势必增加制造成本；同时，对某些情况而言，表面粗糙度参数值过小，反而对工作性能不利。所以应按照零件的功能要求不同，合理选择表面粗糙度的参数值。

选用表面粗糙度参数值的一般原则如下。

(1) 在满足零件表面功能要求的前提下，尽可能选用较大的 Ra 值。

(2) 同一零件上，工作表面的 Ra 值应比非工作表面的小；尺寸精度高的部位，其 Ra 值应比尺寸精度低的部位小。

(3) 摩擦表面的 Ra 值应比非摩擦表面的小；其相对速度愈高，单位面积上承受的压力愈大，则 Ra 值应愈小；滚动摩擦表面的 Ra 值应比滑动摩擦表面的小。

(4) 要求配合性质稳定可靠时，其配合表面的 Ra 值应较小。对于间隙配合，配合间隙越小，则 Ra 值应越小；对于过盈配合，连接强度要求越高，则 Ra 值应越小；一般情况下，间隙配合表面的 Ra 值比过盈配合表面的小。

(5) 其他条件相同时，小尺寸表面的 Ra 值比大尺寸表面的小，轴表面的比孔表面的小。

(6) 受循环负荷及易引起应力集中的部位（如圆角、沟槽等），Ra 值应要求小。

(7) 防腐性、密封性或外表美观等要求的表面，Ra 值应小。

表面粗糙度参数的具体数值通常采用类比法确定。设计时可以参阅有关图样、资料或根据有关标准的规定选用。

2.3.4 表面粗糙度代号的标注

表面粗糙度符号、代号在图样上标注时，一般应将其标注在可见轮廓线、尺寸界线、引出线或它们的延长线上。符号的尖端必须从材料外指向被注表面。

如图 2-33 所示为一减速箱的输出轴表面粗糙度的标注。轴颈 $\phi 55 j6$（两处）是安装滚动轴承的部分，$\phi 56\ r6$ 和 $\phi 45\ m6$ 为安装齿轮和带轮的部位。由于上述表面为配合表面，要求表面粗糙度数值较小（参见表 2-8），故分别选 $Ra \leqslant 1$ 和 $Ra \leqslant 1.6$。$\phi 62$ mm 处的两轴肩都是止推面，起一定的定位作用，选 $Ra \leqslant 2$。键槽两侧面的配合精度较低，一般为铣出，选 $Ra \leqslant 5$。轴上其他非配合表面，如端面、键槽底面等处均选 $Ra \leqslant 10$。

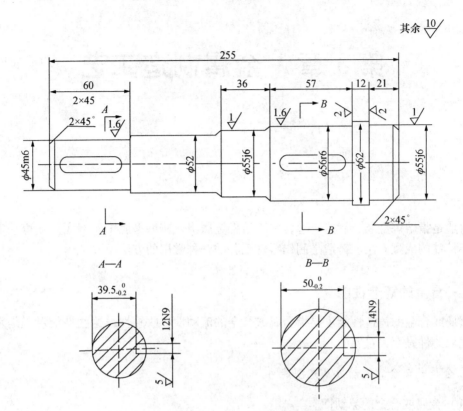

图 2-33 减速箱输出轴表面粗糙度的标注

第 3 章　金属制造工艺

3.1　铸　　造

铸造是指熔炼金属，制造铸型，并将熔融金属浇入铸型型腔中，凝固后获得一定形状和性能铸件的成型方法。铸造是制作零件毛胚的一种常用的方法。

3.1.1　合金的铸造性能

金属或合金的铸造性能主要指金属或合金的流动性和收缩性。这些性能对于是否容易获得优质铸件是至关重要的。

1. 金属或合金的流动性及充型能力

（1）金属或合金的流动性。

金属或合金的流动性是指液态金属或合金自身的流动能力。流动性良好的金属或合金能铸造出薄而复杂的铸件，利于铸件的补缩以及气体和非金属夹杂物的上浮和逸出；反之，则铸件上易出现浇不足、冷隔、气孔、夹渣和缩孔等缺陷。

金属或合金的种类、成分、结晶特征、黏度及结晶潜热等都对金属或合金流动性有影响。例如金属或合金的种类不同，流动性也不同。对一些常用铸造合金的流动性值进行试验，得知铸铁和硅黄铜的流动性最好，铝硅合金的次之，铸钢的最差。

（2）金属或合金的充型能力。

金属或合金的充型能力是指液态金属或合金充满铸型，获得形状完整、轮廓清晰铸件的能力。充型能力不足，铸件会产生浇不足或冷隔缺陷。影响充型能力的主要因素有金属或合金自身的流动性、浇注条件、铸型的充型条件和铸件的结构等。

① 金属或合金自身的流动性。金属或合金自身的流动性好，充型能力就强。

② 浇注条件。首先是浇注温度，适当提高液态金属或合金的浇注温度能改善其流动性，提高充型能力。因为浇注温度高，则液态金属或合金在铸型中保持液态流动的能力就强。因此，对薄壁铸件或流动性较差的金属或合金，可适当提高浇注温度以防浇不足和冷隔。但是若浇注温度过高，又会使液态金属或合金严重吸气、增大收缩，使铸件产生气孔、缩孔、缩松、粘砂和晶粒粗大等缺陷。其次是充型压力，液态金属或合金在流动方向上受的压力愈大，其充型能力愈强。

③ 铸型的充型条件。凡是铸型方面能增大液态金属或合金流动阻力、降低流动速度和加快铸型冷却速度的因素均会降低充型能力。如铸型型腔过窄、温度过低及导热过快等。

④ 铸件的结构。铸件的壁薄、结构复杂，会降低金属或合金的充型能力。

总之，适当提高浇注温度、充型压力和预热铸型，可改善充型能力。

2. 铸件的凝固与收缩

随着温度的降低，浇入铸型的金属液将发生凝固，并伴随着收缩过程。

(1) 铸件的凝固方式。

铸件的凝固是指浇入铸型的金属或合金由液态转变成固态的过程。在凝固过程中，铸件断面上有三个区域，即已凝固的固相区、液固两相并存的凝固区和未开始凝固的液相区。

铸件的凝固方式有逐层凝固方式、糊状凝固方式和介于两者之间的中间凝固方式。

(2) 铸造金属或合金的收缩。

铸造金属或合金的收缩是指从浇入铸型、凝固和直至冷却到室温的过程中，其体积或尺寸的缩减现象。金属或合金的收缩是一种物理属性，是形成缩孔、缩松、变形和裂纹等缺陷的根本原因。铸造金属或合金从浇注到冷至室温要经历三个收缩阶段，即液态收缩、凝固收缩和固态收缩。

液态收缩和凝固收缩主要表现为铸件体积上的缩减，用体积收缩率即单位体积的百分收缩量表示。液态收缩与凝固收缩是铸件产生缩孔和缩松的基本原因。固态收缩主要表现为铸件各方向尺寸上的缩小，可用线收缩率（即单位长度的百分收缩量）来表示。固态收缩是铸件产生应力和裂纹的基本原因。

(3) 缩孔与缩松。

浇入铸型中的液态金属或合金在随后的冷却和凝固过程中，若其由液态收缩和凝固收缩引起的容积缩减得不到补充，会在铸件最后凝固的部位形成孔洞。容积较大的叫缩孔，容积细小且分散的叫缩松。

缩孔出现在铸件上部或铸件最后凝固的部位，多呈倒圆锥形，内表面粗糙，一般隐藏在铸件的内部。

缩松是指铸件最后凝固的区域没得到液态金属或合金的补缩而形成分散和细小的缩孔。缩孔和缩松可以采用顺序凝固等工艺措施防止。

(4) 铸造应力、变形和裂纹。

铸件凝固后进入固态收缩阶段，若收缩受到阻碍，铸件内部所产生的应力为铸造应力。它是铸件产生变形和裂纹的基本原因。

按应力产生的原因，铸造应力分热应力和机械应力两种。热应力是指因铸件壁厚不均或各部分冷却速度不同，致使铸件各部分的收缩不同步而引起的应力。铸件落砂后热应力仍然存在于铸件内部，属于残留应力。机械应力指铸件的固态收缩受铸型或型芯的机械阻碍而形成的应力。机械应力是暂时的，铸件落砂后或机械阻碍消失后会自行消失。

3.1.2 砂型铸造

以型砂为材料制备铸型的铸造方法叫砂型铸造。有别于砂型铸造的其他铸造方法称为特种铸造。

与特种铸造相比，砂型铸造的缺点是：劳动条件较差，铸件质量欠佳，铸型只能使用一次，生产率也较低；优点是：不受零件的形状、大小、复杂程度及合金种类的限制，造型材料来源较广，生产准备周期短，成本低。因此，砂型铸造是铸造生产中应用最广泛的一种方法，世界各国用砂型铸造生产的铸件约占铸件总产量的80%～90%。

1. 砂型的种类

常用的砂型有湿型、干型、表面干型和各种化学硬化砂型（自硬砂型）。
(1) 湿型。

向石英砂中加入适量的黏土和水分，混制而成的型砂称为湿型砂。用湿型砂舂实，浇注前不烘干的砂型称为湿型。铝合金、镁合金铸件、小型铸铁件的生产常使用湿型。

湿型的优点是：可使铸件生产周期缩短，生产效率提高；由于不必烘干及不需要相应的烘干装置，故节省投资及能源消耗；易于实现机械化和自动化，比干型生产劳动条件好。

湿型水分高，强度低，因此质量要求高和厚壁中、大型铸件不宜采用湿型。湿型特别适合于机械化、自动化生产。

(2) 干型。

经过烘干的砂型称为干型。烘干后增加了强度和透气性，显著降低了发气性，大大减少了由于铸型方面的原因而产生的气孔、砂眼、胀砂、夹砂等缺陷。干型的缺点是生产周期长，需要烘干设备，增加燃料消耗，恶化劳动条件，难于实现机械化和自动化。它主要用于质量要求高，结构复杂，单件、小批生产的中、大型铸件上。

(3) 表面干型。

铸型表面仅有一层很薄的型砂被干燥（干燥层一般为15～20 mm厚），铸型其余部分仍然是湿的，故称表面干型。表面干型介于湿型和干型之间，既有湿型的优点，又有湿型达不到的性能。表面干型常用于生产中、大型铝铸件和铸铁件。

(4) 化学硬化砂型（自硬砂型）。

化学硬化砂型的铸型靠型砂自身的化学反应而硬化，一般不需烘干，或只经低温烘烤。它的优点是强度高，节约能源，效率高。但成本较高，有的易产生黏砂等缺陷。自硬砂型目前用得较多的有用水玻璃作黏结剂的水玻璃砂型以及用合成树脂作黏结剂的树脂砂型等。自硬砂型对于各种铸件均可采用。

2. 砂型铸造的工艺流程

砂型铸造的生产工序主要包括：制模、配砂、造型、造芯、合型、熔炼、浇注、落砂、清理和检验。例如，套筒铸件的生产过程如图3-1所示。

(1) 造型（芯）。

制造砂型的工艺过程叫做造型；制造砂芯的工艺过程叫做制芯，也叫造芯。造型和造芯是铸造生产中最重要的工艺过程之一。选择合适的造型（芯）方法和正确地进行造型（芯）工艺操作，对提高铸件质量、降低成本、提高生产率有极其重要的意义。

造型（芯）方法按机械化程度可分为手工造型（芯）和机器造型（芯）两大类。

① 手工造型（芯）是指用手工完成紧砂、起模、修整及合箱等主要操作的造型（芯）过程。手工造型（芯）是一种最基本的造型方法，造型工艺适应范围广泛，质量一般能够满足工艺要求，适合单件、小批生产。但手工造型（芯）劳动强度大，生产率低，铸件质

量不易稳定。手工造型方法很多，如模样造型、刮板造型、地坑造型等，各种造型方法有不同的特点和应用范围。

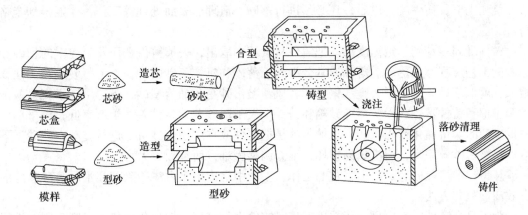

图 3-1　套筒的型铸造生产过程

② 机器造型（芯）是用机器全部地完成或至少完成紧砂操作的造型工序。和手工造型（芯）相比，机器造型（芯）的生产率高，质量稳定，工人劳动强度低；但设备和工艺装备费用高，生产准备时间长，一般只适用于一个分型面的两箱造型。机器造型（芯）适用于大量和批量生产。

(2) 型（芯）砂的紧实。

型砂需要紧实才能成为整体的砂型。型砂的紧实程度影响着铸型的强度和透气性。紧实度越大，铸型强度越大，透气性越差。故铸造生产中对铸型的紧实度提出了较高的要求：一是要求铸型紧实度均匀；二是要努力提高紧实度。

(3) 砂型（芯）的烘干。

大型、重型以及质量要求高的铸件，普通砂型和砂芯均需经过烘干，以除去其水分，提高其强度和透气性，减少发气量，使铸件不易产生气孔、砂眼、夹砂和黏砂等缺陷，从而保证铸件的质量。

砂型和砂芯是多孔性物体，对其烘干（即水分的去除）大致可分为两步进行：表面水分的蒸发和内部水分的迁移（扩散）。

烘干方法有表面烘干和整体烘干。表面烘干是为了缩短生产周期，减少燃料能源消耗，以及有利于组织流水作业。在达到质量要求的条件下，应尽量应用表面烘干。一般大型和较重要的砂型和砂芯都要进行整体烘干。

(4) 合型。

合型就是把砂型和砂芯按要求组合在一起成为铸型的过程。合型习惯上也称合箱、拼箱、配箱或扣箱。铸型的合箱是制备铸型的最后工序，也是铸造生产的重要环节。如果合箱质量不高，铸件的形状、尺寸和表面质量就得不到保证，甚至还会由于偏芯、错箱等原因而使铸件报废。

(5) 浇注。

铸型合箱紧固后浇注前应做好浇注准备工作。浇注温度对铸件质量影响很大，因此应根据合金种类、铸件结构和铸型特点确定合理的浇注温度范围。

为了获得合格铸件，必须控制浇注温度、浇注速度，严格遵守浇注操作规程。

（6）铸件的落砂与清理。

浇注完毕，铸件凝固以后，还必须进行落砂、清理、表面处理等工作，才能得到合格铸件。

铸件凝固冷却到一定温度后，把铸件从砂箱中取出，去掉铸件表面及内腔中的型砂和芯砂的工艺过程称为落砂。落砂通常分为人工落砂和机械落砂两种。人工落砂是在浇注场地人工就地落砂。人工用大锤、钢钎或者风锤敲击砂箱和捅落型砂，不得用锤子直接敲击砂箱中部和铸件本体，以免损坏砂箱和铸件。人工落砂劳动条件差，生产率低，用于单件小批生产的非机械化铸工车间。机械落砂是把铸件放在震动落砂机上进行震动，使砂子下落。机械落砂效率高，但机械易损坏，维修调整困难，而且噪声大。

从铸件中清除砂芯是一项繁重的工作，生产中常采用水力清砂除芯和水爆清砂除芯的有效清砂除芯方法。

为了提高铸件表面质量，还需进一步对铸件进行清理，切除浇冒口，打磨毛刺并进行吹砂等。

（7）铸件表面处理。

有些铸件经过上述处理以后，还需进行表面处理。如镁合金铸件在吹砂后需进行表面氧化处理，在表面生成一层致密而又有保护作用的薄膜，以防止或减轻镁合金在使用过程中产生腐蚀。

铸铁件、铸钢件在检验合格入库前，还须涂上底漆，以防生锈，并作为进一步油漆的基底。

3. 铸件质量检验与缺陷修补

铸件质量包括铸件内在质量、外在质量、使用质量等几个方面。铸件质量的具体要求，一般在零件图和有关技术文件中都有明确规定。为了保证铸件质量，铸造生产各个环节，特别是清理后，都要进行质量检验。凡是有缺陷的铸件，经修补后能满足要求，不影响使用者均应进行修补。

3.2 压力加工

利用金属材料在外力作用下所产生的塑性变形，获得所需产品的加工方法称为塑性加工。由于这种外力多数情况下是以压力的形式出现的，因此也称为压力加工。

塑性加工不仅是金属零件的成形技术之一，也是最终使零件或毛坯获得一定组织性能的重要途径之一。塑性加工零件的质量与组织转变密切相关，因此塑性变形原理及材料组织转变是塑性加工工艺的理论基础。

塑性加工的产品主要有原材料、毛坯和零件三大类。

材料在发生塑性变形时，其体积基本上保持不变。对于很多精密的塑性加工方法，可以不经过切削加工直接生产出零件，实现无屑加工，从而大大节省材料。而且，塑性加工的产品一般都具有较好的力学性能。塑性加工容易实现机械化和自动化，生产率高，很多塑性加工方法都可达到每台机器每分钟生产几十个甚至上百个零件。由于塑性加工设备的种类繁多，其产品的范围也非常广泛，小到几克重的精密零件，大到几百吨的巨型锻件，都可用塑性加工方法生产。

塑性加工常用的方法有自由锻、模锻、板料冲压、轧制、挤压、拉拔等。塑性加工在现代工业中占有非常重要的地位，被广泛地应用于工业生产的各个领域，例如，各种原材料、运输车辆与交通工具、电气设备等。塑性加工已成为工业生产中不可缺少的重要加工方法之一。

3.2.1 自由锻造

自由锻造是利用冲击力或压力使金属在上下两个抵铁之间产生塑性变形，从而得到所需锻件的锻造方法。金属坯料在抵铁间受力变形时，除打击方向外，朝其他方向的流动基本不受限制，锻件的形状和尺寸由锻工的操作技术来保证。

自由锻造可分为手工锻造和机器锻造两种。手工锻造只能生产小型锻件，生产率也较低；机器锻造则是自由锻的主要生产方法。

自由锻造所用的工具简单，具有较大的通用性，应用较为广泛，可锻造的锻件质量从不及一千克到两三百吨。如水轮机主轴、多拐曲轴、大型连杆等件在工作中都承受很大的载荷，要求具有较高的力学性能，而用自由锻造方法制造的毛坯，力学性能都较好，所以，自由锻造在重型机械制造中具有特别重要的作用。

自由锻造所用设备根据它对坯料作用力的性质，分为锻锤和液压机两大类。锻锤产生冲击力使金属坯料变形。生产中使用的自由锻锤主要是空气锤和蒸汽—空气锤。空气锤的吨位较小，用来锻造小型件；蒸汽—空气锤的吨位较大，可以用来生产质量小于 1 500 公斤的锻件。液压机产生压力使金属坯料变形。生产中使用的液压机主要是水压机，它的吨位（产生的最大压力）较大，可以锻造质量达 500 吨的锻件。水压机在使金属变形的过程中没有震动，并能很容易达到较大的锻透深度，所以水压机是巨型锻件的唯一成形设备。

1. 自由锻造工序

自由锻造在生产中能进行的工序很多，可分为基本工序、辅助工序及精整工序三大类。

自由锻造的基本工序是使金属坯料产生一定程度的塑性变形，以达到所需形状和尺寸的工艺过程，如墩粗、拔长、弯曲、冲孔、切割、扭转和错移等。辅助工序是为基本工序操作方便而进行的预先变形工序，如压钳口、压钢锭棱边、切肩等。精整工序是用以减少锻件表面缺陷而进行的工序，如清除锻件表面凸凹不平及整形等，一般在终锻温度以下进行。

2. 自由锻造工艺规程的制定

制定工艺规程、编写工艺卡片是进行自由锻造生产必不可少的技术准备工作，也是组织生产过程、规定操作规范、控制和检查产品质量的依据。

自由锻造的工序是根据工序特点和锻件形状来确定的。一般情况下，盘类锻件常选用墩粗（或拔长及墩粗）、冲孔等工序；轴类锻件常选用拔长（或墩粗及拔长）、切肩和锻台阶工序；筒类锻件常选用镦粗（或拔长及镦粗）、冲孔、在心轴上拔长等工序；环类锻件常选用镦粗（或拔长及镦粗）、冲孔、在心轴上扩孔等工序；曲轴类锻件常选用拔长（或镦粗及拔长）、错移、锻台阶、扭转等工序；弯曲类锻件常选用拔长、弯曲工序。

自由锻造生产还必须遵循工艺规程来进行。

3.2.2　模型锻造

模型锻造（简称模锻）是在高强度金属锻模上预先制出与锻件形状一致的模膛，使坯料在模膛内受压变形的锻造方法。在变形过程中，由于模膛对金属坯料流动的限制，因而锻造终了时能得到和模膛形状相符的锻件。

与自由锻造比较，模型锻造有如下优点。

（1）模型锻造的生产率较高。自由锻造时，金属的变形是在上、下两个抵铁间进行的，难以控制；模型锻造时，金属的变形是在模膛内进行的，故能较快获得所需形状。

（2）模型锻造件尺寸精确，加工余量小。

（3）模型锻造可以锻造出形状比较复杂的锻件。如果用自由锻造来生产，则必须加大量敷料来简化形状。

（4）模型锻造生产可以比自由锻造生产节省金属材料，减少切削加工工作量，故在批量足够的条件下能降低零件成本。

但是，模型锻造生产由于受模锻设备吨位的限制，模型锻造件不能太大，模型锻造件质量一般在150公斤以下。又由于制造锻模成本很高，所以模锻不适合于小批和单件生产。模型锻造生产适合于小型锻件的大批大量生产。

由于现代化大生产的要求，模锻生产越来越广泛地应用在国防工业和机械制造业中，如飞机制造厂、汽车厂、轴承厂等。

模型锻造按使用的设备不同可分为锤上模型锻造、胎模型锻造、压力机上模型锻造等。

3.2.3　板料冲压

板料冲压是利用冲模使板料产生分离或成形的加工方法。这种加工方法通常是在冷态下进行的，所以又叫冷冲压。只有当板料厚度超过8～10 mm时，才采用热冲压。

几乎在一切有关制造金属制品的工业部门中，都广泛地应用着板料冲压。特别是汽车、航空、电器等工业中，板料冲压占有极其重要的地位。

板料冲压具有下列特点。

（1）可以冲压出形状复杂的零件，废料较少。

（2）产品具有足够高的精度和较低的表面粗糙度，互换性能好。

（3）能获得质量轻、材料消耗少、强度和刚度较高的零件。

（4）冲压操作简单，工艺过程便于机械化和自动化，生产率很高，故零件成本低。

冲压模具简称冲模，是冲压生产中必不可少的模具。冲模结构合理与否对冲压件质量、冲压生产的效率及模具寿命等都有很大的影响。冲模基本上可分为简单模、连续模和复合模三种。

由于冲模制造复杂，故只有在大批量生产条件下，板料冲压这种加工方法的优越性才显得更为突出。板料冲压所用的原材料，特别是制造中空杯状和钩环状等成品时，必须具有足够的塑性。

板料冲压常用的金属材料有低碳钢、铜合金、铝合金、镁合金及塑性高的合金钢等。从形状上分，板料冲压常用的金属材料有板料、条料及带料。

冲压生产中常用的设备是剪床和冲床。剪床用来把板料剪切成一定宽度的条料，以供下一步的冲压工序用。冲床用来实现冲压工序，制成所需形状和尺寸的成品零件。冲床最大吨位可达 40 000 kN 以上。

冲压生产有很多种工序。其基本工序有分离工序和变形工序两大类。分离工序是使坯料的一部分与另一部分相互分离的工序，如落料、冲孔、切断、修整等。成形工序是使坯料的一部分相对于另一部分产生位移而不破裂的工序，如拉深、弯曲、翻边、胀形等。

3.3 焊　　接

焊接是一种重要的新型金属加工工艺。它产生于 19 世纪末。到了 20 世纪，随着现代工业生产的发展，焊接技术得到了迅速的发展，焊接已成为一门综合性的科学技术。焊接的历史虽然不长，但是由于它在技术上、经济上的独特优点，故已被广泛地用于交通运输、建筑、机械制造等部门。

焊接是指通过加热、加压或同时加热加压，使两个分离的固态物体产生原子或分子间的结合和扩散，从而形成永久性连接的一种工艺方法。焊接可以连接同种金属、异种金属、某些烧结陶瓷合金以及某些非金属材料。所焊接的材料厚度，理论上是没有限制的。在多数情况下，焊接接头能达到与母材相等的强度。与过去传统的连接方法——铆接相比，焊接具有节省金属、减轻劳动强度、消除噪声、减轻结构重量、提高产品质量等优点。目前，世界各国 45% 左右的钢产量是用于焊接的结构和产品。

焊接方法的种类是很多的，但通常分为三大类。

（1）熔化焊：利用局部加热的方法，将焊件的结合处加热到熔化状态，冷凝后彼此结合成一体。

（2）加压焊：在焊接过程中，加热或不加热，施加足够的压力，使被焊金属达到原子或分子间的结合，从而连接在一起。

（3）钎焊：焊件经适当加热，但未达到熔点，而熔点比焊件低的钎料同时加热直到熔化，润湿并填充在焊件连接处的间隙中。液态钎料凝固后形成钎缝。在钎缝中，钎料和母材相互扩散、溶解，形成牢固的结合。

焊接设备种类繁多，规格各异，常用的有电弧焊机、电阻焊机、交流弧焊电源（弧焊变压器）、弧焊整流器、等离子弧焊机、电子束焊机及摩擦焊机等。

3.3.1　手工电弧焊

手工电弧焊是电弧焊中的一种。手工电弧焊是利用电弧放电时产生的热量（温度高达

3 600℃）来熔化母材金属和焊条，从而获得牢固接头的焊接过程。

手工电弧焊设备简单，使用灵活、方便，适用于任意空间位置的焊接；但生产率低，劳动强度大，焊接质量决定于焊工的技术水平。

1. 焊接过程

手工电弧焊的焊接过程如图 3-2 所示。将工件和焊钳分别接到电焊机的两个电极上，并用焊钳夹持焊条。焊接时，先将焊条与工件瞬时接触，然后将焊条提到一定的距离（2～4 mm），于是在焊条端部与工件之间便产生了明亮的电弧。电弧热将工件接头处和焊条熔化形成熔池。随着焊条的向前移动，新的熔池不断产生，旧熔池不断冷却凝固，从而形成连续的焊缝，使工件牢固地连接在一起。

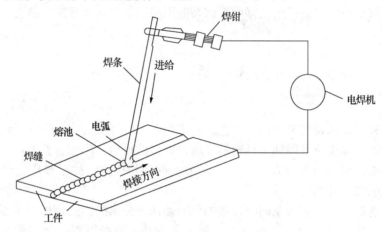

图 3-2　手工电弧焊

2. 电焊机

手工电弧焊的主要设备是电焊机，它实际上是一种弧焊电源。按产生电流的种类不同，电焊机的电源可分为弧焊变压器（交流）和弧焊整流器（直流）。

（1）弧焊变压器。

弧焊变压器实际上是一种特殊的降压变压器，如图 3-3 所示。它将 220 V 或 380 V 的电源电压降到 60～80 V（即焊机的空载电压），以满足引弧的需要。焊接时，电压会自动下降到电弧正常工作时所需的工作电压 20～30 V。输出电流是从几十安培到几百安培的交流电，可根据焊接的需要调节电流的大小。电流的调节分为粗调和细调。粗调是通过改变输出轴头的接法来实现的，调节范围大；细调是旋转调节手柄，将电流调节到所需要的数值。

弧焊变压器结构简单，价格便宜，工作噪声小，使用可靠，维修方便，应用很广。它的缺点是焊接电弧不稳定。

（2）弧焊整流器。

弧焊整流器的全称是整流式直流电焊机，它在近年来得到了普遍的应用。弧焊整流器是通过整流器把交流电转变为直流电，既弥补了交流电焊机电弧稳定性不好的缺点，又比一般直流电焊机结构简单，维修容易，噪声小。

用直流电焊机焊接时，由于正极和负极上的热量不同，所以有正接和反接两种接线方法，如图 3-4 所示。把焊件接正极，焊条接负极，称为正接法；反之，称为反接法。焊接厚板时一般采用直流正接，这时电弧中的热量大部分集中在焊件上，有利于加快焊件熔化，保证足够的熔深。焊接薄板时，为防止烧穿，常采用反接。但在使用碱性焊条时，均采用直流反接。

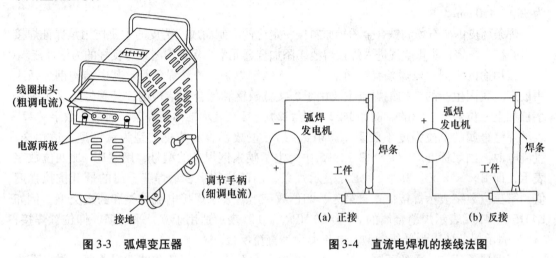

图 3-3　弧焊变压器　　　　　　图 3-4　直流电焊机的接线法图

3. 焊钳和面罩

焊钳是用于夹持焊条和传递电流的；面罩则用来保护眼睛和面部，以免弧光灼伤。焊钳和面罩的结构如图 3-5 所示。

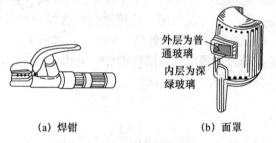

图 3-5　焊钳和面罩

4. 电焊条

手工电弧焊使用的电焊条由焊芯和药皮组成，如图 3-6 所示。

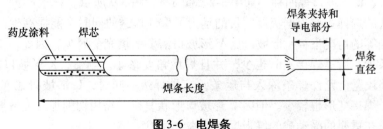

图 3-6　电焊条

焊芯是焊接专用的金属丝，是组成焊缝金属的主要材料。焊接时焊芯的作用主要有两方面：一是导电，产生电弧；二是熔化后作为填充金属，与熔化的母材一起形成焊缝。为了保证焊缝质量，对焊芯金属的化学成分有较严格的要求。因此，焊芯都是专门冶炼的，其碳、硅含量较低，硫、磷含量极少。我国目前常用的碳素结构钢焊芯牌号有H08、H08A和H08MnA。焊条的直径是用焊芯的直径来表示的，常用的直径为3.2～6mm，长度为350～450mm。

焊条药皮由矿石粉和铁合金粉等原料按一定比例配制而成。药皮的主要作用是保证焊接电弧的稳定燃烧，防止空气进入焊接熔池，添加合金元素，保证焊缝具有良好的力学性能。

按用途的不同，电焊条有结构钢焊条、不锈钢焊条、铸铁焊条等，其中结构钢焊条应用最广。我国生产的结构钢焊条主要用于焊接低碳钢和低合金结构钢，其牌号是汉字拼音字首加上三位数字表示的。例如J422（结422），"J"表示结构钢焊条，前两位数字"42"表示焊缝金属的抗拉强度不低于420 MPa，第三位数字表示药皮类型为钛钙型，适用交、直流电源。国家标准GB/T 5117—1995中规定了碳素钢焊条的型号，用"E"加四位数字表示，即E××××。其中，"E"表示焊条，前两位数字表示焊缝金属的最低抗拉强度值，第三位数字表示焊接位置，第三、四位数字组合表示焊接电流种类和药皮类型。例如E4315，"43"表示焊缝金属的$\sigma_b \geqslant 420$ MPa；"1"表示适用于立、平、横、仰位置焊接；"15"表示焊条药皮为低氢钠型，电流类型为直流反接。

根据焊条药皮性质的不同，结构钢焊条又可以分为酸性焊条和碱性焊条两大类。药皮中含有多量酸性氧化物（TiO_2、SiO_2等）的焊条称为酸性焊条，如J××1，J××2，J××3，J××4，J××5。药皮中含有多量碱性氧化物的焊条称为碱性焊条，如J××6，J××7。酸性焊条能交、直流两用，焊接工艺性能较好，但焊缝的力学性能，特别是冲击韧度较差，适用于一般低碳钢和强度较低的低合金结构钢的焊接，是应用最广的焊条。碱性焊条脱硫、脱磷能力强，药皮有去氢作用，焊接接头中含氢量很低，故又称低氢型焊条。碱性焊条的焊缝具有良好的抗裂性和力学性能，但工艺性能较差，一般用直流电源，主要用于重要结构（如锅炉、压力容器和合金结构钢等）的焊接。

5. 焊接工艺

（1）焊接接头形式。

根据GB/T 3375—1994规定，焊接碳钢和低合金钢的基本接头形式有对接、搭接、角接和T形接四种。接头形式的选择是根据结构的形状、强度要求、工件厚度、焊接材料消耗量及其他焊接工艺而决定的。

根据GB/T 985—1988规定，手工电弧焊常采用的基本坡口形式有I形坡口、V形坡口、X形坡口、U形坡口等四种，如图3-7、图3-8、图3-9所示。

坡口形式的选择主要根据板厚，目的是为了保证焊透的同时，能提高生产率和降低成本。在板厚相等的情况下，X形坡口比V形坡口需要的填充金属少，因此，X形坡口焊接所消耗的焊条少，所需焊接工时也少，并且焊后角变形小。当然，X形坡口需要双面焊。U形坡口根部较宽，允许焊条深入与运条，容易焊透；同时，U形坡口比V形坡口省焊条、省工时，焊接变形也较小。但因U形坡口形状复杂，需用切削加工准备坡口，成本较高，故一般只在重要的受动载的厚板焊接结构中采用。

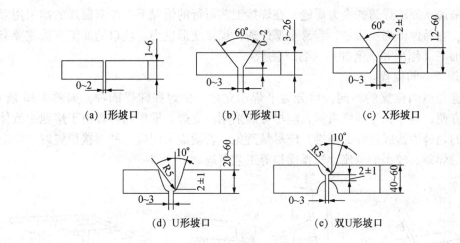

图 3-7　对接接头坡口形式

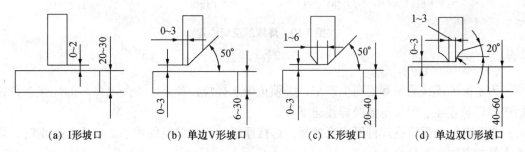

图 3-8　T 形接头坡口形式

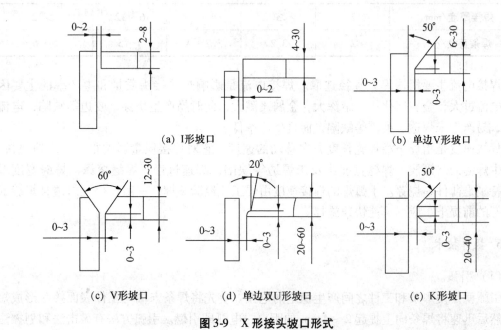

图 3-9　X 形接头坡口形式

一般来说，要求焊透的受力焊缝，在焊接工艺可行的情况下，能双面焊的都采用双面焊。这样，容易保证焊接质量，容易全部焊透，焊接变形也小。坡口的加工方法主要有气割、切削加工（刨削和铣削等）、碳弧气刨等。

（2）焊缝空间位置。

按焊缝在空间位置的不同，可分为平焊、立焊、横焊和仰焊四种，如图 3-10 所示。平焊操作方便，易于保证焊缝质量，应尽可能采用。立焊、横焊和仰焊由于熔池中液体金属有滴落的趋势而造成施焊的困难，应尽量避免。若确需采用后三种焊接位置时，则应选用小直径的焊条、较小的电流、短弧操作等工艺措施。

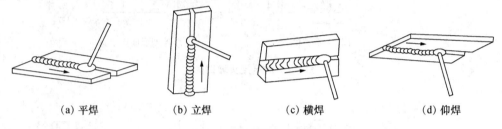

(a) 平焊　　(b) 立焊　　(c) 横焊　　(d) 仰焊

图 3-10　焊缝的空间位置

（3）焊接参数。

为了保证焊接质量和提高生产率，必须正确选择焊接参数。焊条电弧焊的焊接参数包括选择焊条直径、焊接电流及焊接速度等。

焊条直径主要根据焊件厚度来选择。焊接厚板时应选较粗的焊条。平焊低碳钢时，焊条直径的选取可参见表 3-1。

表 3-1　焊条直径的选择

焊接厚度/mm	2	3	4～5	6～12	>12
焊条直径/cm	2	3.2	3.2～4	4～5	5～6

焊接电流主要根据焊条直径选取。焊接电流是影响焊接接头质量和生产率的主要因素。电流过大，金属熔化快，熔深大，金属飞溅大，同时易产生烧穿、咬边等缺陷；电流过小，易产生未焊透、夹渣等缺陷，而且生产率低。

焊接速度是指焊条沿焊缝长度方向移动的速度，它对焊接质量影响很大。焊速过快，易产生焊缝的熔深浅、焊缝宽度小及未焊透等缺陷；焊速过慢，焊缝熔深、焊缝宽度增加，特别是薄件易烧穿。手弧焊的焊接速度由焊工凭经验掌握，一般在保证焊透且焊缝成形良好的前提下，应尽可能快速施焊。

6. 操作技术

（1）引弧。

引弧就是使焊条和工件之间产生稳定的电弧。首先将焊条末端与工件表面接触形成短路，然后迅速将焊条向上提起 2～4 mm 的距离，电弧即引燃。引弧方法有敲击法和划擦法两种，如图 3-11 所示。

（2）运条。

引弧后，首先必须掌握好焊条与工件之间的角度。焊接时，焊条应有三个基本运动，如图 3-12 所示。焊条向下均匀地送进，以保证弧长不变；焊条沿焊接方向逐渐向前移动；焊条作横向摆动，以获得适当的焊缝宽度。

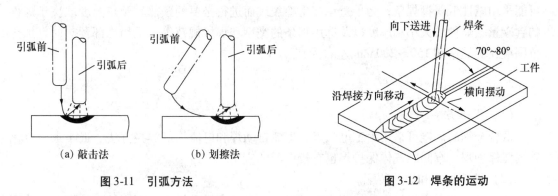

图 3-11　引弧方法　　　　　　　　　　图 3-12　焊条的运动

（3）焊缝的收尾。

焊缝收尾时，为了不出现尾坑，焊条应停止向前移动，而采用划弧收尾法或反复断弧收尾法或回焊收尾法，自下而上慢慢地拉断电弧，以保证焊缝尾部成形良好。

3.3.2　常用金属材料焊接

1. 碳钢的焊接

（1）低碳钢的焊接。

低碳钢含碳量为 0.1%～0.25%，可焊性好，焊前不需预热；但在寒冷地区焊接刚性较大部件时，也要加热工件至 100～200℃ 左右。低碳钢塑性较好，焊缝不易出现裂纹。

一般情况下，低碳钢的焊接均可选用酸性焊条；只有在特殊情况下，例如遇到大厚度工件或大刚度结构以及在低温条件下施焊等情况时才考虑采用碱性焊条。

低碳钢焊接时，只要在焊前严格按焊条或焊剂说明书进行烘干，并仔细清除坡口及其附近铁锈和油污等就可避免出现裂纹。但当焊接材料或母材的化学成分不合格（如含碳量、含硫量较高）时，或者结构刚性较大，施焊环境温度较低（例如在 -10℃ 以下）时，可能出现焊接裂纹。只要针对这些产生裂纹的原因给予解决，低碳钢焊接时的裂纹是可以避免的。此外，还应注意焊接接头的严重过热。由于沸腾钢中硫和磷的偏析，裂纹倾向和热影响区的低温性能变化稍大一些。

（2）中碳钢和高碳钢的焊接。

中碳钢含碳量为 0.25%～0.60%，由于含碳量高，可焊性较低碳钢差。焊接中碳钢的主要困难是在基本金属近缝区容易产生低塑性的淬硬组织。钢中含碳量愈高，工件厚度愈大，则淬硬倾向也愈大。如焊件刚性大，焊条或规范选用不当，在焊件冷却至 300℃ 以下时，容易沿热影响区的淬硬区产生冷裂纹。此外，由于基本金属中含碳量高，在焊接过程中，基本金属的一部分要熔化到焊缝金属中去，致使焊接金属含碳量增高，加之含硫杂质和气孔的影响，也容易在焊缝金属中引起热裂纹。特别是在收尾处，裂纹更为敏感。热裂纹的特征是裂纹往往垂直于焊缝鱼鳞状波纹，呈不明显的锯齿形，但也有沿焊缝金属与基本金属交界处发展的。

为保证焊后不产生冷裂纹和热裂纹并得到满意的机械性能，通常采取一些措施，如尽可能采用碱性低氢型焊条；为了避免产生冷裂纹而进行必要的预热。预热温度取决于焊件的含碳量、焊件的大小和厚度以及选用焊条的类型和焊接规范等。采用局部预热时，加热范围应在焊缝两侧 150~200 mm 左右为宜。

2. 低合金钢的焊接

（1）焊接方法。

低合金钢的焊接可采用手工电弧焊、埋弧自动焊和电渣焊等焊接方法。近年来二氧化碳气体保护焊、窄间隙气体保护焊也有较广泛的应用。

（2）坡口加工和焊前装配。

坡口加工可采用机加工、气割或碳弧气刨。对强度级别较高、厚度较大的钢材，采用气割时为防止裂纹，可采用与焊接相同的预热规范。碳弧气刨时，必须仔细消除残余的碳，以防止产生裂纹。

为避免装配点焊的裂纹，点焊焊缝应长些和厚些，且宜用低氢碱性焊条。点焊长度一般应大于 40 mm，最好达到 100 mm 左右。点焊的顺序，应以能防止过大的约束、允许工件有适当的变形为原则。点焊时应与正式焊接一样采取预热措施。点焊焊缝有裂纹时应清除并易位重焊。

（3）焊接材料的选择。

所选择的焊条强度应与母材的强度相当或略低些为宜。为避免产生冷裂，一般在焊低合金钢时，常采用低氢型或低氢铁粉型焊条。但由于低氢铁粉型焊条不适于立焊和仰焊，故在实际上应用也较少。在焊接强度等级低并且比较薄的不太重要的构件时，也有应用酸性焊条的。

（4）低合金钢焊接时的预热和热处理。

预热有防止冷裂纹、降低焊缝和热影响区冷却速度、减小内应力等重要作用，但是预热使劳动条件恶化，并使生产工艺复杂。因此低合金钢结构施焊前是否需要预热，应慎重考虑，一般应根据生产实践和可焊性试验来确定。

预热方法可采用氧—乙炔火焰、煤气加热或其他加热方法，但要求加热方法不影响母材的性能。预热又可分为局部预热和整体预热。局部预热时，加热范围应保证在焊缝两侧不少于 80 mm，预热温度一般在 100~200℃。钢材强度等级高、结构刚性大时，可适当提高预热温度。

焊后热处理的目的是为了消除焊接内应力，提高构件尺寸的稳定性，增强抗应力腐蚀性能，改善接头组织及力学性能，提高结构长期使用的质量稳定性和工作的安全性等。

低合金结构钢，特别是大量使用的普通低合金钢，多数情况下焊后是不进行热处理的，只有在有特殊要求的情况下才进行焊后热处理。

3. 铝及铝合金的焊接

铝及铝合金具有很多优点，特别是铝的资源丰富，比较便宜，因此目前已被广泛应用于各工业部门。在汽车工业中，铝及其合金应用是非常多的。

铝及铝合金与黑色金属不同，有易氧化、导热性高、热容量和线膨胀系数大、熔点低以及高温强度小等特性。

氩弧焊是当前工业生产中应用最多的焊铝方法之一。在焊接过程中，由于有氩气保护，故金属熔池和填充金属不被氧化，焊缝金属质量稳定可靠。同时氩弧焊的焊接接头耐腐蚀性高，机械性能好，而且焊接速度快，生产率高，焊缝成型美观，对焊工技术水平要求低。

3.4 切削加工

切削加工是利用切削刀具从工件（毛坯）上切去多余的材料，使零件具有符合图样规定的几何形状、尺寸和表面粗糙度等方面要求的加工过程。

机械加工中的切削加工，在机械制造过程中所占比重最大，用途最广。目前，机械制造业中所用工作母机有80%～90%仍为金属切削加工机床。

切削加工可分为钳工和机械加工（简称机工）两部分。

钳工主要是在钳台上以手持工具为主，对工件进行加工的切削加工方法。其主要工作内容有画线、用手锯锯削、用锉刀锉削、用刮刀刮削、用钻头钻孔、用扩孔钻扩孔、用铰刀铰孔；此外，还有攻螺纹、套螺纹、机械装配和设备修理等。

机工是在机床上利用机械力对工件进行加工的切削加工方法。其主要方法有车、钻、镗、铣、刨、拉、插、磨、珩磨、超精加工和抛光等。

随着加工技术的现代化，越来越多的钳工加工工作已被机械加工所代替。同时，钳工自身也在逐渐机械化。但是，由于钳工加工非常经济，并且灵活、方便，所以在切削加工行业中仍占有一席之地，并且永远也不会被机械加工完全替代。

3.4.1 切削刀具

1. 切削加工运动

为了进行切削加工以获得工件所需的各种形状，并达到要求的加工精度和表面粗糙度，刀具和工件必须完成一系列运动。

（1）切削运动。

切削时的基本运动是直线运动和回转运动。按切削时工件和刀具相对运动所起的作用不同，可将切削运动分为主运动和进给运动。如图3-13所示为在车床上加工外圆表面时的切削运动。

① 主运动。主运动是进行切削时最主要的运动，通常它的速度最高，消耗机床动力最多。如普通卧式车床的主运动为主轴的旋转运动，钻床的主运动是钻头的旋转运动。

② 进给运动。进给运动与主运动配合后，将能保持切削工作连续地进行，从而切除金属层并形成已加工表面。如图 3-13 所示，在普通卧式车床上加工外圆，刀具沿工件轴线方向的纵向运动 f_a 是进给运动。机床的进给运动可由一个或几个组成，通常消耗功率较小。进给运动可以是连续的，如车床的进给运动；也可以是间歇的，如牛头刨床工作台的进给运动。

在切削加工过程中，工件上形成三种表面，如图 3-14（a）所示。

① 待加工表面：即将被切去一层金属的表面。
② 已加工表面：工件上切去一层金属后，形成新的表面。
③ 加工表面：工件正在被切削的表面（过渡表面）。

（2）切削要素。

切削用量具有三要素，如图 3-14 所示。

① 切削速度 v。它是主运动的线速度，单位为 m/s。
② 进给量 f。它是进给运动方向上相对工件的位移量。车削时，进给量为主轴每转一转时，工件与刀具相对的位移量，单位为 mm/r。
③ 背吃刀量 a_p。它是每次走刀切入的深度。背吃刀量等于待加工表面与已加工表面间的垂直距离，单位为 mm。

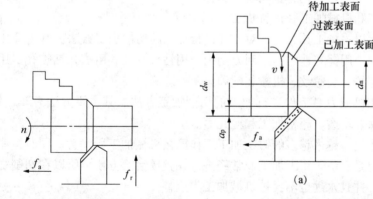

图 3-13　车削外圆表面的切削运动

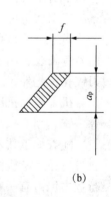

图 3-14　车削时的切削要素图

2. 金属切削刀具

金属切削刀具种类繁多，形状也各有不同，但是，不管形状多么复杂的刀具，都是在刀具基本类型的基础上发展起来的，以适应不同条件下的切削加工。现以外圆车刀为例分析如下。

（1）车刀的组成。

外圆车刀分为切削部分（也称刀头）和夹持部分（也称刀杆或刀体）两部分，如图 3-15 所示。刀体装在刀架上，刀头装在刀体上（可焊接或机械装卡）。

切削部分的组成如下：

① 前刀面。它是刀具上切屑流过的表面。
② 主后刀面。它是切削时刀具上与工件加工表面相对的表面。
③ 副后刀面。它是切削时刀具上与工件已加工表面相对的表面。
④ 主切削刃。它是前刀面与主后刀面的交线，起主要的切削作用。
⑤ 副切削刃。它是前刀面与副后刀面的交线，起辅助切削作用。
⑥ 刀尖。它是主切削刃与副切削刃的交点，为提高刀尖刚度及耐磨性，刀尖可磨成圆弧，形成过渡刀刃。

(2) 车刀切削部分角度。

车刀的切削部分包括五个主要的基本角度，即前角 γ_0、后角 α_0、主偏角 κ_r、副偏角 κ_r'、刃倾角 λ_s，如图 3-16 所示。

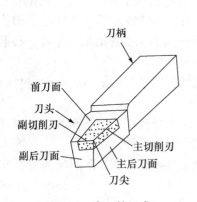

图 3-15 车刀的组成

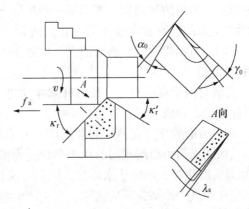

图 3-16 车刀的切削部分五个主要的基本角度

正确选择车刀角度，对保证加工精度、提高劳动生产率有着十分重要的意义。下面对车刀的几个角度的选择提供几个原则。

① 前角 γ_0 的选择。前角大小影响切屑流出的难易程度及刀刃的强度。增大前角，切屑易流出，可使切削力下降，切削时省力；但过大的前角降低了刀刃的强度。当加工塑性材料，工件材料硬度较低时或是在精加工时，前角可取大些。例如使用硬质合金刀具加工低碳钢时，$\gamma_0 = 25° \sim 30°$；加工铝或铜时，$\gamma_0 = 30° \sim 40°$。减小前角，可提高刀刃强度，但切屑流出不畅。一般在加工脆性材料，或加工硬度较高的材料及粗加工时往往减少前角。例如使用硬质合金刀具加工不锈钢时，$\gamma_0 = 15° \sim 25°$；加工高碳钢时，$\gamma_0 = -5°$。

② 后角 α_0 的选择。增大后角，可以减少刀具后面与工件之间的摩擦；但过大的后角要降低刀刃强度，容易损坏刀具。当加工塑性材料时，后角可以取大些，如采用高速钢车刀加工中、低碳钢或精加工时，$\alpha_0 = 6° \sim 18°$。当强力车削或粗加工时，可适当减小后角，以提高刀刃强度，如硬质合金车刀粗车碳钢工件时，$\alpha_0 = 6° \sim 8°$；精车时，$\alpha_0 = 8° \sim 12°$。

③ 主偏角 κ_r 的选择。在切削深度和进给量不变的条件下，增大主偏角，使轴向切削力增大，径向切削力减小，有利于加工细长轴类零件，减小因径向力引起的工件弯曲变形，提高加工精度，也使振动减小。但是，增大主偏角时，使参加切削工作的主切削刃长度缩短，刀刃单位长度上切削负荷加大，散热性能下降，刀具磨损加快。通常加工细长轴时，$\kappa_r = 75° \sim 93°$；加工硬材料时，$\kappa_r = 10° \sim 30°$；粗车、强力车削时，$\kappa_r = 60° \sim 70°$。

④ 刃倾角的选择。增大刃倾角有利刀具承受冲击。刃倾角为正值时，切屑向待加工表面方向流出；为负值时，切屑向已加工表面方向流出。通常精车时，$\lambda_s = 0°\sim 4°$；粗车时，$\lambda_s = 0°\sim -5°$；有冲击负荷或断续切削时，$\lambda_s = -15°\sim -5°$。

(3) 刀具材料。

刀具材料性能的优劣是影响表面加工质量、切削效率、刀具寿命的基本因素。正确选择刀具材料是设计和选择刀具的重要内容之一。刀具材料应具备高硬度、高耐磨性、高红硬性和足够的强度和韧性，除此之外，刀具材料还要有良好的工艺性及经济性。常用刀具材料分为工具钢、硬质合金、陶瓷及超硬材料四大类。

(4) 刀具的刃磨。

刀具用钝后，必须刃磨，以恢复其合理的形状和角度。刀具两次刃磨之间实际进行切削的时间称为刀具的耐用度。车刀是在砂轮机上刃磨的。磨高速钢车刀时，用氧化铝砂轮（一般为白色）；磨硬质合金车刀时，用碳化硅砂轮（一般为绿色）。车刀在砂轮上刃磨后，还要用油石加机油将各面修磨光，以使车刀耐用和提高被加工零件的加工精度。刃磨车刀时应注意以下事项。

① 刃磨时两手握稳车刀，使刀杆靠在支架上，并使受磨面轻贴砂轮。切勿用力过猛，以免挤碎砂轮，造成事故。

② 应将刃磨的车刀在砂轮的圆周面上左右移动，使砂轮磨耗均匀，不出沟槽。应避免在砂轮两侧面用力粗磨车刀，以至砂轮受力偏摆、跳动，甚至破碎。

③ 刀头磨热时，即应沾水冷却，以免刀头因温度升高而降低硬度。但磨硬质合金车刀时，应在空气中冷却，不应沾水，以免产生裂纹。

④ 不要站在砂轮的正面，以防砂轮破碎时使操作者受伤。

3. 切削液

切削液主要用来减少摩擦和降低切削温度。合理使用切削液，对提高刀具耐用度和保证表面加工质量有着重要意义。切削液有以下几点作用。

(1) 冷却。

切削液浇注在切削区域后，通过切削热的传导、对流和汽化，使切屑、刀具和工件上的热量散逸而起到冷却作用。冷却的目的主要是降低前刀面的温度，以提高刀具的耐用度。

(2) 润滑。

切削液在切削过程中渗透到刀具、切屑和工件之间形成润滑膜而达到润滑目的。

(3) 洗涤和排屑。

浇注切削液可冲走切削过程中留下的细屑和磨粒（磨床加工时），从而起到冲洗作用，以防细屑刮伤工件表面和机床导轨表面。在深孔加工时，注入切削液可以起到排屑作用。

(4) 防锈。

在切削液中加入防锈添加剂，如亚硫酸钠等，使金属产生保护膜，防止机床、工件受到水分、空气和酸介质的腐蚀，起到防腐作用。

常用的切削液有水溶液切削液（主要起冷却和排屑作用）和油溶液切削液（主要起润滑和防锈作用）。

4. 工件材料的切削加工性

工件材料的切削加工性是指对某种材料进行切削加工的难易程度。在相同切削条件下，若一定切削速度下刀具的耐用度较长，则该材料切削加工性好，反之则较差。切削加工性对加工质量和生产率有很大影响，所以在保证零件使用要求的条件下，应尽可能选择切削加工性好的材料。

对材料进行适当的热处理是改善切削加工性的重要途径。例如对低碳钢进行正火，可降低塑性，提高硬度，容易断屑，加工面易获得较小的粗糙度值；对高碳钢进行退火，可降低硬度，改善切削加工性；对铸铁件切削加工前退火，可降低表层硬度，有利于切削加工。此外，调整材料的化学成分也可改善切削加工性。例如钢中添加适量的硫、铅等元素，形成易切削钢，可提高刀具耐用度，减小切削力，易断屑，使加工质量和效率得以提高。

5. 零件的加工质量

零件的加工质量直接影响产品的使用性能和寿命，其主要包括加工精度和表面质量。

(1) 加工精度。

加工精度是指零件加工以后，其尺寸、形状、相互位置等参数的实际数值和它的理想数值相符合的程度。为了保证零件顺利地进行装配并满足机器使用要求，就需要把零件的实际参数控制在一定的误差范围内。零件实际参数的最大允许变动量称为公差。加工精度用尺寸公差、形状公差和位置公差来表示。尺寸公差有20个公差等级，从IT01～IT18等级依次降低，公差数值依次增大。形状公差有直线度、平面度等六种。位置公差有平行度、垂直度、同轴度等八种。

(2) 表面质量。

表面质量常用表面粗糙度来衡量。生产中常用轮廓的算术平均偏差 Ra 作为评定表面粗糙度的主要参数。

3.4.2 切削过程

金属切削过程是指刀具从工件毛坯上切去多余金属形成切屑的过程。根据切削变形的特点和切屑的外形，切削一般分为三种，如图3-17所示。在切削过程中存在着许多物理现象，如切削力、切削热、积屑瘤和刀具磨损等，这些现象都是以切屑形成过程为基础的。研究这些现象的基本规律，对保证产品质量和提高生产率很有帮助。

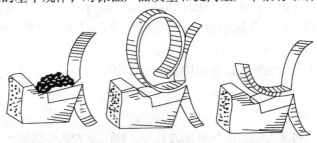

图3-17 切削的种类

1. 切削过程的实质和四个阶段

在切削塑性材料的过程中，当刀尖接触工件时，工件切削层受到挤压，使工件材料产生弹性变形；随着刀具的继续切入，应力、应变逐渐增大，直到克服材料的屈服极限产生塑性变形；刀具的继续切入，剪应力继续增大到克服材料的强度极限出现挤裂现象；最后，被挤裂的金属脱离工件，沿刀具的前面流出成为切屑。重复上述过程，直到将多余金属全部切除。由此可见，塑性材料切削过程的实质是一个挤压过程，重复着弹性变形、塑性变形、挤裂和切离四个阶段。

由于脆性材料的塑性趋于零，所以它的切削过程只经历了弹性变形、挤裂和切离三个阶段。

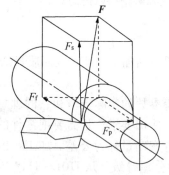

图 3-18 切削力的分解

2. 切削过程中的物理现象

（1）切削力。

金属被切削时，刀具切入工件，被加工材料发生变形，最后成为切屑所需要的力称为切削力。实质上，切削力是由克服被加工材料的弹性变形和塑性变形的力，以及刀具与工件和刀具与切屑之间的摩擦力共同构成。切削力是设计和使用机床、刀具和切削加工工艺装备等必要的依据，切削过程中出现的物理现象大都是切削力引起的。在实际加工中，为了满足设计和工艺分析的需要，往往不是直接研究刀具总切削力，而是研究它的分力。切削力的分解如图 3-18 所示。现以车削为例分析如下。

① 切削力 F_c。它是总切削力 F 在主运动方向上的正投影，是在切削速度方向上的分力，其大小约占总切削力的 95%～99%。切削力 F_c 是三个分力中最大的、消耗功率最多的分力，也是机床动力、重要零件的强度和刚度的设计和校核以及工艺装备设计的主要依据。

② 进给力 F_f。它是总切削力 F 在进给运动方向上的正投影，是在进给运动方向上的分力，消耗功率很小，只占总切削力的 1%～5%。进给力 F_f 是设计和验算机床进给机构必须的参数。

③ 背向力 F_p。它是总切削力 F 在垂直工作平面上的分力。由于它是切削深度方向上的分力，在每次走刀时没有该方向的运动，所以不消耗功率。但是背向力 F_p 作用在工件刚性较差的方向，容易使工件变形，同时引起振动，影响加工精度，所以加工刚性较差的工件（如细长轴）时，应力求减小切削力。常用的方法有增大刀具前角，减小背向力 F_p（常取 $\kappa_r = 90°$）以及减小每次走刀的背吃刀量。

上述三个互相垂直的切削分力是总切削力分解而来的：

$$F = \sqrt{F_c^2 + F_f^2 + F_p^2}$$

（2）切削热。

在切削过程中，切削力使切屑变形、刀具与工件以及刀具与切屑之间的摩擦共同产生了大量的切削热，这些切削热实质上是由切削功转变而来的。

切削热产生后,大量的热(约为50%~86%)由切屑带走,周围介质也带走微量切削热(约为1%),余下的热传入工件(约为40%~10%)和刀具(约为9%~3%)。切削热传入工件,将使工件变形,使工件产生形状和尺寸误差;切削热传入刀具,将加快刀具磨损。因此,切削热对切削加工非常有害,应尽量减少切削热的产生和改善散热条件。通常的办法是:合理选用刀具角度,在刀具上开好排屑槽,使得排屑流畅,不能让切屑缠留在刀头上;合理选用切削用量,特别是要根据刀具材料的耐热程度控制切削速度,因为切削速度对切削热的产生影响最大;使用冷却液,将切削热带走。

(3) 积屑瘤。

在一定的温度和压力下切削塑性材料时,切屑沿刀具的前面流出的阻力很大,流速降低。当金属与前面的摩擦阻力超过切屑本身分子间的结合力时,切屑底层金属被阻滞并黏附在刀尖上,长出一个"瘤"状的金属块,这就是积屑瘤,俗称"冷焊"。积屑瘤的硬度很高,一般为工件材料的2~3倍。

实验表明,切削速度在 5 m/min < v_c < 60 m/min,温度在 300~350℃以及一定压力的情况下,最容易产生积屑瘤。这是因为:

① 当切削速度 v_c < 5 m/min 时,金属与刀具前面的摩擦力减弱,温度低,切屑本身分子的结合力大于切屑底层与前面的摩擦力,所以不会产生积屑瘤;

② 当切削速度 v_c > 60 m/min 时,由于摩擦剧烈而温度高,切屑底层金属呈微熔状态,切屑流出时与前面的摩擦力小,所以也不会产生积屑瘤。

积屑瘤对切削加工的影响有利有弊。它黏附在刀尖上,可以代替刀具切削,起着保护刀尖、减少刀具磨损的作用;同时,它使刀具前角增大(如图3-19所示),有利于切屑排出。但是,积屑瘤时生时灭,刀具工作前角不断变化,使背吃刀量 a_p 也不断变化,导致切削很不稳定,影响加工精度和表面粗糙度。

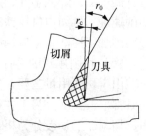

图 3-19 车刀上的积屑瘤

因此,应选用中等切削速度,加大背吃刀量,故意形成积屑瘤来进行粗加工;而精加工则应避免积屑瘤,故常采用高速(v_c > 100 m/min)或低速(v_c < 5 m/min)进行精加工。

(4) 刀具磨损和耐用度。

切削时,刀具的前面和后面时刻与切屑和工件相互接触,并剧烈摩擦,切削温度增高,所以刀具切削金属的同时,自身也受到了磨损。刀具磨损到一定程度后继续切削,不仅严重影响加工质量,还将缩短刀具寿命。刀具重磨后又可以使刀口锋利而被再次使用,重复"使用—重磨—使用"这一过程,直到刀具的切削部分完全报废。刀具实际切削时间的总和称刀具寿命。

刀具的磨损形式有前面磨损、后面磨损、前面和后面同时磨损三种形式。

刀具的耐用度是刀具容许磨损的限度。根据 ISO 国际标准规定,以刀具的后面磨损程度作为标准。在实际切削中,一般用规定刀具实际切削的时间来判断。刀具从开始切削到重磨以前的切削总时间,称为刀具的耐用度,用 T 表示,单位为 min(或 s)。

目前硬质合金焊接车刀的耐用度规定为 T = 60 min。各种刀具的耐用度数值可查阅相关切削用量手册。

(5) 工件材料的切削加工性。

工件材料的切削加工性，是指切削效果的好坏，通常用下列三个指标来评定。

① 刀具耐用度指标。它指在规定刀具耐用度的前提下，材料允许的切削速度越高，则这种材料的切削加工性越好。粗加工时，常用刀具耐用度指标来评定。

② 表面粗糙度指标。它指在相同加工条件下，工件表面获得的表面粗糙度数值越小，则这种材料的切削加工性越好。精加工时，常用表面粗糙度指标来评定。

③ 切屑形状指标。它指在相同加工条件下，工件材料在切削过程中，切屑越易排出，成形越好，则这种材料的切削加工性越好。切屑形状指标主要用于采用自动生产线进行大批大量生产时的评定指标。

上述三项材料的切削加工性评定指标是一个相对概念，其评定很难准确、很难度量。况且可以采用热处理的方法改变工件材料的金相组织，从而改变材料的物理性能和力学性能（主要是硬度和塑性），达到改善材料的切削加工性，获得尽可能好的切削效果。

例如高碳钢的硬度高，对刀具磨损大，其切削加工性不太好。这时，可以对其采用球化退火，降低硬度，减少对刀具的磨损，从而改善了切削加工性。又如低碳钢的塑性大，粘刀现象使工件表面粗糙度数值增大，切削加工性不太好。这时，可以采用正火工艺提高材料的硬度，降低塑性，从而获得较小的表面粗糙度，改善切削加工性，并且还可以提高切削速度。再如白口铸铁很脆、很硬，可以通过球化退火，使其变为可锻铸铁，从而改善其切削加工性。具体应用时，应根据零件的使用要求及材料性质灵活处理。

(6) 切削用量的选择。

由于切削用量三要素受到机床功率、刀具耐用度和加工精度等因素的限制，所以不能同时都取最大值。为了在保证产品质量的前提下，使机床功率和刀具耐用度得到充分利用，切削加工一般分为粗加工、半精加工和精加工三个阶段。一般情况下，每个阶段切削时的背吃刀量和表面粗糙度可以参考国家有关标准。

3.4.3 常用加工方法简介

常用的切削加工方法有车削、钻削和镗削，此外还有刨削和插削加工、拉削加工、铣削加工、磨削加工等加工方法。下面介绍几种最常用的加工方法。

1. 车削加工

车削加工是机械加工中的基本工种，它的技术性很强，主要用车床加工回转表面，所用刀具是车刀，还可用钻头、铰刀、丝锥、滚花刀等刀具。在金属切削机床中，车床所占比例最大，约占金属切削机床总台数的20%～35%。车床应用范围很广，种类很多。按用途和结构的不同，主要分为卧式车床及落地车床、立式车床和各种专门化车床等。此外，在大批量生产中还有各种各样专用车床。

车床主要用于各种回转表面加工，其应用如图3-20所示。卧式车床加工尺寸公差等级可达IT8～IT7，表面粗糙度 Ra 可达 $1.6\,\mu m$。

第 3 章 金属制造工艺

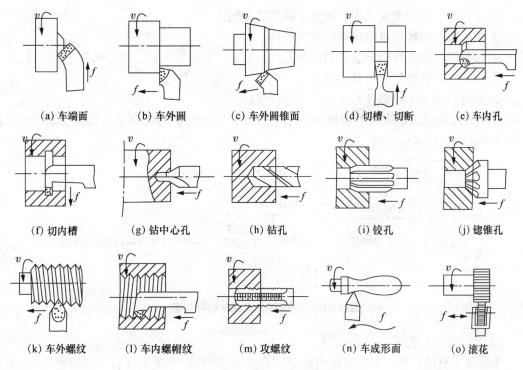

图 3-20 车床加工应用示例

(1) 车床类型。

车床种类很多,其中卧式车床是应用最广泛的一种。以 C6132 卧式车床为例,其组成如图 3-21 所示。

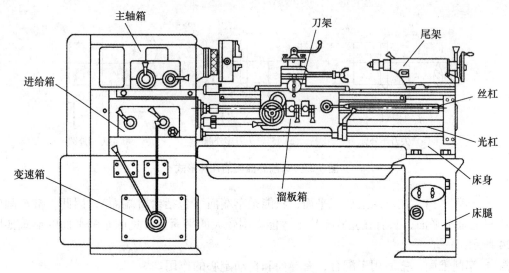

图 3-21 C6132 卧式车床

由图 3-21 可知,车床的组成部分如下。

① 主轴箱:安装主轴和主轴变速机构。

② 变速箱：安装变速机构，增加主轴变速范围。
③ 进给箱：安装作进给运动的变速机构。
④ 溜板箱：安装作横向运动的传动元件及互锁、换向等机构，并与床鞍连为一体。
⑤ 尾架：安装尾架套筒及顶尖。
⑥ 床身：支承上述部件并保证其相对位置。

车床的传动路线是指从电动机到机床主轴或刀架之间的运动路线。如图3-22所示为C6132卧式车床传动框架图。

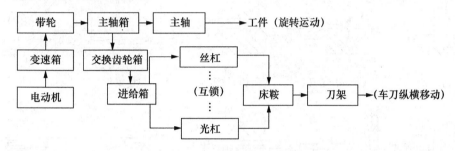

图 3-22　C6132 卧式车床传动框架图

(2) 车削加工范围。

车削加工范围广泛，可以车削内圆面（含内圆切槽）、外圆面（含外圆切槽）、平面、锥面、成形面、内螺纹、外螺纹和滚花等。

① 车削内圆面。车削内圆面的条件是：工件上必须预先已经有孔（可以是铸孔、锻孔或钻孔等），所以车削内圆面的实质是扩孔。

② 车削外圆面。车削外圆面是最常用的方法，常见的车削外圆面的几种形式如图3-23所示。

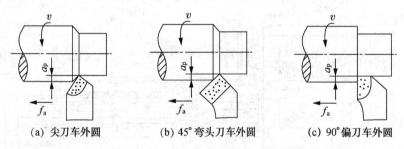

(a) 尖刀车外圆　　　(b) 45°弯头刀车外圆　　　(c) 90°偏刀车外圆

图 3-23　车削外圆面的几种形式

③ 车削平面。在车床上加工平面，只能是车端面（包括台阶端面），因此，被车削的平面只能是小平面，只有在立式车床上才能车削较大的平面。常见的车削平面的形式如图3-24所示。

④ 车削锥面。锥面用于配合，有导向和自动定心的作用。

⑤ 车削成形面。在车床上车削的成形面仅限于回转体形的成形面，这种成形面的形成，是以一平面曲线为动线（成形面的轮廓线），绕与其共面的直线（定线）旋转一周而形成。因此，将工件旋转，使刀具的纵向和横向的合成运动轨迹与动线形状相符，即可加

工出成形面。

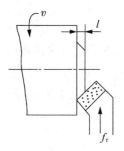 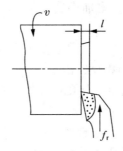 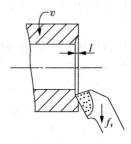

(a) 弯头车刀车端面　　　　(b) 偏刀向中心进刀车端面　　　　(c) 偏刀向外进刀车端面

图 3-24　车削平面的形式

(3) 车削加工的工艺特点。

① 车削加工容易保证轴套类零件和轮盘类零件各表面之间的位置精度。这两类零件的一个共同特征是都具有回转轴线，将其安装在车床上，可使工件轴线与机床主轴轴线同轴；由于零件上各端面（包括台阶面）垂直其回转轴线，而机床横拖板导轨与主轴轴线垂直，所以利用车床本身的精度在一次装夹中加工，容易保证这两类零件的位置精度。

② 切削过程平稳。由于车削加工是连续切削，切削用量在每次切削过程中无变化，切削力变化小，所以切削过程平稳。这样有利于加工精度的提高，并可以采用较大的切削用量，提高生产率。

③ 使用的刀具简单、容易制造，并且成本低廉。

④ 特别适合有色金属的加工，其精细车后，零件的表面粗糙度 Ra 可达 $1.6 \sim 0.2\ \mu m$，尺寸精度可达 IT6～IT5，克服了磨削难以加工有色金属等硬度低材料的困难，并且加工成本比磨削低。

2. 钻削加工

钻削加工的范围较广，如图 3-25 所示，可以完成钻孔、扩孔、铰孔、攻丝、锪孔（包括圆柱孔、锥孔、色眼坑和凸台）、锪平等工作。

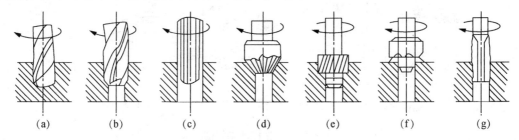

图 3-25　钻床的加工范围

钻削的工艺特点如下。

(1) 导向差，容易"引偏"。由于钻头只有两条很窄的棱边与孔壁接触，所以钻削的导向差，容易使所钻孔的轴线歪斜或扩大孔径。

(2) 钻头刚性差。由于钻头一般较长,受孔径尺寸所限,钻头的长径比较大;加之在钻头上开了两条尽可能大的排屑槽,更加削弱了它的刚性。钻孔时,钻头弯曲将产生斜孔。

(3) 排屑困难,切削条件差。由于钻孔是在实体上进行,切屑只能是靠两条排屑槽排除,加之排屑方向一般与其重力方向相反,因此更加不易排屑。同时由于切削热不易散发,故切削条件很差。此外,切屑流出时与孔壁摩擦,有时切屑还可能卡阻在排屑槽里,常常出现因切屑无法排除而使钻头扭断的现象。

(4) 加工精度差。切屑与孔壁摩擦、挤压、拉毛和刮伤已加工面,使其表面粗糙度大。钻头的"引偏"使孔的轴线歪斜或孔径扩大;钻头的长径比较大以及横刃引起的轴钻头的"引偏"使孔的轴线歪斜或孔径扩大;钻头的长径比较大以及横刃引起的轴向力增大,使远离支点的切削部分运动不平稳,造成尺寸精度较差,仅有 IT12～IT11,只能用于粗加工。

虽然钻削存在"四差一大"(导向差、刚性差、加工精度差、切削条件差和轴向力大)的缺陷,但是对于螺栓通孔,或是需要攻丝的螺纹孔,以及用于汽、水、油的通道等一些要求不高的孔,都可以用钻削来完成。特别是在传统切削加工方法中,钻削是唯一能实现在实体上开出原孔的方法,所以钻削加工还是被广泛用于生产中。

现对常用的几种钻削加工进行介绍。

(1) 钻孔。

利用钻床(也可以用车床、镗床和铣床)在实体材料上用钻头加工出孔的方法称为钻孔。钻床主要有台式钻床、立式钻床、摇臂钻床和专用(包括多孔钻)钻床之分,其中立式钻床和摇臂钻床如图 3-26 所示。

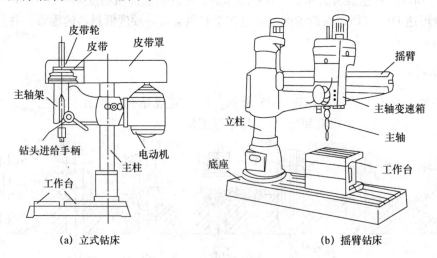

(a) 立式钻床 　　　　　　　　　　(b) 摇臂钻床

图 3-26　钻床的结构图

钻削用的钻头一般都是麻花钻,它属于标准刀具,其直径规格为 $\phi 0.1\text{mm}\sim\phi 100\text{mm}$,常用的是 $\phi 3\text{mm}\sim\phi 50\text{mm}$,其结构如图 3-27 所示。它是由两个"三面二刃一刀尖"对称地组合在一起。钻孔时,它相当于两把反装车孔刀同时切削。两把车孔刀的刀尖连在一起构成了"横刃"。这样,麻花钻就有五个切削刃:两个主切削刃、两个副切削刃和一个横刃。钻孔时，刃具所受的轴向力主要是由横刃产生的，所以应设法修磨横刃，减少轴向力。

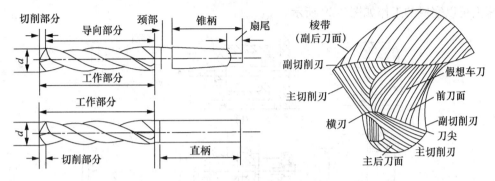

图 3-27 麻花钻切削部分的结构

钻床的主运动是钻头旋转的运动，进给运动是钻头轴向移动。可见钻削加工的主运动和进给运动都是由钻头来完成的。

(2) 扩孔。

利用扩孔钻扩大工件上已有孔径的方法称扩孔。扩孔使用的机床与钻孔相同。由于扩孔钻中心部位不切削，故扩孔钻无横刃，从而大大减小了轴向力；同时，由于扩孔切屑薄且窄，故扩孔钻可将排屑用的螺旋槽减小，从而增加了刚性。因此，扩孔可以修正原孔的歪斜。此外，在扩孔钻上制作了较多的刀齿（一般有3～4个齿），相当于3～4把反装车刀同时切削。切屑因为窄小而容易被排除，改善了切削条件。所以扩孔钻克服了钻孔"四差一大"的缺陷，提高了生产率和加工质量。一般扩孔精度可达 IT10～IT9，表面粗糙度 $Ra = 6.3 \sim 3.2 \mu m$。

(3) 铰孔。

利用铰刀在孔（一般为扩孔后的孔）壁上切除微小余量，用来提高加工精度和降低表面粗糙度的方法称铰孔。

3. 镗削加工

镗刀旋转作主运动，工件或镗刀直行作进给运动的切削加工方法称为镗削加工。镗削使用的机床称为镗床。

镗床分为卧式镗床、坐标镗床和金刚镗床等多种类型。如图 3-28 所示的卧式镗床应用最为广泛。镗削加工的加工步骤、加工精度和表面粗糙度与车削加工相同。

镗削主要用于加工直径较大的已有孔（孔径 $D = \phi 40$ mm～$\phi 330$ mm）和孔系，还可以将镗刀装在铣镗床上加工外圆和平面。它的最大特点是：利用镗床的精度来纠正原孔轴线的偏斜，保证孔及孔系的位置精度，如箱体零件上

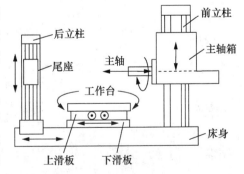

图 3-28 卧式镗床简图

的同轴孔、轴线互相平行或垂直的孔以及机架等结构复杂零件上的孔的位置精度。与其他一般切削加工方法相比，镗削具有独特的优势，特别适宜于箱体类零件上孔系的加工。在镗床上可以完成的工作如图 3-29 所示。

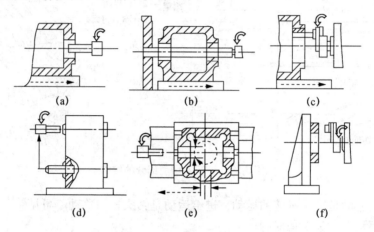

图 3-29　镗床能完成的加工

镗削使用的镗刀有单刃镗刀和双刃镗刀。由于孔的尺寸精度要依靠调整刀具的位置来决定，特别耗费时间，故单刃镗刀一般用于单件小批量生产。

第二篇

工程力学

第4章 静力学基础

4.1 静力学基本概念和公理

4.1.1 刚体的概念

在外力作用下永不发生变形的物体称为刚体。实际生活中的物体都是变形体。一般情况下，物体受力之后所产生的变形相对于物体的几何尺寸而言是极微小的。在静力学和运动学中物体受力产生变形对物体平衡的影响是可以忽略不计的，也就是说，将物体视为刚体所得的结果已具有足够的精确度。刚体是实际物体的理想模型。

4.1.2 力的概念

1. 力的定义

力是物体之间的相互作用，这种作用对物体产生两种效应：
（1）使物体的运动状态发生变化，称为力的外效应（运动效应）；
（2）使物体产生变形，称为力的内效应（变形效应）。
静力学以刚体为研究对象，故只讨论力的外效应。

2. 力的三要素

实践证明，力对物体的作用效应取决于力的大小、方向和作用点，这三个因素称为力的三要素。当这三个要素中有任何一个改变时，力的作用效应也将改变。

3. 力的单位

本书采用我国法定计量单位，力的单位用 N 或 kN。

4. 力系与合力

力系是指作用于被研究物体上的一组力。如果力系可使物体处于平衡状态，则称该力系为平衡力系；若两力系分别作用于同一物体而效应相同，则两者互称等效力系；若某力系与一力等效，则称此力为该力系的合力。

力为矢量，用黑体字母 F 表示；力的大小为标量，用一般字母 F 表示。如图 4-1 所示，若力矢 F 在平面 xOy 中，则其矢量表达式为：

$$F = F_x + F_y \tag{4-1}$$

式（4-1）中，F_x，F_y 分别表示力 F 在平面直角坐标轴 x，y 方向上的两个分量；F_x，F_y 分别表示力 F 在坐标轴 x，y 上的投影。

力 F 在坐标轴上的投影定义为：过力矢 F 两端向坐标轴引垂线（如图 4-1 所示）得垂足 a、b 和 a'、b'，线段 ab，$a'b'$ 分别为力 F 在 x 轴和 y 轴上投影的大小。投影的正负号则规定为：由起点 a 到终点 b（或由 a' 到 b'）的指向与坐标轴正向相同时为正，反之为负。图 4-1 中，力 F 在 x 轴和 y 轴的投影分别为：

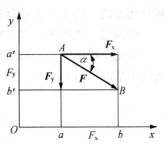

图 4-1　力的分解与投影

$$\begin{cases} F_x = F\cos\alpha \\ F_y = -F\sin\alpha \end{cases} \tag{4-2}$$

可见，力的投影是代数量。

若已知力的矢量表达式（4-1），则力 F 的大小及方向为：

$$F = \sqrt{F_x^2 + F_y^2}$$
$$\tan\alpha = \left|\frac{F_y}{F_x}\right| \tag{4-3}$$

4.1.3　平衡的概念

物体的平衡是指物体相对于地球保持静止或匀速直线运动，是物体机械运动中的一种特殊状态。

4.1.4　静力学公理

公理一　两力平衡公理

刚体上仅受两力作用而平衡的必要与充分条件是：此两力必等值、反向、共线。

在机械或构件中，只受两力作用而平衡的构件，称为二力构件。根据公理一，二力构件上的两力必沿两力作用点的连线，且等值、反向（如图 4-2 所示）。

公理二　加减平衡力系公理

对于作用在刚体上的任何一个力系，可以增加或减去任一平衡力系，并不改变原力系对刚体的作用效果。

因为平衡力系不会改变刚体的运动效应，即平衡力系对刚体的运动效应为零，本公理是力系简化的基本方法之一。

推论一　力的可传性原理：刚体上的力可沿其作用线移动到刚体内的任一点而不改变此力对刚体的作用效应。

需要指出的是，此推论只适用于刚体而不适用于变形体。

公理三　作用力与反作用力公理

两物体间作用力与反作用力，总是等值、反向、共线，并分别作用在两个物体上。

此公理是由牛顿提出的，它概括了自然界中物体间相互作用的关系，表明一切力总是成对出现的，揭示了力的存在形式和力在物体间的传递方式。

公理四　力的平行四边形公理

作用于物体上同一点的两个力的合力也作用于该点，合力的大小与方向由这两个力为边所形成的平行四边形的对角线来确定（如图 4-3 所示）。

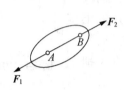
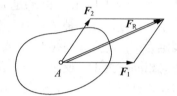

图 4-2　二力平衡公理　　　　图 4-3　力的平行四边形公理

$$F_R = F_1 + F_2 \tag{4-4}$$

即合力等于两分力的矢量和。

由此可推广到 n 个力作用的情况。设一刚体上受力系 F_1，F_2，…，F_n 作用，力系中各力的作用线共面且汇交于同一点（称为平面汇交力系），重复应用力的平行四边形公理可将此力系合成为一个合力 F_R，且有：

$$F_R = F_1 + F_2 + \cdots + F_n = \Sigma F \tag{4-5}$$

可见，平面汇交力系的合力矢量等于力系各分力矢量和。

合力投影定理：力系的合力在某轴上的投影等于力系中各分力在同轴上投影的代数和。

$$\left. \begin{array}{l} F_{Rx} = F_{1x} + F_{2x} + \cdots + F_{nx} \\ F_{Ry} = F_{1y} + F_{2y} + \cdots + F_{ny} \end{array} \right\} \tag{4-6}$$

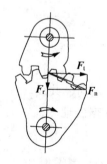

在工程中常利用力的平行四边形公理将一力沿两个规定的方向分解，使力的作用效应更加突出。例如，在进行直齿圆柱齿轮的受力分析时，常将齿面的法向反力 F_n 分解为沿齿轮分度圆圆周切线方向的分力 F_t 和指向轴心的压力 F_r（如图 4-4 所示）。F_t 称为圆周力或切向力，作用是推动齿轮绕轴转动；F_r 称为径向力，作用是使齿轮啮合。

推论二　三力平衡汇交定理：刚体受三个共面但不平行的力作用而平衡时，此三力必汇交于一点。

图 4-4　齿轮受力分析

4.1.5　力矩与力偶

1. 力对点的矩

在讨论力的概念时曾指出，力的外效应是使物体的运动状态发生变化。这种外效应具体有两种形式：一种是移动效应；另一种是转动效应。力对物体的移动效应由力本身来度量，而力对物体绕某点转动的效应由力矩来度量。

如图 4-5 所示，用扳手转动螺母时，作用于扳手 A 点的力 F 可使扳手与螺母一起绕螺

母中心点 O 转动。由经验可知，力的这种转动作用不仅与力的大小、方向有关，还与转动中心到力的作用线的垂直距离 d 有关。因此，定义 Fd 为力使物体对点 O 产生转动效应的度量，称为力 F 对点 O 之矩，简称力矩，用 $M_O(F)$ 表示，即：

$$M_O(F) = \pm Fd \tag{4-7}$$

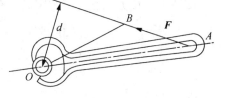

图 4-5　扳手转动螺母

式（4-7）中，O 点称为力矩中心，简称矩心；d 称为力臂；乘积 Fd 称为力矩的大小；符号"±"表示力矩的转向，规定在平面问题中，逆时针转向的力矩取正号，顺时针转向的力矩取负号。

力矩的单位为 N·m 或 kN·m。

这里要强调的是，同一个力对不同点产生的力矩是不同的，矩心的选择可以是任意的，这一点并不一定是固定点，因此不指明矩心而求力矩是无任何意义的。在表明力矩时，必须标明矩心。

2. 力矩的性质

从力矩的定义式（4-7）可知，力矩有以下几个性质。

（1）力 F 对 O 点之矩不仅取决于 F 的大小，同时还与矩心的位置即力臂 d 有关。
（2）力 F 对于任一点之矩，不因该力的作用点沿其作用线移动而改变。
（3）力的大小等于零或力的作用线通过矩心时，力矩等于零。

3. 合力矩定理

平面力系的合力对平面内任一点之矩，等于所有各分力对同一点力矩的代数和。即：

$$M_O(F_R) = M_O(F_1) + M_O(F_2) + \cdots + M_O(F_n) = \Sigma M_O(F) \tag{4-8}$$

式（4-8）中 F_R 为平面力系 F_1，F_2，$\cdots$，F_n 的合力。

定理的证明从略。从等效的观点很容易理解，因合力与力系是等效的，所以合力对某点的转动效应与力系对同一点的转动效应也必然等效。

【例 4-1】 如图 4-6（a）所示，圆柱直齿轮的齿面受一压力角（啮合力与齿轮节圆切线间的夹角）$\alpha = 20°$ 的法向压力 $F_n = 1$ kN 的作用，齿轮节圆直径 $D = 160$ mm。试求力 F_n 对齿轮轴心 O 的力矩。

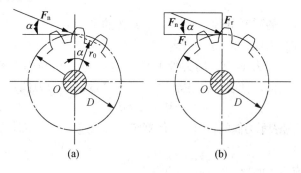

图 4-6　力对点的矩应用实例

解法Ⅰ：按力对点之矩的定义，有：

$$M_O(F_n) = -F_n \times r_o = -F_n \times \frac{D}{2}\cos\alpha$$

$$= -1\,000\,\text{N} \times \frac{160 \times 100^{-3}\,\text{m}}{2}\cos 20°$$

$$= -75.2\,\text{N}\cdot\text{m}$$

解法Ⅱ：将 F_n 沿半径 r 的方向分解成一组正交的圆周力 F_t 与径向力 F_r，如图4-6 (b) 所示。

$$F_t = F_n \times \cos\alpha$$
$$F_r = F_n \times \sin\alpha$$

按合力矩定理，有：

$$M_O(F_n) = M_O(F_t) + M_O(F_r)$$

$$= -F_t \cdot \frac{D}{2} + 0 = -(F_n \times \cos\alpha)\frac{D}{2}$$

$$= -1\,000\,\text{N} \times \cos 20° \times \frac{160 \times 10^{-3}\,\text{m}}{2}$$

$$= -75.2\,\text{N}\cdot\text{m}$$

4. 力偶的定义

在日常生活和生产实践中，常见到物体受到一对等值、反向、但不在同一作用线的平行力作用。例如图4-7所示的转动方向盘及套丝板牙上所受的力。

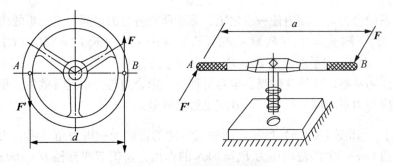

图4-7 力偶的应用实例

作用在同一物体上的一对等值、反向、不共线的平行力组成的力系称为力偶，力偶使物体只产生转动效应。力偶的两力作用线所决定的平面称为力偶的作用面，两力作用线间的垂直距离称为力偶臂。力学中，用力偶的任一力的大小 F 与力偶臂 d 的乘积再加正负号，作为力偶在其作用面内使物体产生转动效应的度量，称为力偶矩，记作 M，即：

$$M = \pm Fd \tag{4-9}$$

式（4-9）中正负号表示力偶的转向。一般规定，力偶逆时针转动时取正号，顺时针转动时取负号。

力偶矩的单位为 N·m 或 kN·m。

由实践可知，力偶对刚体的转动效应取决于力偶的三个要素，即力偶矩的大小、力偶的转向和力偶作用面的方位。凡三个要素相同的两力偶彼此等效。

5. 力偶的性质

性质 1 力偶在任一轴上投影的代数和为零（如图 4-8 所示），故力偶无合力。力偶对刚体的移动不会产生任何影响，即力偶不能与一个力等效，也不能简化为一个力，力偶只能与力偶等效。

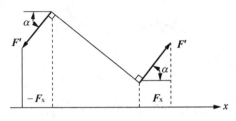

图 4-8 力偶的等效性质

性质 2 力偶对于其作用面内任意一点的矩与矩心的位置无关，而恒等于自身的力偶矩。

性质 3 只要保持力偶矩的大小和转向不变，力偶可以在其作用面内任意移动，或同时改变力和力偶臂的大小，结果对刚体的作用效应不变。

由上述力偶的三要素和力偶的性质，可以对力偶做等效处理：只要保持力偶矩的大小和转向不变，力偶可以在其作用面内任意移动，且可以同时改变力偶中力的大小和力偶臂的长短，而不改变其作用效果。力偶可以用带箭头的弧线表示（如图 4-9 所示）。

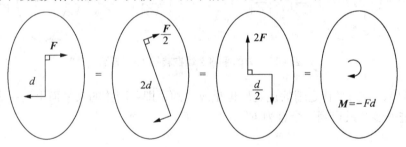

图 4-9 力偶的等效过程

6. 平面力偶系的合成

作用在刚体同一平面上的多个力偶称为平面力偶系。根据力偶的性质可知，一个力偶既然不能与一个力等效，多个力偶合成的结果显然也不能是一个力，而仍为一个力偶，此力偶称为力偶系的合力偶。平面力偶系合成的结果为一合力偶，合力偶矩等于各分力偶矩的代数和。即：

$$M = M_1 + M_2 + \cdots + M_n = \Sigma M_i \tag{4-10}$$

4.1.6 力的平移定理

有了力偶概念以后，可以进一步讨论力的平移问题。图 4-10 描述了力向作用线外一点的平移过程。欲将作用于刚体上 A 点的力 F 平移到平面上任一点 O，如图 4-10（a）所示，则可在 O 点施加一对与力 F 等值的平衡力 F'、F''，如图 4-10（b）所示。F 与 F''

为一对等值、反向、不共线的平行力,它们组成力偶,称为附加力偶,其力偶矩等于原力 F 对 O 点的力矩 $M_O(F)$,如图 4-10（c）所示。因此,原力系就与作用在 O 点的 F' 及 $M_O(F)$ 组成的力系等效,而 F' 可以用 F 来代替。

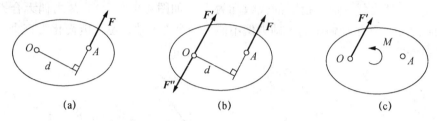

图 4-10 力的平移定理

由上可知:作用于刚体上的力,可以平移到刚体内任一点,但必须同时附加一个力偶,其力偶矩等于原力对平移点之矩,此即为力的平移定理。

平移定理表明了力对物体在一般情况下所具有的两种作用。例如,如图 4-11 所示,圆周力 F 作用于转轴的齿轮上,为观察力 F 的作用效应,将力 F 平移至轴心 O 点,则有平移力 F' 作用于轴上,同时有附加力偶 M 使轴转动。

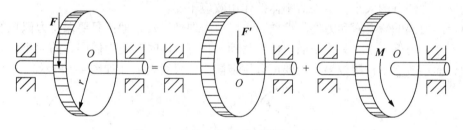

图 4-11 力的平移定理在转轴上的应用

顺便指出,力的平移定理的逆定理也是成立的,即:刚体的某平面上的一力 F 和一力偶 M 可以进一步合成得到一个合力 F'_R,$F'_R = F$。

4.2 约束与约束反力

在工程实际中,任何构件都受到与它相联系的其他构件的限制,而不能自由运动。一个物体的运动受到周围物体的限制时,这种限制就称为约束。约束阻挡了物体本来可能产生的某种运动,从而实际上改变了物体可能的运动状态。

物体受到的力一般可以分为两类:一类是使物体运动或使物体有运动趋势的力,称为主动力,例如重力、水压力、土压力等,主动力在工程上称为载荷;另一类是约束对物体的运动起限制作用的力,称为约束反力,约束反力为未知力。物体受到主动力作用时,如果物体沿着约束所能限制的方向有运动或运动趋势,则物体对约束产生作用力,约束就以等值、反向的反作用力作用于该物体。约束对物体的反作用力限制了物体的运动,故这反作用力就称为约束反力。约束反力的方向总是和该约束所能阻碍物体的运动方向相反。

通常主动力是已知的，约束反力的确定与约束类型及主动力有关。现从工程上常见的几种约束来讨论其约束反力的特征。

1. 柔性约束

例如柔绳、链条、胶带等用于限制物体运动时，都是柔性约束。由于柔性约束只能限制物体沿着柔性约束的中心线离开柔性约束的运动，而不能限制物体沿着其他方向的运动，所以柔性约束的约束反力通过接触点，其方向沿着柔性约束的中心线且显示为拉力。这种约束反力通常用拉力 T（或 F）来表示（如图 4-12 所示）。

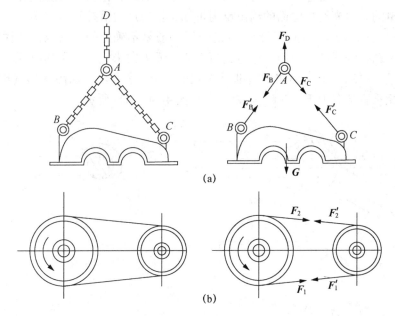

图 4-12　柔性约束

2. 光滑接触面约束

当两物体相互接触，并忽略接触处的摩擦时，两物体彼此的约束就是光滑接触面约束。这种约束只能限制物体沿着接触面的公法线指向约束物体的运动，而不能限制物体沿着接触面的公切线或离开接触面的运动。所以，光滑接触面的约束反力通过接触点，沿接触面的公法线并指向被约束物体显示为压力，这种约束反力通常用 F_N（或 N）表示（如图 4-13 所示）。

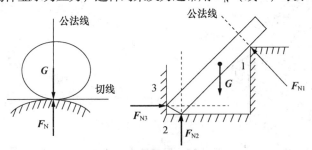

图 4-13　光滑接触面约束

3. 铰链约束

（1）圆柱铰链约束。

圆柱铰链简称铰接，门窗用的合页便是铰接的实例。圆柱铰接是由一个圆柱形销钉插入两个物体的圆孔中构成，如图 4-14（a）、（b）所示，且认为销钉与圆孔的表面都是完全光滑的，实际上是轴与光滑孔的配合问题。圆柱铰链的简图如图 4-14（c）所示。

销钉不能限制物体绕销钉相互转动，而只能限制物体在垂直于销钉轴线的平面内沿任意方向的相对移动。当物体相对于另一物体有运动趋势时，销钉与孔壁便在某处接触，且接触处是光滑的。由光滑接触面的约束反力可知，销钉反力沿接触点与销钉中心的连线作用，如图 4-14（d）所示，但由于接触处的位置一般是不确定的，所以，圆柱铰链的约束反力在垂直于销钉轴线的平面内，通过销钉中心，而方向未定。这种约束反力有大小和方向两个未知量，可用一个大小和方向都是未知的力 F_N 来表示，如图 4-14（d）所示；也可用两个互相垂直的分力 F_{Ax} 和 F_{Ay} 来表示，如图 4-14（d）所示。

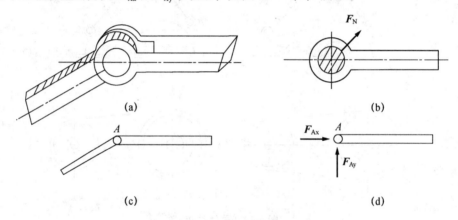

图 4-14　圆柱铰链约束

（2）固定铰支座约束。

如图 4-15（a）所示是固定铰支座的结构简图。支座固定于基础或静止的结构上，构件与支座再用光滑的圆柱形销钉连接，就构成固定铰支座。它的计算简图如图 4-15（b）所示。

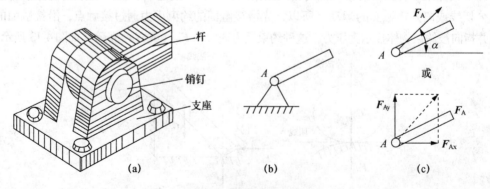

图 4-15　固定铰支座约束

由铰链的结构可知，这类约束的本质即为光滑接触面约束，故其约束反力必沿圆柱面接触点的法线方向通过销钉中心。在构件所受外力为未知的情况下，不能确定接触点的位置。因此，在一般情况下，固定铰支座约束的反力是一个通过销钉中心的、大小与方向未知的力。为了便于计算，通常用两个大小未知的正交分力 F_{Ax} 和 F_{Ay} 表示，如图 4-15（c）所示。

（3）活动铰支座约束。

如图 4-16（a）、(b) 所示是活动铰支座的结构简图。在固定铰支座下面加几个辊轴支承于平面上，但支座的连接使它不能离开支承面，这就构成活动铰支座。活动铰支座的计算简图如图 4-16（c）所示。这种支座只能限制构件垂直于支承面方向的移动，而不能限制物体绕销钉轴线的转动和沿支承面的移动。所以它的支座反力通过销钉中心，垂直于支承面，指向未定，用 F_N 来表示，如图 4-16（c）所示。

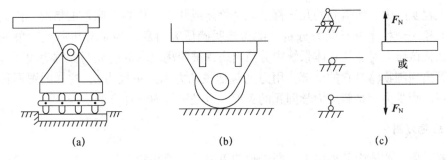

图 4-16 活动铰支座约束

（4）固定端支座约束。

固定端（也称插入端）也是工程中常见的一种基本约束类型。如图 4-17 所示，房屋建筑中的挑梁，它的一端嵌固在墙壁内，墙壁对挑梁的约束，车床上刀架对车刀的约束，三爪卡盘对工件的约束，以及焊接、铆接和螺栓连接的结构都属于此种类型，均不能沿任何方向移动和转动。构件所受到的这种约束称为固定端约束。

平面问题中一般用图 4-18（a）表示计算简图，约束反力如图 4-18（b）所示，两个正交的约束反力 F_{Ax}、F_{Ay} 表示限制构件任何方向的移动，一个约束反力偶 M_A 表示限制构件转动的约束作用。

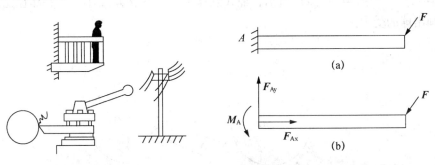

图 4-17　固定端约束　　　　　图 4-18　固定端约束受力分析

4.3 受力图

在工程实际中,为了求出未知的约束力,需要根据已知力,应用平衡条件来进行计算。为此,首先要确定构件受几个力,每个力的作用位置和力的作用方向,这个分析过程称为物体的受力分析。受力分析得到的图形就称为受力图。画受力图的步骤如下。

1. 取分离体

在进行力学计算时,首先要对物体进行受力分析,即分析物体受到哪些力作用?哪些是已知的?哪些是未知的?

在工程实际中,所遇到的几乎都是几个物体或几个构件相互联系的情况。因此,需要明确要对哪一个物体进行受力分析,即需要明确研究对象。为了分析研究对象的受力情况,往往把该研究对象从物体系统中分离出来,被脱离出来的研究对象称为脱离体。在脱离体上画出周围物体对它的全部作用力(包括主动力和约束反力),这样的图形称为物体的受力图。画受力图是解决力学问题的关键,也是进行力学计算的依据。

2. 画受力图

研究对象从物体中分离出来,即去掉约束以后,把它看作是受力体,然后分析它所受到的力。受力体所受的力,一类是主动力,另一类是约束反力。单独画出该研究对象的简图,在简图上画出已知的主动力及根据约束类型在解除约束处画上相应的约束反力。必须注意,约束反力的方向一定要和被解除的约束的类型相对应,不可根据主动力的方向来推断。

如果研究对象为几个物体组成的物体系统,还必须区分外力和内力。物体系统以外的周围物体对系统的作用力称为外力,系统内部各物体之间的相互作用称系统的内力。随着所取系统的范围不同,某些内力和外力也会相互转化。由于系统的内力总是成对出现的,且等值、反向、共线,故如果取整个物体系统为研究对象,则只画作用于系统上的外力,不画系统的内力;如果取系统内的单个物体为研究对象,则物体之间相互作用的内力变成外力在受力图上显现出来。

【例4-2】 如图4-19(a)所示,绳 A 悬挂一重为 G 的均质小球,并靠在光滑的斜面上。试画出球的受力图。

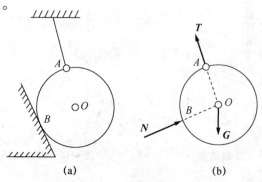

图4-19 球的受力图

解：（1）以球为研究对象，画出球的分离体图。

（2）在球心点 O 标上主动力 G（重力）。

（3）在解除约束的点 A 处画上表示柔性约束的约束反力，其反力沿绳的中心线背离小球；B 点约束属光滑面约束，其反力沿公法线即小球半径方向指向球心。小球的受力图如图 4-19（b）所示。

【例 4-3】 均质杆 AB 重量为 G，支于光滑的地面及墙角间，并用水平绳 DE 系住，如图 4-20（a）所示。试画出杆 AB 的受力图。

解：（1）以杆 AB 为研究对象。

（2）在杆的中心 O 点受到主动力 G（重力）。

（3）在解除约束的 A 点处画上表示光滑接触面约束的约束反力，沿接触点的公法线即垂直地面向上指向杆。D 点反力沿绳中心线离开杆，C 点反力沿公法线即垂直杆 AB 指向杆。AB 杆受力图如图 4-20（b）所示。

【例 4-4】 三角架由 AB、BC 两杆用铰链连接而成。销 B 处悬挂重为 G 的物体，A、C 两处为固定铰支座，如图 4-21（a）所示。不计杆自重，试画出销钉 B 的受力图。

解：（1）取销钉 B 为研究对象。

（2）销钉 B 受到的主动力即为物体的重力 G。

（3）销钉 B 受到杆 AB、BC 的铰链约束。由于杆 AB 和 BC 都不计自重，两杆都是中间无载荷作用的二力构件，故 AB 和 BC 杆反力必沿 AB、BC 的连线，且等值、反向，杆给销钉 B 的反力按作用力与反作用力公理画出，方向假设。销钉的受力图如图 4-21（b）所示。

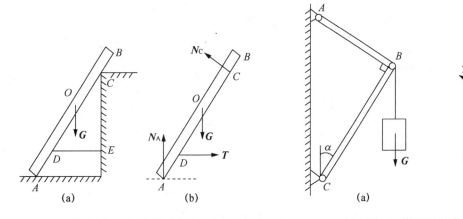

图 4-20　杆 AB 的受力图　　　　图 4-21　三脚架受力分析图

【例 4-5】 试画出图 4-22（a）所示中凸轮机构中推杆的受力图（设各接触面的摩擦不计）。

解：（1）取推杆为研究对象。

（2）推杆受到的主动力为向下的压力 P。

（3）凸轮和推杆的接触点为光滑接触面约束，受力为 R；由于 P、R 两力的合力的作用，推杆有倾斜的趋势，从而导致推杆与滑道在 B、D 两点接触，B、D 为光滑接触面约束。推杆的受力图如图4-22（b）所示。

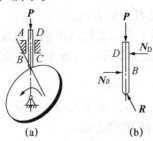

图4-22 凸轮机构受力分析图

【例4-6】 如图4-23（a）所示为一组合梁，自重未画出者均略去不计，A、C为固定铰支座，B点为圆柱铰链约束。试画出曲梁AB、直梁BC及整个组合梁的受力图。

解：（1）先以曲梁AB为研究对象，并画出其分离体图。因曲梁只在A、B两点受铰链约束，故为二力构件，受力必沿AB连线方向，如图4-23（b）所示。

（2）再以直梁BC为研究对象，并画分离体图。主动力为P，C点约束反力方向假设，以两个正交力代替，B点约束反力与AB曲梁上的B点的力是作用力与反作用力关系，如图4-23（c）所示。

（3）取整体AC为研究对象并画分离体图。此时B铰链没有解除约束，属于内力，不画约束反力；其余各点的约束反力要和单个物体上相同点的受力、表示方法保持一致，如图4-23（d）所示。

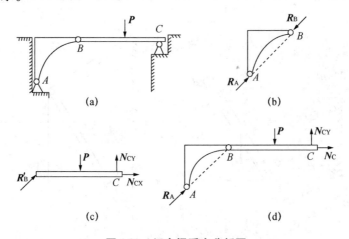

图4-23 组合梁受力分析图

由例4-6可知，画刚体系统的受力图与单个物体受力图的方法基本一致，只是刚体系统所取研究对象可能是整个刚体系统或某一局部或其中某个刚体。另外，刚体间尚未拆开的约束处，虽然有力存在，但该力属于内力，不能在受力图上画出约束反力；刚体间拆开约束处，其相互作用力属于外力，应当根据约束性质画出反力，即要求解除约束后才能代之以反力。

第 5 章 平 面 力 系

工程上,由于结构与受力具有平面对称性,故许多力学问题都可以在对称平面内简化为平面问题来处理,如图 5-1 所示。若力系中各力的作用线在同一平面内,该力系称为平面力系。根据平面力系中各力的作用线分布不同又可分为平面汇交力系(各力作用线在同一平面内且各作用线汇交于一点),平面力偶系(仅由作用线在同一平面的力偶组成),平面平行力系(各力作用线在同一平面内且各力的作用线相互平行),以及平面任意力系(各力的作用线在同一平面内且任意分布)。

本章讨论刚体上平面力系的简化和平衡问题,以及有滑动摩擦时物体的平衡问题。

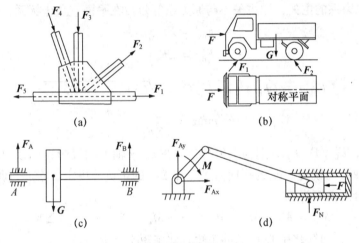

图 5-1 平面力系

5.1 平面任意力系的简化及平衡方程

5.1.1 平面任意力系向任一点简化

作用于刚体上的平面任意力系 F_1,F_2,…,F_n,如图 5-2(a)所示,力系中各力的作用点分别为 A_1,A_2,…,A_n。在平面内任取一点 O,称为简化中心。根据力的平移定理,将力系中各力的作用线平移至 O 点,得到一汇交于 O 点的平面汇交力系 F'_1,F'_2,…,F'_n 和一附加平面力偶系 $M_1 = M_O(F_1)$,$M_2 = M_O(F_2)$,…,$M_n = M_O(F'_n)$,如图 5-2(b)所示。按照式(4-5)和式(4-10)将平面汇交力系与平面力偶系分别合成,可得到一个力 F'_R 与一个力偶 M_O,如图 5-2(c)所示。

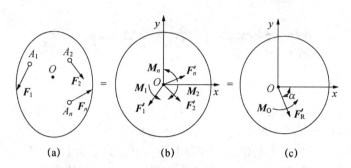

图 5-2 平面任意力系的简化

平面汇交力系各力的矢量和为：

$$F'_R = \Sigma F' = \Sigma F \tag{5-1}$$

F'_R 称为原力系的主矢，此主矢不与原力系等效。在平面直角坐标系 xOy 中，有：

$$\left.\begin{array}{l} F'_{Rx} = \Sigma F_x \\ F'_{Ry} = \Sigma F_y \end{array}\right\} \tag{5-2}$$

$$\left.\begin{array}{l} F'_R = \sqrt{(F'_{Rx})^2 + (F'_{Ry})^2} = \sqrt{(\Sigma F_x)^2 + (\Sigma F_y)^2} \\ \tan\alpha = \left|\dfrac{\Sigma F_y}{\Sigma F_x}\right| \end{array}\right\} \tag{5-3}$$

式中，F'_{Rx}，F'_{Ry}，F_x，F_y 分别为主矢与各力在 x，y 轴上的投影；F'_R 为主矢的大小；夹角 α（F'_R 与 x 轴）为锐角，F'_R 的指向由 ΣF_y 和 ΣF_x 的正负号决定。附加力偶系的合成结果为合力偶，其合力偶矩为：

$$M_O = M_1 + M_2 + M_3 + \cdots + M_n = \Sigma M_O(F) = \Sigma M \tag{5-4}$$

M_O 称为原力系对简化中心 O 点的主矩，此主矩不与原力系等效。

主矢 F'_R 等于原力系的矢量和，其作用线通过简化中心。它的大小和方向与简化中心的位置无关；而主矩 M_O 等于原力系中各力对简化中心力矩的代数和，在一般的情况下，主矩与简化中心有关。原力系与主矢和主矩的联合作用等效。

5.1.2 简化结果的讨论

平面任意力系向任意点简化，一般可得主矢 F'_R 和主矩 M_O。进一步讨论力系简化后的结果，可有以下四种情况。

(1) $F'_R \neq 0$，$M_O \neq 0$。

力系简化后主矢和主矩皆不为零，此时可将主矢和主矩进一步合成。

(2) $F'_R \neq 0$，$M_O = 0$。

此种情况是平面任意力系合成为一个力的情形。它说明力系与通过简化中心的一个力等效，即原力系合成为一个合力，合力的大小、方向和原力系的主矢 F'_R 相同，作用线通过简化中心。

(3) $F'_R = 0$, $M_O \neq 0$。

此种情况是平面任意力系合成为一个力偶的情形。它说明力系与一个力偶等效，即原力系合成为一个合力偶，合力偶的力偶矩就等于原力系对简化中心的主矩，即：

$$M_O = \Sigma M_O(\boldsymbol{F})$$

由于力偶对于平面内任意点的矩都相同，因此当力系合成为一个力偶时，主矩与简化中心的选择无关。

(4) $F'_R = 0, M_O = 0$。

物体在此力系作用下处于平衡状态。

5.1.3 平面任意力系的平衡方程及应用

由简化结果的讨论可知，平面任意力系平衡的充分和必要条件为主矢与主矩同时为零，即：

$$\begin{cases} F'_R = \sqrt{(\Sigma F_x)^2 + (\Sigma F_y)^2} = 0 \\ M_O = \Sigma M_O(\boldsymbol{F}) = 0 \end{cases}$$

故有

$$\begin{cases} \Sigma F_x = 0 \\ \Sigma F_y = 0 \\ \Sigma M_O(\boldsymbol{F}) = 0 \end{cases} \tag{5-5}$$

式（5-5）称为平面任意力系的平衡方程基本形式，它表明平面任意力系平衡的解析充要条件为：力系中各力在平面内两个任选坐标轴的每个轴上投影的代数和均等于零，各力对平面内任意一点之矩的代数和也等于零。式（5-5）最多能够求得包括力的大小和方向在内的 3 个未知量。

5.1.4 解题步骤与方法

(1) 确定研究对象，画出受力图。

应将已知力和未知力共同作用的物体作为研究对象，取出分离体画受力图。

(2) 选取投影坐标轴和矩心，列平衡方程。

列平衡方程前应先确定力的投影坐标轴和矩心的位置，然后列方程。若受力图上有两个未知力相互平行，可选垂直于此二力的直线为投影轴；若无两未知力相互平行，则选两未知力的交点为矩心；若有两正交未知力，则分别选取两未知力所在直线为投影坐标轴，选两未知力的交点为矩心。恰当选取坐标轴和矩心，可使单个平衡方程中未知量的个数减少，便于求解。

(3) 求解未知量，讨论结果。

将已知条件代入平衡方程式中，联立方程求解未知量。必要时可对影响求解结果的因素进行讨论；还可以另选一个不独立的平衡方程，对某一解答进行验算。

【例5-1】 如图 5-3（a）所示，已知：梁长 $l = 2\,\text{m}$，$F = 100\,\text{N}$，求固定端 A 处的约束反力。

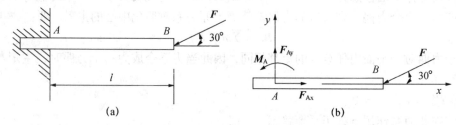

图 5-3　AB 梁的受力分析图

解：以梁 AB 为研究对象进行受力分析并作受力图。约束反力（即梁的受力图）如图 5-3（b）所示。

建立如图 5-3（b）所示的坐标系，列平衡方程，有：

$$\Sigma F_x = 0, \quad F_{Ax} - F\cos 30° = 0$$
$$\Sigma F_y = 0, \quad F_{Ay} - F\sin 30° = 0$$
$$\Sigma M_A(F) = 0, \quad M_A - Fl\sin 30° = 0$$

将已知条件代入上面的平衡方程，解得：

$$F_{Ax} = F\cos 30° = 100 \times \cos 30° = 86.6\,(\text{N})$$
$$F_{Ay} = F\sin 30° = 100 \times \sin 30° = 50\,(\text{N})$$
$$M_A = Fl\sin 30° = 100 \times 2 \times \sin 30° = 100\,(\text{N} \cdot \text{m})$$

若计算结果为正，说明各未知力的实际方向与假设方向相同；若计算结果为负，则未知力的实际方向与假设方向相反。

5.2　平面特殊力系的简化及平衡方程

5.2.1　平面汇交力系的平衡方程

由于平面汇交力系中各力作用线汇交于一点，最终的合成结果为一个合力，于是得其平衡的必要且充分条件为：力系中各力在两个坐标轴上投影的代数和分别等于零。即：

$$\begin{cases} \Sigma F_x = 0 \\ \Sigma F_y = 0 \end{cases} \tag{5-6}$$

式（5-6）称为平面汇交力系的平衡方程，最多可求解包括力的大小和方向在内的两个未知量。

5.2.2　平面力偶系的平衡方程

式（4-10）的平面力偶系简化结果为一合力偶，所以平面力偶系平衡的充要条件为：

力偶系中各力偶矩的代数和等于零。即：
$$\Sigma M = 0 \tag{5-7}$$

式（5-7）称为平面力偶系的平衡方程，此方程只能求解 1 个未知量。

5.2.3 平面平行力系的平衡方程

若力系中各力的作用线与 y（或 x）轴平行，显然式（5-5）中 $\Sigma F_x \equiv 0$（或 $\Sigma F_y \equiv 0$），则力系独立的平衡方程为：

$$\begin{cases} \Sigma F_y = 0 (\text{或 } \Sigma F_x = 0) \\ \Sigma M_O(F) = 0 \end{cases} \tag{5-8}$$

式（5-8）表明平面平行力系平衡的充要条件为：力系中各力在与力平行的坐标轴上投影的代数和为零，各力对任意点之矩的代数和也为零。

5.3 考虑摩擦时的平衡问题

摩擦是一种普遍存在的现象。在一些问题中，摩擦对物体的受力情况影响很小，为了计算方便通常可忽略不计。但在工程上有些摩擦问题是不能忽略的。例如，机械中摩擦离合器与带传动要依靠摩擦力才能工作，斜楔、螺钉利用摩擦力起紧固作用，制动器依靠摩擦力来刹车等。摩擦既有有用的一面，也有有害的一面。摩擦要消耗能量并使机器磨损，降低精度和缩短使用寿命。目前在能源的使用中，估计有一半以上是用于克服各类摩擦。机械零件因磨损而导致失效的约占全部报废零件总数的 80% 左右。学习本节的目的，在于掌握摩擦现象的客观规律，利用其有利的一面，限制其有害的一面。

按照接触物体之间的运动情况，可能会相对滑动或相对滚动，摩擦可分为滑动摩擦和滚动摩擦。

5.3.1 滑动摩擦

滑动摩擦力有两种形式：静滑动摩擦力和动滑动摩擦力。当两接触物体之间有相对滑动趋势时，物体接触表面产生的摩擦力称为静滑动摩擦力，简称静摩擦力。当两接触物体之间发生相对滑动时，物体接触表面产生的摩擦力称为动滑动摩擦力，简称动摩擦力。

由于摩擦对物体的运动起阻碍作用，所以摩擦力总是作用于接触面（点），且沿接触处的公切线，与物体相对滑动或相对滑动趋势的方向相反。

本小节重点讨论静滑动摩擦力。

摩擦力的计算方法一般根据物体的运动情况而定，通过试验可得如下结论。

（1）库仑摩擦定律：临界静止状态下的静摩擦力为静摩擦力的最大值，其大小与接触面间的正压力 F_N（法向约束反力）的大小成正比，即：

$$F_{max} = f \cdot F_N \tag{5-9}$$

式（5-9）中，F_{max} 称为最大静摩擦力，比例系数 f 称为静滑动摩擦系数，简称静摩擦系数。静摩擦系数f是无量纲的常数,与接触物体的材料、接触面的粗糙度、温度、湿度和润滑情况等有关,而与接触面积的大小无关,其数值由实验测定。

(2)一般静止状态下的静摩擦力随主动力的变化而变化,其大小由平衡方程确定,介于零和最大静摩擦力之间,即:

$$0 \leqslant F \leqslant F_{\max}$$

(3)当物体处于相对滑动状态时,在接触面上产生的滑动摩擦力F'的大小与接触面间的正压力F_N的大小成正比,即:

$$F' = f' \cdot F_N \tag{5-10}$$

式(5-10)中,比例常数f'称为动摩擦系数,它与物体接触表面的材料性质和表面状况有关。此外,动摩擦系数还与相对滑动速度有关,随相对速度的增大而减小。在速度变化不大时,可认为f'是常数。

5.3.2 摩擦角

如图5-4(a)所示,设一物体静止于粗糙的水平面上,在主动力P和T作用下,物体受到来自约束面的法向约束反力F_N(正压力)和静摩擦力F的作用。如将两主动力P和T合成为合力S,再将两约束反力N和F合成为合力R,则合力R为全约束反力,简称全反力。根据二力平衡公理,当物体静止时,主动力的合力S与全反力R必等值、反向、共线。设全反力R与法线方向的夹角为θ。

在保持物体静止的前提下,若主动力T增大,则静摩擦力F也随之增大,全反力R法线方向的夹角θ也相应增大。当物体达到从静止到运动的临界状态时,静摩擦力F达到最大值,全反力R与法线方向的夹角也达到最大值φ_m,此时的角度值称为摩擦角,如图5-4(b)所示。

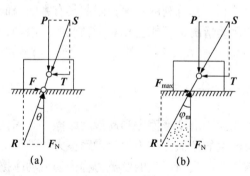

图5-4 摩擦角

根据库仑摩擦定律$F_{\max} = fF_N$,由图5-4(b)可得:

$$\tan\varphi_m = \frac{F_{\max}}{F_N} = \frac{fF_N}{F_N} = f \tag{5-11}$$

即摩擦角的正切值等于静滑动摩擦系数,摩擦角也是表示材料摩擦性质的物理量。

应用式(5-11)可以通过实验测定两种材料之间的摩擦系数。把两种材料做成物块和斜面,并将物块放在斜面上,如图5-5(a)所示。由物块受力图,即图5-5(b)可知,此时全反力与斜面法线方向的夹角 θ 即等于斜面倾角 α。当逐渐增大斜面倾角，物块开始下滑的角 α 就等于所求的摩擦角 φ_m。

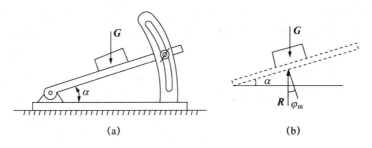

图 5-5　摩擦系数的测定

5.3.3　自锁现象

由上述可知，摩擦角实际上表示了全反力作用线所在范围。当主动力的合力作用线在此范围内时，无论主动力的合力 S 如何增大，全反力 R 总能与之平衡。或者说，合力 S 增大时，法向反力也随之增大，相应地，静摩擦力也增加至最大值 F_{max}。因此主动力的水平分量 S_x 的大小总不能超过 F_{max}，故物体保持静止，如图 5-6（a）所示。当主动力的合力作用线超出此范围时，不论 S 值多么小，物体总不能保持静止。这是因为在此情况下，主动力的合力 S 在摩擦角外，而全反力 R 只能在摩擦角内。所以，R 与 S 不能共线，如图 5-6（b）所示。因此，摩擦角也表示了物体保持平衡时，主动力的合力作用所在范围，即只要满足条件：

$$\alpha \leqslant \varphi_m \tag{5-12}$$

物体就保持静止。

物体上作用的主动力无论多大，都能保持静止的现象称为自锁，也称"卡死"。日常生活或工程中，时常利用自锁现象，例如在桌椅上钉木楔、用螺钉锁紧零件、用螺旋千斤顶举起重物等。但有时却要避免自锁发生，例如公共汽车车门的自动开关、水闸门的自动启闭等。

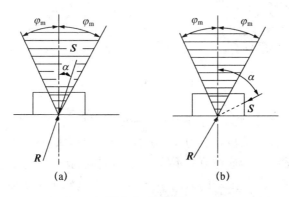

图 5-6　摩擦锥

下面通过分析物体在有摩擦的斜面上的自锁现象，引出螺旋的自锁条件。

设一物体放在斜面上，物块的重力为 G，斜面全反力为 R，令斜面与水平面的倾角为 α，物块与斜面间的摩擦角为 φ_m。

若 $\alpha < \varphi_m$，则物块受力如图 5-7（a）所示，此时，物块总处于静止状态。

若 $\alpha = \varphi_m$，则物块受力如图 5-7（b）所示，此时，物块处于由静止到运动的临界状态。

若 $\alpha < \varphi_m$，则物块的受力如图 5-7（c）所示，此时，物块不能静止。

由此得到物体在有摩擦的斜面上保持静止的条件是：$\alpha \leqslant \varphi_m$，它与物块的重量无关。

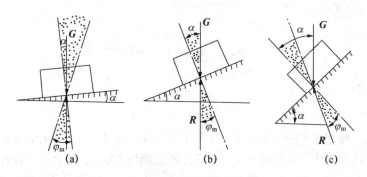

图 5-7　自锁条件

5.3.4　滚动摩擦

当搬运重物时，若在重物底下垫上辊轴，则比直接将重物放在地面上推或拉要省力得多，这说明用辊轴的滚动来代替箱底的滑动，所受到的阻力要小。车辆用轮子"行走"，机器中用滚动轴承，都是为了减少摩擦阻力（如图 5-8 所示）。

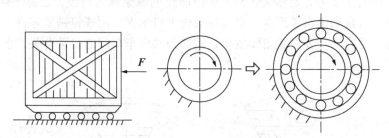

图 5-8　滚动摩擦

将一重为 G 的轮子放在地面上，在轮心 O 处作用水平拉力 F，如图 5-9（a）所示。假设轮子和地面均为刚体，则接触点为 A。显然轮子上的力矩不平衡，只要有微小的拉力作用，轮子就会发生滚动。但这与事实不符，只有当拉力达到一定数值时，轮子才开始滚动，这说明地面对轮子有阻止滚动的力偶存在，其原因是轮子和地面不是刚体，均要产生变形。变形后轮子与地面接触上的约束反力分布如图 5-9（b）所示。

将这些平面分布约束反力向点 A 简化，可得到一个作用在点 A 的力 F_R 和一个力偶 M_f，此力偶起着阻碍滚动的作用，称为滚动摩擦力偶矩。将力 F_R 进一步分解为法向约束

反力 F'_N 和滑动摩擦力 F_f，如图 5-9（c）所示，并将法向约束反力 F'_N 和滚动摩擦力偶矩 M_f 进一步按力的平移定理的逆定理进行合并，即可得到约束反力 F_N，其作用线向滚动方向偏移一段距离 e，如图 5-9（d）所示。当轮子处于临界状态时，滚动摩擦力偶矩和距离 e 均为最大值，并有：

$$M_{f\text{max}} = e_{\text{max}} F_N = \delta F_N \tag{5-13}$$

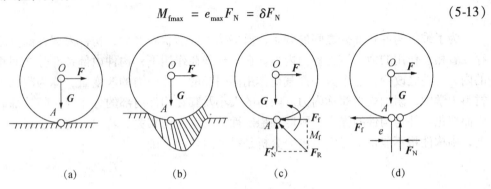

图 5-9　滚动摩擦分析

滚动摩擦力偶矩最大值 $M_{f\text{max}}$ 与两个相互接触物体间的法向约束反力 F_N 成正比，该结论称为滚动摩擦定律。比例常数 δ 称为滚动摩擦系数，相当于滚动阻力偶的最大力偶臂 e_{max}，故其单位为长度单位。该系数与物体接触表面的材料性质和表面状况有关。一般材料硬些，受载后，接触面的变形就小些，滚动摩擦系数 δ 也会小些。如自行车轮胎气足时骑车省力，火车轨道用钢轨、轮子用铁轮，这些都是增加硬度、减小滚动阻力偶的实例。

第 6 章 杆件的应力与强度计算

为了维持构件各部分之间的联系,保持构件的形状和尺寸,构件内部各部分之间必定存在着相互作用的力,该力称为内力。在外部载荷作用下,构件内部各部分之间相互作用的内力也随之改变,这个因外部载荷作用而引起的构件内力的改变量,称为附加内力。在材料力学中,附加内力简称内力。内力的大小及其在构件内部的分布规律随外部载荷的改变而变化,并与构件的强度、刚度和稳定性等问题密切相关。若内力的大小超过一定的限度,则构件将不能正常工作。内力分析是材料力学的基础。

6.1 应力的概念

确定了内力后,还不能解决杆件的强度问题。为此,人们引入应力的概念。应力是受力杆件某一截面上一点处的分布内力集度。

研究图 6-1 (a) 所示杆件,在截面 m—m 上任一点 O 的周围取微小面积 ΔA,设在微面积 ΔA 上分布内力的合力为 ΔF。一般情况下,ΔF 与截面不垂直,则 ΔF 与 ΔA 的比值称为微面积 ΔA 上的平均应力,用 P_m 表示,即:

$$P_m = \frac{\Delta F}{\Delta A}$$

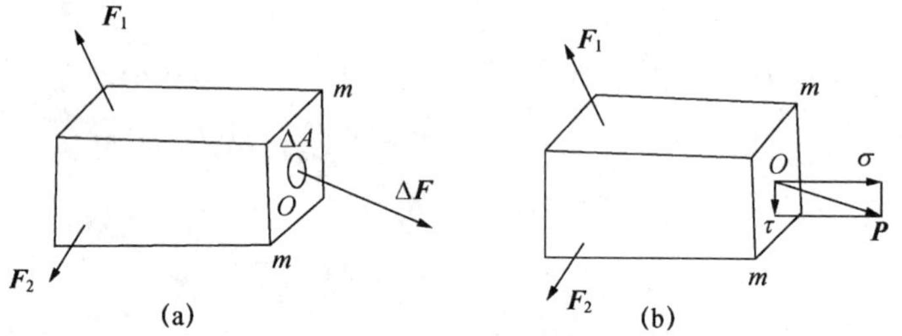

图 6-1 应力分解

一般情况下,内力在截面上的分布并不均匀,为了更精确地描述内力的分布情况,令微面积 ΔA 趋近于零,由此所得平均应力 P_m 的极限值,用 p 表示:

$$p = \lim_{\Delta A \to 0} \frac{\Delta F}{\Delta A} = \frac{dF}{dA}$$

则 p 称为 O 点处的应力,它是一个矢量,通常将其分解为与截面垂直的分量 σ 和与截面相切的分量 τ。σ 称为正应力,τ 称为剪应力,如图 6-1 (b) 所示。

在我国法定计量单位中,应力的单位为 Pa,$1\ Pa = 1\ N/m^2$。在工程实践中,还常采用 MPa 和 GPa 来表示应力,其换算关系为 $1\ MPa = 10^6\ Pa$,$1\ GPa = 10^9\ Pa$,$1\ MPa = 1\ N/mm^2$。

6.2 材料在轴向拉压时的力学性能

材料的力学性能是指材料在外力作用下其强度和变形方面所表现的性能，它是强度计算和选用材料的重要依据。材料的力学性能一般是通过各种试验方法来确定的。本节只讨论在常温和静载条件下材料在轴向拉压时的力学性能。所谓常温就是指室温，静载则是指平稳缓慢加载至一定值后不再变化的载荷。

6.2.1 拉伸试验和应力-应变曲线

轴向拉伸试验是研究材料力学性能最常用的试验。为便于比较试验结果，必须按照国家标准（GB/T 6397—1986）将材料加工成标准试样。常用的圆截面拉伸标准试样如图 6-2 所示。试样中间等直杆部分为试验段，其长度（l）称为标距；试样较粗的两端是装夹部分；标距（l）与直径（d）之比常取 $l/d = 10$。其他形状截面的标准试样可参阅有关国家标准。

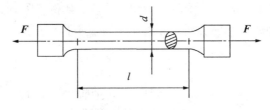

图 6-2 拉伸标准试样

拉伸试验在万能试验机上进行。试验时，将试样装在夹头中，然后开动机器加载。试样受到由零逐渐增加的拉力 F 的作用，同时发生伸长变形，直至试样断裂为止。试验机上一般附有自动绘图装置，在试验过程中能自动绘出载荷 F 和相应的伸长变形 Δl 的关系曲线，此曲线称为拉伸图或 F-Δl 曲线，如图 6-3（a）所示。

拉伸图的形状与试样的尺寸有关。为了消除试样横截面尺寸和长度的影响，将载荷 F 除以试样原来的横截面面积 A，即得到应力 σ；将变形 Δl 除以试样原长 l，即得到应变 ε，这样得到的曲线称为应力-应变曲线（σ-ε 曲线）。σ-ε 曲线的形状与 F-Δl 曲线相似，如图 6-3（b）所示。

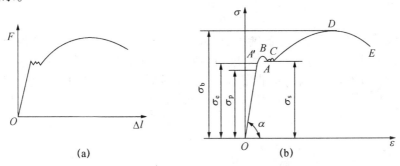

图 6-3 材料的拉伸图与应力-应变图

6.2.2 低碳钢拉伸时的力学性能

低碳钢是工程上广泛使用的金属材料，它在拉伸时所表现出来的力学性能具有典型性。如图 6-3（a）、（b）所示分别是低碳钢圆截面标准试样拉伸时的 F-Δl 曲线和 σ-ε 曲线。由图可知，整个拉伸过程大致可分为四个阶段，现分别说明如下。

1. 线弹性阶段

图 6-3（b）中 OA 为一直线段，说明该段内应力和应变成正比，即满足胡克定律（胡克定律反映了力与变形之间的关系，详见 6.3.2 节）。直线部分的最高点 A 所对应的应力值 σ_p，称为比例极限。低碳钢的比例极限 $\sigma_p = 190 \sim 200 \mathrm{MPa}$。由图 6-3 可知，弹性模量 E 即为直线 OA 的斜率，$E = \sigma / \varepsilon = \tan\alpha$。

当应力超过比例极限后，应力-应变图中的 AA' 段已不是直线，胡克定律不再适用。但当应力值不超过 A' 点所对应的应力 σ_e 时，如将外力卸去，试样的变形也随之全部消失，这种变形为弹性变形，故 σ_e 称为弹性极限。因此，OAA' 段试样的应力从零到弹性极限 σ_e 过程中，只产生弹性变形，故这个阶段称为弹性阶段。比例极限 σ_p 和弹性极限 σ_e 的概念不同，但实际上 A 点和 A' 点非常接近，工程上对两者不作严格区分。

2. 屈服阶段

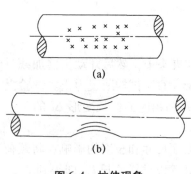

图 6-4　拉伸现象

当应力超过弹性极限后，应力-应变图上出现接近水平的小锯齿形波动段 BC。这说明此时应力虽有小的波动，但基本保持不变；而应变却迅速增加，材料暂时失去了抵抗变形的能力。这种应力变化不大而变形显著增加的现象称为材料的屈服。BC 段对应的过程为屈服阶段。屈服阶段的最低应力值较为稳定，其值 σ_s 称为材料的屈服极限。低碳钢的屈服点应力 $\sigma_s = 220 \sim 240 \mathrm{MPa}$。在屈服阶段抛光试样的表面，则可以看到试样表面有与轴线大约成 $45°$ 的条纹，称为滑移线，如图 6-4（a）所示。

3. 强化阶段

屈服阶段后，材料抵抗变形的能力有所恢复，在应力-应变图上表现为 σ-ε 曲线自 C 点开始又继续上升，直到最高点 D 为止。这种材料又恢复抵抗变形能力的现象称为材料的强化，CD 段对应的过程称为材料的强化阶段。曲线最高点 D 所对应的应力值用 σ_b 表示，称为材料的强度极限，它是材料所能承受的最大应力。低碳钢的强度极限 $\sigma_b = 370 \sim 460 \mathrm{MPa}$。

4. 缩颈阶段

应力达到强度极限后，在试样较薄弱的横截面处发生急剧的局部收缩，出现缩颈现象，如图 6-4（b）所示。从试验机上则看到试样所受拉力逐渐降低，最终试样被拉断。这一阶段为缩颈阶段，在 $\sigma\text{-}\varepsilon$ 曲线上为一段下降曲线 DE。

试样拉断后，放置一段时间使弹性变形消失，但塑性变形保留下来。工程中常用试样拉断后残留的塑性变形来表示材料的塑性性能。常用的塑性指标有两个，即伸长率 δ 和断面收缩率 ψ，分别为：

$$\delta = \frac{l_1 - l}{l} \times 100\% \tag{6-1}$$

$$\psi = \frac{A - A_1}{A} \times 100\% \tag{6-2}$$

式中，l 是标距原长，l_1 是拉断后标距的长度；A 为试样初始横截积，A_1 为拉断后缩颈处的最小横截面积（如图 6-5 所示）。

工程上通常把伸长率 $\delta \geqslant 5\%$ 的材料称为塑性材料，如钢材、铜和铝等；把 $\delta < 5\%$ 的材料称为脆性材料，如铸铁、砖石等。低碳钢的伸长率 $\delta = 20\% \sim 30\%$，断面收缩率 $\psi = 60\% \sim 70\%$，故低碳钢是很好的塑性材料。综上所述，当应力增大到屈服极限 σ_s 时，材料出现了明显的塑性变形；强度极限 σ_b 则表示材料抵抗破坏的最大能力，故 σ_s 和 σ_b 是衡量塑性材料强度的两个重要指标。

试验表明，如果将试样拉伸到超过屈服极限 σ_s 后的任一点，如图 6-6 中的 F 点，然后缓慢地卸载，这时可以发现，卸载过程中试样的应力和应变保持直线关系，沿着与 OA 几乎平行的直线 FG 回到 G 点，而不是沿原来的加载曲线回到 O 点。OG 是试样残留下来的塑性应变，GH 表示消失的弹性应变。如果卸载后接着重新加载，则 $\sigma\text{-}\varepsilon$ 曲线将基本上沿着卸载时的直线 GF 上升到 F 点，F 点以后的曲线仍与原来的 $\sigma\text{-}\varepsilon$ 曲线相同。由此可见，将试样拉到超过屈服点应力后卸载，然后重新加载时，材料的比例极限有所提高，而塑性变形减小，这种现象称为冷作硬化。工程中常用冷作硬化来提高某些构件的承载能力，例如预应力钢筋、钢丝绳等。若要消除冷作硬化，需经过退火处理。

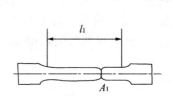

图 6-5 低碳钢拉伸试件断裂后的形状

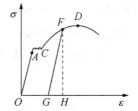

图 6-6 应力-应变图

6.2.3 其他材料在拉伸时的力学性能

其他金属材料的拉伸试验和低碳钢拉伸试验做法相同，但材料所显示出来的力学性能有差异。图 6-7 给出了锰钢、硬铝、退火球墨铸铁和 45 钢的应力-应变曲线，这些都是塑性材料，但前三种材料没有明显的屈服阶段。对于没有明显屈服点应力的脆性材料，工程上规定，取对应于试样产生 0.2%的塑性应变时的应力值为材料的规定名义屈服极限，以 $\sigma_{0.2}$ 来表示（如图 6-8 所示）。

图 6-9 为灰铸铁拉伸时的 σ-ε 曲线。由图可见，曲线没有明显的直线部分，既无屈服阶段，也无缩颈现象；断裂时应变通常很小，断口垂直于试样轴线。因铸铁构件在实际使用的应力范围内，其 σ-ε 曲线的曲率很小，故实际计算时常近似地以图 6-9 中的虚直线代替，即认为应力和应变近似地满足胡克定律。铸铁的伸长率 δ 通常只有 0.5%～0.6%，是典型的脆性材料。抗拉强度 σ_b 是脆性材料唯一的强度指标。

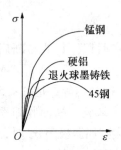

图 6-7 其他材料拉伸应力-应变图

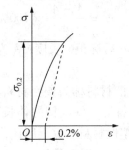

图 6-8 脆性材料屈服极限

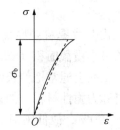

图 6-9 铸铁拉伸应力-应变图

6.2.4 材料压缩时的力学性能

金属材料的压缩试样一般做成短圆柱体，为避免压弯，其高度为直径的 1.5～3 倍；非金属材料，如水泥等，常用立方体形状的试样。

如图 6-10 所示为低碳钢压缩时的 σ-ε 曲线，虚线代表拉伸时的 σ-ε 曲线。可以看出，在弹性阶段和屈服阶段两曲线是重合的。这表明，低碳钢在压缩时的比例极限 σ_p、弹性极限 σ_e、弹性模量 E 和屈服极限 σ_s 等，都与拉伸时基本相同。进入强化阶段后，两曲线逐渐分离，压缩曲线上升。由于应力超过屈服点后，试样被愈压愈扁，横截面面积不断增大，因此，一般无法测出低碳钢材料的抗压强度极限。对塑性材料一般不做压缩试验。

铸铁压缩时的 σ-ε 曲线如图 6-11 所示，虚线为拉伸时的 σ-ε 曲线。可以看出，铸铁压缩时的 σ-ε 曲线也没有直线部分，因此压缩时也只是近似地满足胡克定律。铸铁压缩时的抗压强度 σ_{by} 比抗拉强度 σ_{bl} 高出 4～5 倍，塑性变形也较拉伸时明显增加，其破坏形式为沿 45°左右的斜面剪断。

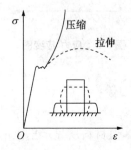

图 6-10 低碳钢拉伸、压缩应力-应变图

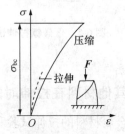

图 6-11 铸铁拉伸、压缩应力-应变图

塑性材料的 δ 值和 ψ 值都比较大，表示材料破坏前能发生很大的塑性变形，材料塑性好，便于加工，而且抵抗冲击的能力较好，受应力集中的影响较小。脆性材料的 δ 值和 ψ 值都比较小，故难以加工，抵抗冲击的能力差，受应力集中的影响较大。塑性材料的抗拉能力和抗压能力基本相同，对受拉和受压构件都适用，但价格比脆性材料高。对于其他脆性材料，如硅石、水泥等，其抗压能力也显著地高于抗拉能力。一般脆性材料价格较便宜，因此工程上常用脆性材料做承压构件，但脆性材料不宜用做受拉构件。

6.2.5 材料的强度指标

1. 极限应力 σ^0

极限应力 σ^0 是指构件断裂或产生过大的变形以致不能正常使用的应力值。对于塑性材料，取屈服极限 σ_s 或名义屈服极限 $\sigma_{0.2}$ 作为其极限应力；对于脆性材料，取断裂时的强度极限 σ_b 作为极限应力。即：

塑性材料：$\sigma^0 = \sigma_s$ 或 $\sigma_{0.2}$

脆性材料：$\sigma^0 = \sigma_b$

2. 许用应力与安全系数

许用应力是构件在工作时容许承担的最大应力。为了安全，许用应力是将极限应力 σ^0 除以大于 1 的系数 n 而得到的，用 $[\sigma]$ 表示，即：

$$[\sigma] = \frac{\sigma^0}{n} \tag{6-3}$$

式 (6-3) 中，n 为大于 1 的系数，称为安全系数。安全系数的确定十分复杂。安全系数过大，将造成材料的浪费；而安全系数过小，则可能使构件发生破坏。在常温、静载下，塑性材料的安全系数 n 一般为 1.4～1.7，脆性材料的安全系数为 2.5～3.0。各种材料的许用应力值一般由国家有关部门制定，以规范的形式给出。

6.3 轴向拉（压）杆的应力、变形和强度计算

在工程实际中，许多构件承受拉力和压力的作用。如图 6-12 所示的起重机吊架中，忽略自重，AB、BC 两杆均为二力杆；BC 杆在通过轴线的拉力作用下沿杆轴线发生拉伸变形；而 AB 杆则在通过轴线的压力作用下沿杆轴线发生压缩变形。这类杆件的受力特点是：杆件承受外力的作用线与杆件轴线重合；变形特点是：杆件沿轴线方向伸长或缩短。这种变形形式称为轴向拉伸或压缩，简称为轴向拉压。发生这种变形的杆件称为拉杆或压杆，内燃机中的连杆、压缩机中的活塞杆等均属此类。它们都可以简化成图 6-13 所示的计算简图。

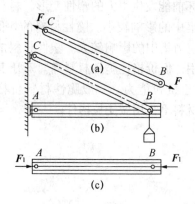
图6-12 起重机吊架

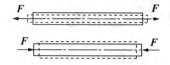
图6-13 拉（压）杆计算简图

6.3.1 横截面上的正应力

要确定拉（压）杆横截面上的应力，必须了解其内力系在横截面上的分布规律。由于力与变形有关，因此，首先观察分析杆的变形。取一等截面直杆，事先在其表面画两条横截面的边界线（ab、cd）和许多与轴线平行的纵向线，如图6-14（a）所示；然后在两端沿轴线施加拉力 F，如图6-14（b）所示，可发现：

（1）所有纵向线发生伸长，且伸长量相等；

（2）横截面边界线沿轴线发生相对平移，ab、cd 分别移至 $a'b'$ 和 $c'd'$，但仍为直线，并仍与纵向线垂直。

根据这一现象可作如下假设：变形前为平面的横截面，变形后仍为平面，但沿轴向发生了平移，此假设称为平面假设。根据平面假设，任意两横截面间的各纵向纤维的伸长量（或缩短量）均相同。由材料的均匀性、连续性假设可知：内力在横截面上的分布是均匀的，即横截面上各点处的应力大小相等，其方向与横截面上的轴力 F_N 一致，并垂直于横截面，故为正应力，如图6-15（b）所示。

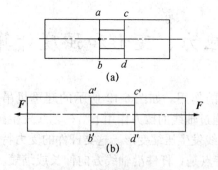
图6-14 拉伸变形现象

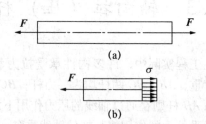
图6-15 拉应力分布

设杆的横截面面积为 A，轴力的大小为 F_N，则该横截面上的正应力为：

$$\sigma = \frac{F_N}{A} \tag{6-4}$$

当杆发生轴向压缩时，式（6-4）同样适用。σ 的正负号规定与轴力相同：拉应力为正；压应力为负。

【例6-1】 一段正中开槽的直杆，如图6-16（a）所示，承受轴向载荷 $F = 20\,\text{kN}$ 的作用。已知 $h = 25\,\text{mm}$，$h_0 = 10\,\text{mm}$，$b = 20\,\text{mm}$。试求杆内的最大正应力。

解：（1）计算轴力。用截面法求得杆中各横截面上的轴力均为：

$$F_N = -F = -20\,\text{kN}$$

（2）计算最大正应力。由于整个杆件轴力相同，故最大正应力发生在面积较小的横截面上，即开槽部分的横截面上。开槽部分的横截面面积 A 为：

$$A = (h - h_0)b = (25 - 10) \times 20 = 300\,(\text{mm}^2)$$

故杆件内的最大正应力 $\sigma_{\max}$ 为：

$$\sigma_{\max} = \frac{F_N}{A} = -\frac{20 \times 10^3\,\text{N}}{300 \times 10^{-6}\,\text{m}^2}$$
$$= -66.7 \times 10^6\,\text{Pa} = -66.7\,\text{MPa}$$

负号表示最大应力为压应力。

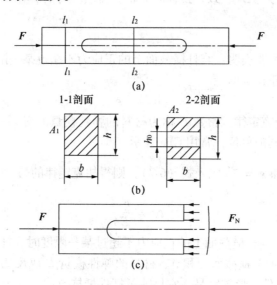

图6-16 开槽直杆应力分析

6.3.2 轴向拉（压）杆的变形及胡克定律

1. 轴向拉压杆的变形

实验表明，杆件在轴向拉力或压力的作用下，将沿轴线方向伸长或缩短，如图6-17所示。图6-17中，实线为变形前的形状，虚线为变形后的形状。

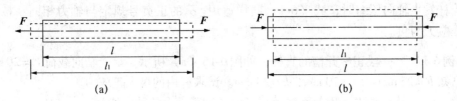

图 6-17 轴向拉（压）杆的变形分析

设 l 为杆件变形前的长度，l_1 为杆件变形后的长度，则变形后的长度改变量为：

$$\Delta l = l_1 - l \tag{6-5}$$

Δl 称为杆件的绝对伸长或缩短，即总的伸长量或缩短量，其单位为 m 或 mm。

为了消除杆件原尺寸对变形大小的影响，用绝对伸长量除以杆件的初始尺寸，即得到单位伸长，称为纵向线应变，简称线应变，常用 ε 表示。对于轴力为常量的等截面直杆：

$$\varepsilon = \frac{\Delta l}{l} \tag{6-6}$$

线应变 ε 的正负号与 Δl 一致，拉伸时为正，压缩时为负。

2. 胡克定律

轴向拉伸和压缩实验表明：当杆横截面上的正应力不超过某一限度时，正应力 σ 与相应的纵向线应变 ε 成正比。即：

$$\sigma = E\varepsilon \tag{6-7}$$

式 (6-7) 称为胡克定律。常数 E 称为材料的弹性模量。对同一材料，E 为常数。弹性模量具有和应力相同的单位，常用 GPa 表示。

若将式 $\sigma = \dfrac{F_N}{A}$ 和 $\varepsilon = \dfrac{\Delta l}{l}$ 代入式 (6-7)，则得胡克定律的另一表达式为：

$$\Delta l = \frac{F_N l}{EA} \tag{6-8}$$

式 (6-8) 表明：当杆横截面上的正应力不超过某一限度时，杆的绝对变形 Δl 与轴力 F_N、杆长 l 成正比，而与横截面面积 A、材料的弹性模量 E 成反比。EA 越大，杆件变形越困难；EA 越小，杆件变形越容易。它反映了杆件抵抗拉伸（压缩）变形的能力，故 EA 称为杆的抗拉（压）刚度。

对于图 6-18 所示的阶梯形截面拉（压）杆或内力分段不同的拉（压）杆，在计算杆件变形量时，应分段计算，然后叠加。

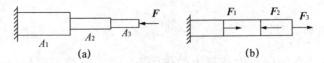

图 6-18 拉（压）杆变形量的计算

【例 6-2】 阶梯状直杆受力如图 6-19（a）所示，试求整个杆的总变形量。已知其横截面面积分别为 $A_{CD} = 300 \text{ mm}^2$，$A_{AB} = A_{BC} = 500 \text{ mm}^2$，弹性模量 $E = 200 \text{ GPa}$。

解：(1) 作轴力图。用截面法求得 CD 段和 BC 段的轴力 $F_\text{N}^\text{CD} = F_\text{N}^\text{BC} = -10\,\text{kN}$，AB 段的轴力为 $F_\text{N}^\text{AB} = 20\,\text{kN}$，画出杆的轴力图，如图 6-19（b）所示。

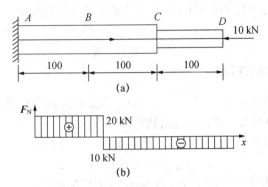

图 6-19　阶梯状直杆变形量计算

(2) 计算各段杆的变形量。应用胡克定律分别求出各段杆的变形量。

$$\Delta l_\text{AB} = \frac{F_\text{N}^\text{AB} l_\text{AB}}{EA_\text{AB}} = \frac{20 \times 10^3\,\text{N} \times 0.1\,\text{m}}{200 \times 10^9\,\text{Pa} \times 500 \times 10^{-6}\,\text{m}^2} = 2 \times 10^{-5}\,\text{m}$$

$$\Delta l_\text{BC} = \frac{F_\text{N}^\text{BC} l_\text{BC}}{EA_\text{BC}} = \frac{-10 \times 10^3\,\text{N} \times 0.1\,\text{m}}{200 \times 10^9\,\text{Pa} \times 500 \times 10^{-6}\,\text{m}^2} = -1 \times 10^{-5}\,\text{m}$$

$$\Delta l_\text{CD} = \frac{F_\text{N}^\text{CD} l_\text{CD}}{EA_\text{CD}} = \frac{-10 \times 10^3\,\text{N} \times 0.1\,\text{m}}{200 \times 10^9\,\text{Pa} \times 300 \times 10^{-6}\,\text{m}^2} = -1.67 \times 10^{-5}\,\text{m}$$

(3) 计算杆的总变形量。杆的总变形量等于各段变形量之和。

$$\Delta l = \Delta l_\text{AB} + \Delta l_\text{BC} + \Delta l_\text{CD} = (2 - 1 - 1.67) \times 10^{-5}\,\text{m} = -0.0067\,\text{mm}$$

计算结果为负，说明杆的总变形为压缩变形。

6.3.3　强度计算

为了保证拉（压）杆安全正常地工作，必须使杆内的最大工作应力 σ_max 不超过材料的拉伸（或压缩）许用应力，即：

$$\sigma_\text{max} \leqslant [\sigma] \tag{6-9}$$

式 (6-9) 称为拉（压）杆的强度条件。对于拉伸与压缩许用应力不等的材料，需分别校核最大拉应力、最大压应力的强度条件。对于等截面杆件，式 (6-9) 可写成：

$$\sigma_\text{max} = \frac{F_\text{Nmax}}{A} \leqslant [\sigma] \tag{6-10}$$

式 (6-10) 中，F_Nmax 和 A 分别为危险截面上的轴力及其横截面面积。

利用强度条件，可以解决下列三种强度计算问题。

(1) 校核强度：已知杆件的尺寸、所受载荷和材料的许用应力，根据式 (6-9) 校核杆件是否满足强度条件。

(2) 设计截面：已知杆件所承受的载荷及材料的许用应力，确定杆件所需的最小横截面积 A。由式 (6-10) 得：

$$A \geqslant \frac{F_{Nmax}}{[\sigma]} \tag{6-11}$$

(3) 确定承载能力。已知杆件的横截面尺寸及材料的许用应力，确定许用荷载。由式 (6-10) 确定杆件最大许用轴力为：

$$F_{Nmax} \leqslant [\sigma]A \tag{6-12}$$

然后即可求出结构的许用载荷。

【例 6-3】 某机构的连杆直径 $d = 240$ mm，承受最大轴向外力 $F = 3780$ kN，连杆材料的许用应力 $[\sigma] = 90$ MPa。试校核连杆的强度。

解：（1）求活塞杆的轴力。由题意可用截面法求得连杆的轴力为：

$$F_N = F = 3780 \text{ kN}$$

（2）校核圆截面连杆的强度。连杆横截面上的正应力为：

$$\sigma = \frac{F_N}{A} = \frac{3780 \times 10^3 \text{ N}}{\pi \times (240 \text{ mm})^2/4} = 83.6 \text{ MPa} \leqslant [\sigma]$$

故圆截面连杆的强度足够。

6.3.4 应力集中的概念

在 6.3.1 节中，我们曾有平面假设并认为杆横截面上的应力均匀分布，但杆横截面尺寸突然变化，如在杆件上钻孔等，都会造成横截面突变处的局部区域内，应力的急剧增大，离开突变区域稍远处，应力又趋于均匀。通常将这种横截面尺寸突然变化处，应力急剧增大的现象称为应力集中（如图 6-20 所示）。

为了避免和减小应力集中对杆件的不利影响，在设计时应尽量使杆件外形平缓光滑，不使杆截面尺寸发生突然变化。当杆件上必须开孔时，应尽量将孔洞置于低应力区内。

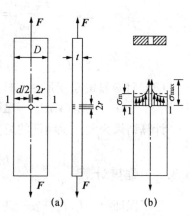

图 6-20 应力集中

6.3.5 压杆稳定的概念

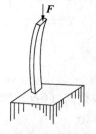

图 6-21 压杆稳定

在研究压杆的强度问题时，认为只要压杆满足强度条件，就能保证安全工作。这个结论对于短粗压杆是正确的，但对于细长压杆就不适用了。例如，一根宽 30 mm、厚 2 mm、长 400 mm 的钢板条，其材料的许用应力 $[\sigma] = 160$ MPa。按压缩强度条件计算，它的承载能力为：

$$F \leqslant A \cdot [\sigma] = 0.03 \times 0.002 \times 160 \times 10^6 = 9600 \text{ (N)} = 9.6 \text{ (kN)}$$

但实验发现，当压力还没有达到 70 N 时，该板条就开始弯曲，如图 6-21 所示；若压力继续增大，则弯曲变形急剧增加，最后折断，此时的压力远小于 9.6 kN。压杆之所以丧失工作能力，是由于它不能保持原来的直线状态造成的。由此可见，细长压杆的承载能力不是取决于它的压缩强度条件，而是取决于它保持直线平衡状态的能力。压杆丧失保持原有直线平衡状态的能力而破坏的现象称为丧失稳定，简称失稳。

由于细长压杆失稳时杆件的工作压力远低于许用压应力，且失稳现象又常常突然发生，这势必会导致一些难以预料的严重后果，甚至导致整个结构物的倒塌，因此必须高度重视细长压杆的稳定性问题。

6.4 剪切与挤压的实用计算

6.4.1 剪切与挤压的概念与实例

工程中常用的连接件，如销钉、键、螺栓、铆钉、焊缝等，都是构件承受剪切的实例。如图 6-22（a）所示的铆钉连接，当拉力 F 增加时，铆钉沿 $m—m$ 截面发生相对错动（如图 6-22（c）所示），甚至可能被切断。其受力特点是：铆钉受到一对大小相等、方向相反、作用线平行且相距很近的外力作用。其变形特点是：铆钉沿两个力作用线之间的截面发生相对错动。这种变形称为剪切变形。发生相对错动的面称为剪切面。剪切面上与截面相切的内力称为剪力，用 F_s 表示。只有一个剪切面的剪切变形称为单剪（如图 6-22（d）所示），有两个剪切面的剪切变形称为双剪（如图 6-23 所示）。

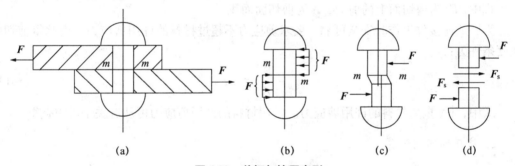

图 6-22 剪切与挤压变形

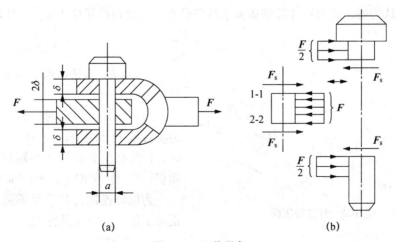

图 6-23 双剪现象

连接件在发生剪切变形的同时，它在传递力的接触面上也受到较大的压力作用，从而出现局部压缩变形，这种现象称为挤压。发生挤压的接触面称为挤压面。挤压面上的压力称为挤压力，用 F_{bs} 表示。如图 6-24 所示，上钢板孔左侧与铆钉上部左侧互相挤压，下钢板孔右侧与铆钉下部右侧互相挤压。当挤压力过大时，相互接触面处将产生局部显著的塑性变形，铆钉孔被压成长圆孔。工程机械上常用的平键经常发生挤压破坏。

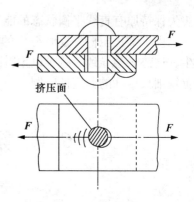

图 6-24 挤压破坏

6.4.2 剪切与挤压的实用计算

1. 剪切的实用计算

由于连接件发生剪切而使剪切面上产生了剪应力 τ，剪应力在剪切面上的分布情况一般比较复杂，工程中为便于计算，通常认为剪应力在剪切面上是均匀分布的。由此得剪应力 τ 的计算公式为：

$$\tau = \frac{F_s}{A}$$

式中，F_s 为剪切面上的剪力，A 为剪切面面积。

为保证连接件工作时安全可靠，要求剪应力不超过材料的许用剪应力。由此得剪切的强度条件为：

$$\tau = \frac{F_s}{A} \leqslant [\tau] \tag{6-13}$$

式中，$[\tau]$ 为材料的许用剪应力。常用材料的许用剪应力可从有关手册中查得。

2. 挤压的实用计算

由挤压力引起的应力称为挤压应力，用 σ_{bs} 表示。在挤压面上挤压应力分布相当复杂，工程中通常认为挤压应力在计算挤压面上均匀分布。由此得挤压应力 σ_{bs} 的计算公式为：

$$\sigma_{bs} = \frac{F_{bs}}{A_{bs}}$$

式中，F_{bs} 为挤压面上的挤压力，A_{bs} 为计算挤压面积。

当挤压面为平面时，计算挤压面积即为实际挤压面面积；当挤压面为圆柱面时，计算挤压面积等于半圆柱面的正投影面积，即 $A_{bs} = d\delta$（如图 6-25 所示）。

为保证连接件具有足够的挤压强度而正常工作，其强度条件为：

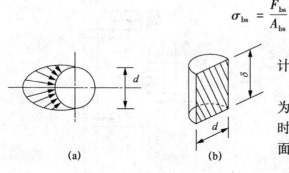

图 6-25 计算挤压面

$$\sigma_{bs} = \frac{F_{bs}}{A_{bs}} \leqslant [\sigma_{bs}] \tag{6-14}$$

式中，$[\sigma_{bs}]$ 为材料的许用挤压应力，具体数据可从有关手册中查得。

【例6-4】 图6-26所示的钢板铆接件中，已知钢板的拉伸许用应力 $[\sigma] = 98$ MPa，挤压许用应力 $[\sigma'_{bs}] = 196$ MPa，钢板厚度 $\delta = 10$ mm，宽度 $b = 100$ mm；铆钉的许用剪应力 $[\tau] = 137$ MPa，挤压许用应力 $[\sigma''_{bs}] = 314$ MPa，铆钉直径 $d = 20$ mm。钢板铆接件承受的载荷 $F = 23.5$ kN。试校核钢板和铆钉的强度。

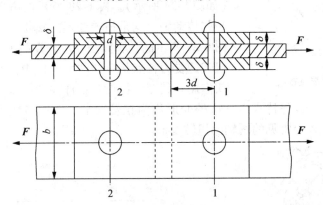

图6-26 钢板铆接件强度计算

解：（1）钢板的拉伸强度校核。钢板的最大拉应力发生在中间钢板圆孔处1-1和2-2横截面处：

$$\sigma = \frac{F_N}{A} = \frac{F}{(b-d)\delta} = \frac{23.5 \times 10^3 \text{N}}{(100-20) \times \text{mm} \times 10 \text{mm}} = 29.4 \text{ MPa} < [\sigma]$$

故钢板的拉伸强度是安全的。

（2）钢板的挤压强度校核。钢板的最大挤压应力发生在中间钢板孔与铆钉接触处，所受的挤压力 $F_{bs} = F$，实际挤压面为直径为 d、长为 δ 的半个圆柱面，计算挤压面积 $A_{bs} = d\delta$，则有：

$$\sigma_{bs} = \frac{F_{bs}}{A_{bs}} = \frac{F}{d\delta} = \frac{23.5 \times 10^3 \text{ N}}{20 \text{ mm} \times 10 \text{ mm}} = 117.5 \text{ MPa} < [\sigma'_{bc}]$$

故钢板的挤压强度是安全的。

（3）铆钉的剪切强度校核。铆钉有两个剪切面，每个剪切面上的剪力 $F_s = F/2$，每个剪切面面积等于铆钉的横截面积，于是有：

$$\tau = \frac{F_s}{A} = \frac{F/2}{\pi d^2/4} = \frac{2 \times 23.5 \times 10^3 \text{ N}}{3.14 \times (20 \text{ mm})^2} = 37.4 \text{ MPa} < [\tau]$$

故铆钉的剪切强度是安全的。

（4）铆钉的挤压强度校核。铆钉的挤压力和计算挤压面积与钢板相同，但铆钉的挤压许用应力比钢板高，钢板的挤压强度是安全的，则铆钉的挤压强度也是安全的。

综上所述，整个铆接件是安全的。

6.5 圆轴扭转的实用计算

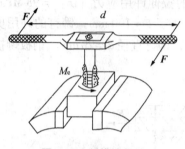

图 6-27 丝锥攻螺纹

工程中许多杆件都承受扭转变形。例如，当钳工攻螺纹孔时，两手所加的外力偶作用在丝锥杆的上端，工件的反力在丝锥杆的下端，使得丝锥杆发生扭转变形（如图 6-27 所示）。图 6-28 所示的方向盘的操纵杆以及一些传动轴等均是扭转变形的实例，它们均可简化为如图 6-29 所示的计算简图。从计算简图中可以看出，杆件扭转的受力特点是：杆件承受作用面与杆轴线垂直的力偶作用。其变形特点是：杆件的各横截面绕杆轴线发生相对转动，杆轴线始终保持直线。这种变形称为扭转变形。以扭转变形为主的杆件称为轴。本章只研究工程上常见的圆轴的扭转变形。

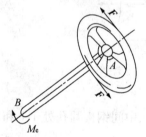

图 6-28 汽车方向盘

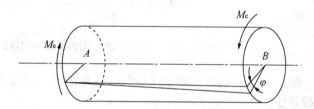

图 6-29 扭转变形的计算简图

6.5.1 扭转变形外力偶矩的计算

工程中通常给出传动轴的转速及其所传递的功率，而作用于轴上的外力偶矩并不直接给出。外力偶矩的计算公式为：

$$\{M_e\}\text{N}\cdot\text{m} = 9\,549\,\frac{\{P\}\text{kW}}{\{n\}\text{r/min}} \tag{6-15}$$

式中，M_e 为外力偶矩；P 为轴传递的功率；n 为轴的转速。输入力偶矩为主动力偶矩，其转向与轴的转向相同；输出力偶矩为阻力偶矩，其转向与轴的转向相反。

6.5.2 扭矩与扭矩图

如图 6-30 所示等截面圆轴 AB 两端面上作用有一对平衡外力偶矩 M_e。现用截面法求圆轴横截面上的内力。将轴从 m—m 横截面处截开，以左段作为研究对象。根据平衡条件 $\sum M_x = 0$，m—m 横截面上必有一个内力偶矩与 A 端面上的外力偶矩 M_e 平衡。该内力偶矩称为扭矩，用 T 表示，单位为 N·m。若取右段为研究对象，求得的扭矩与以左段为研究对象求得的扭矩大小相等、转向相反，它们是作用与反作用的关系。

通常，扭转圆轴各横截面上的扭矩是不同的，扭矩 T 是横截面的位置 x 的函数。即：

第 6 章 杆件的应力与强度计算

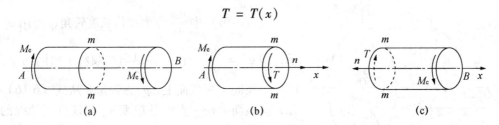

图 6-30 扭转变形的内力计算

以与轴线平行的 x 轴表示横截面的位置,以垂直于 x 轴的 T 轴表示扭矩,则由函数 $T=T(x)$ 绘制的曲线图称为扭矩图。

6.5.3 横截面上的应力

与分析轴向拉压杆横截面上的应力一样,应从研究杆件的变形(几何方面)入手,并考虑应力与变形的关系(物理方面)和静力平衡条件(静力学方面),确定圆轴扭转时横截面上的应力。

1. 几何方面

为了研究圆轴横截面上的应力情况,可进行圆轴扭转实验。实验前在圆轴表面画若干垂直于轴线的圆周线和平行于轴线的纵向线,在圆轴端面上标出一条半径(如图 6-31 (a) 所示)。轴的两端施加一对平衡的外力偶矩 M_e,使圆轴扭转。当扭转变形较小时,可观察到各圆周线的形状、大小、间距保持不变,仅绕轴线作相对转动;纵向线仍保持直线但倾斜了一个相同的角度 γ,γ 称为剪应变。原来的矩形变形为平行四边形,端面的半径转过了 φ 角度(如图 6-31 (b) 所示)。根据这些变形特点可得到以下两点结论。

(1) 假设圆轴的横截面,变形前为平面,变形后仍为平面,则其大小和形状不变。

(2) 由于圆周线距离不变,故横截面上无正应力。相邻横截面之间发生相对错动,因此横截面上必然有垂直于半径方向的剪应力存在。

在圆轴上截取长为 dx 的微段,放大后如图 6-32 所示,横截面 2—2 相对于 1—1 转过了一个角度 $d\varphi$,半径 O_2B 转至 O_2C 处。由于纵向线倾斜 γ 角度,即 A 点的剪应变为 γ,且 $\gamma \approx \tan\gamma = \dfrac{BC}{AB} = R\dfrac{d\varphi}{dx}$。同样可推得在距轴线为 ρ 的 A' 点处的剪应变 γ_ρ 为

$$\gamma_\rho \approx \tan\gamma_\rho = \rho\frac{d\varphi}{dx} \tag{6-16}$$

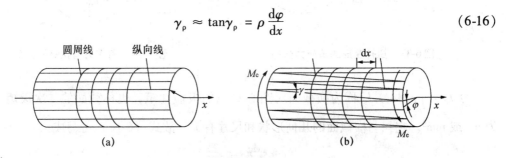

图 6-31 扭转变形现象

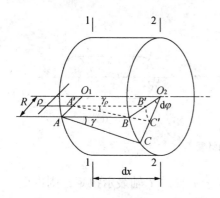

图 6-32 微段轴的变形情况

式（6-16）中 $\dfrac{d\varphi}{dx}$ 称为单位长度转角，可用 φ' 表示，即 $\varphi' = \dfrac{d\varphi}{dx}$。由于各纵向线倾斜了相同的 γ 角，因此，在同一横截面上，φ' 为常量。从式（6-16）可知，横截面上任一点的剪应变 γ_ρ 与该点到轴线的距离成正比。

2. 物理方面

实验表明，在线弹性范围内，某一点处的剪应力与其相应的剪应变成正比，即：

$$\tau_\rho = G\gamma_\rho = G\rho\dfrac{d\varphi}{dx} \tag{6-17}$$

式（6-17）表明，横截面上任一点剪应力 τ_ρ 与该点到轴线的距离 ρ 成正比，其方向垂直于半径。实心圆轴与空心圆轴横截面上剪应力分布如图 6-33 所示。

3. 静力学方面

为了求出单位长度转角 $\dfrac{d\varphi}{dx}$，可应用静力学关系。圆轴横截面上的扭矩 T 应由横截面上无数微剪力对轴线的力矩所组成。由此可定出横截面上剪应力的指向为顺着扭矩的转向。从图 6-34 中可以得出：

$$T = \int_A \tau_\rho dA \cdot \rho$$

将式（6-17）代入，并注意到 $\dfrac{d\varphi}{dx}$ 和 G 为常量，可得

$$T = \int_A G\rho\dfrac{d\varphi}{dx}dA \cdot \rho = G\dfrac{d\varphi}{dx}\int_A \rho^2 dA \tag{6-18}$$

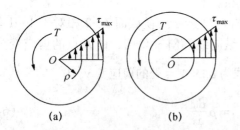

图 6-33 扭转变形的剪应力分布

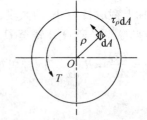

图 6-34 剪应力与扭矩的关系

令 $I_P = \int_A \rho^2 dA$，I_P 称为横截面对圆心 O 点的极惯性矩，也称截面的二次极矩，单位为 m^4 或 mm^4。它只与横截面的几何形状和尺寸有关。故式（6-18）可写成：

$$\dfrac{d\varphi}{dx} = \dfrac{T}{GI_P} \tag{6-19}$$

将式（6-19）代入式（6-17）得：

$$\tau_\rho = \frac{T\rho}{I_P} \qquad (6\text{-}20)$$

当 $\rho = R$ 时，剪应力最大，即圆轴横截面上边缘点的剪应力最大。其值为：

$$\tau_{max} = \frac{TR}{I_P}$$

令 $W_P = \dfrac{I_P}{R}$，则上式变为：

$$\tau_{max} = \frac{T}{W_P} \qquad (6\text{-}21)$$

式（6-21）中，W_P 称为扭转截面系数，与截面形状、尺寸有关，单位为 m^3 或 mm^3。式（6-20）和式（6-21）均只适用于圆轴在线弹性范围内的扭转。

对于直径为 d 的圆截面杆，有：

$$I_P = \frac{\pi d^4}{32} \qquad W_P = \frac{\pi d^3}{16}$$

对于空心圆杆，设内径为 d，外径为 D，其比值 $\alpha = d/D$，有：

$$I_P = \frac{\pi D^4}{32} - \frac{\pi d^4}{32} = \frac{\pi D^4}{32}(1 - \alpha^4)$$

$$W_P = \frac{\pi D^3}{16}(1 - \alpha^4)$$

6.5.4 圆轴扭转时的强度计算

为了保证圆轴扭转时的强度，要求最大剪应力 τ_{max} 不超过材料的许用剪应力 $[\tau]$，即：

$$\tau_{max} \leqslant [\tau]$$

对于等截面圆轴，则有：

$$\tau_{max} = \frac{T_{max}}{W_P} \leqslant [\tau] \qquad (6\text{-}22)$$

式（6-22）为圆轴扭转时的强度条件。其中，$[\tau]$ 是通过扭转试验测得的材料极限剪应力后，再除以安全系数得到的。

与轴向拉压杆一样，利用圆轴扭转时的强度条件可解决强度校核、截面选择、承载能力计算三类问题。

【例 6-5】 汽车传动轴 AB（如图 6-35 所示）轴材料的许用剪应力 $[\tau] = 60\,MPa$，外径 $D = 90\,mm$，内径 $d = 85\,mm$，传递的最大力偶矩 $M = 1.5\,kN \cdot m$，试校核该轴的强度。

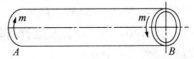

图 6-35 汽车传动轴的强度计算

解：传动轴 AB 各截面的扭矩均为：

$$T = M = 1.5 \text{ kN} \cdot \text{m}$$

扭转截面系数 W_P 为：

$$W_P = \frac{\pi D^3}{16}(1 - \alpha^4) = \frac{3.14 \times 90^3}{16}\left[1 - \left(\frac{85}{90}\right)^4\right] = 29\,271 \text{ (mm}^3)$$

传动轴 AB 的最大剪应力为：

$$\tau_{max} = \frac{T}{W_P} = \frac{1.5 \times 10^6 \text{ N} \cdot \text{mm}}{29\,271 \text{ mm}^3} = 51.2 \text{ MPa} < [\tau]$$

故此传动轴的强度足够。

6.5.5 圆轴扭转时的变形

扭转变形用两个横截面的相对转角 $\frac{Qd_2}{2}$ 来表示。由式（6-19）可得：

$$\mathrm{d}\varphi = \frac{T}{GI_P}\mathrm{d}x \tag{6-23}$$

对于长度为 l、扭矩 T 不随长度变化的等截面圆轴，则有：

$$\varphi = \frac{Tl}{GI_P} \tag{6-24}$$

对于阶梯状圆轴以及扭矩分段变化的等截面圆轴，需分段计算相对转角，然后求代数和。

6.5.6 圆轴扭转时的刚度计算

圆轴扭转时除了强度要求外，有时还有刚度要求，即要求轴在一定的长度内扭转角不超过某个值，通常限制单位长度转角 φ'。因此，圆轴扭转时的刚度条件是整个轴上的最大单位长度转角 φ'_{max} 不超过规定的单位长度许可转角 $[\varphi']$。即：

$$\varphi'_{max} \leq [\varphi']$$

对于等截面圆轴，则有：

$$\varphi'_{max} = \frac{T_{max}}{GI_P} \leq [\varphi'] \tag{6-25}$$

式（6-25）中，单位长度转角 φ' 的单位为 rad/m。工程上，单位长度许可转角 $[\varphi']$ 的单位为 (°)/m，考虑单位换算，则得：

$$\varphi'_{max} = \frac{T_{max}}{GI_P} \times \frac{180°}{\pi} \leq [\varphi'] \tag{6-26}$$

不同类型的轴的 $[\varphi']$ 的值可从有关工程手册中查得。

【例 6-6】 等截面传动圆轴如图 6-36（a）所示。已知该轴转速 $n = 300$ r/min，主动轮输入功率 $P_c = 30$ kW，从动轮输出功率 $P_A = 5$ kW，$P_B = 10$ kW，$P_D = 15$ kW，材料的切变模量 $G = 80$ GPa，许用剪应力 $[\tau] = 40$ MPa，单位长度许可转角 $[\varphi'] = 1°$/m。试按强度条件及刚度条件设计此轴直径。

解：(1) 计算外力偶矩。

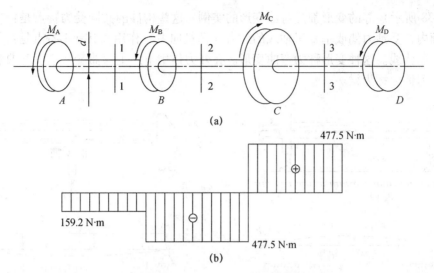

图 6-36 扭转轴的结构设计

由公式 $\{M_e\}N\cdot m=9\,549\dfrac{\{P\}kW}{\{n\}r/\min}$ 可分别求得 $M_A=159.2\,N\cdot m$,$M_B=318.3\,N\cdot m$,$M_C=955\,N\cdot m$,$M_D=477.5\,N\cdot m$。

(2) 画扭矩图。

计算各段扭矩,得 $T_{AB}=-159.2\,N\cdot m$,$\alpha'=-4\,775\,N\cdot m$,$T_{CD}=477.5\,N\cdot m$。扭矩图如图 6-36(b)所示。由扭矩图可知,$T_{max}=477.5\,N\cdot m$,发生在 BC 与 CD 段。

(3) 按强度条件设计轴的直径。

根据强度条件 $\tau_{max}=\dfrac{T_{max}}{W_P}\leqslant[\tau]$ 及 $W_P=\dfrac{\pi d^3}{16}$ 得:

$$d\geqslant\sqrt[3]{\dfrac{16T_{max}}{\pi[\tau]}}=\sqrt[3]{\dfrac{16\times477.5\times10^3\,N\cdot mm}{\pi\times40\,MPa}}=39.2\,mm$$

(4) 按刚度条件设计轴的直径。

根据刚度条件 $\varphi'_{max}=\dfrac{T_{max}}{GI_P}\times\dfrac{180°}{\pi}\leqslant[\varphi']$ 及 $I_P=\dfrac{\pi d^4}{32}$ 得:

$$d\geqslant\sqrt[4]{\dfrac{32T_{max}\times180°}{\pi^2 G[\varphi']}}=\sqrt[4]{\dfrac{32\times477.5\times10^3\times180°\,N\cdot mm}{3.14^2\times80\times10^3\,MPa\times1°/m}}=43.2\,mm$$

综上所述,圆轴须同时满足强度和刚度条件,故取 $d=44\,mm$。

6.6 直梁的平面弯曲

6.6.1 平面弯曲梁的正应力

弯曲是工程实际中最常见的一种基本变形。如火车轮轴(如图 6-37 所示)、行车大梁

（如图6-38所示）等的变形都是弯曲变形的实例。这些构件的共同受力特点是：在通过杆轴线的面内，受到力偶或垂直于轴线的外力（即横向力）作用。其变形特点是：杆的轴线被弯成一条曲线。这种变形称为弯曲变形。在外力作用下产生弯曲变形或以弯曲变形为主的杆件，习惯上称为梁。

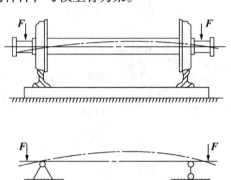

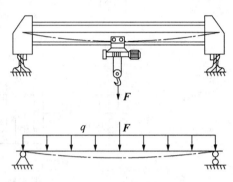

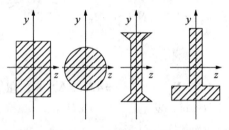

图6-37 火车轮轴　　　　　　　图6-38 行车大梁

工程上使用的直梁的横截面一般都有一个或几个对称轴（如图6-39所示）。由横截面的对称轴与梁的轴线组成的平面称为纵向对称平面。当作用于梁上的所有外力（包括支座反力）都位于梁的纵向对称平面内时，梁的轴线在纵向对称平面内被弯成一条光滑的平面曲线，这种弯曲变形称为平面弯曲（如图6-40所示）。

图6-39 常见梁的横截面形状

本节研究直梁在平面弯曲时横截面上的内力、应力及强度计算。

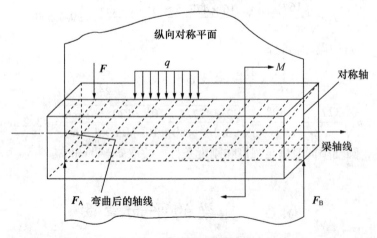

图6-40 梁的平面弯曲

梁发生平面弯曲时，横截面上一般产生两种内力，即剪力和弯矩，如图6-41所示。剪力F_s与横截面相切，它只能由切向内力元素τdA组成；弯矩M作用在与横截面垂直的纵向对称平面内，它只能由法向应力元素 σdA 组成。因此，梁在弯曲时的横截面上一般既有正应力又有剪应力。在横截面上，只有弯矩 M，没有剪力 F_s，这种弯曲称为纯弯曲。横截面上同时有弯矩 M 和剪力 F_s，这种弯曲称为横力弯曲。

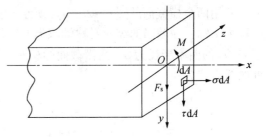

图 6-41　梁的弯曲内力

1. 几何方面

首先通过试验观察纯弯曲的变形情况。取一等直的矩形截面梁，如图 6-42（a）所示。在其侧面画两条相邻的横向线 mm 和 nn 代表横截面的位置，并在两横向线之间画上纵向线 ab 和 cd。在梁的两端施加力偶矩为 M 的外力偶，使梁处于纯弯状态。梁受弯后的变形如图 6-42（b）所示，两横向线 mm 和 nn 仍为直线，两纵向线 ab 和 cd 变为弧线且与两横向线 mm 和 nn 保持正交。靠近梁下边缘的纵向线 cd 伸长，靠近梁上边缘的纵向线 ab 缩短。由以上变形特征可得到以下结论。

（1）纯弯曲梁的横截面在变形前为平面，变形后仍为平面，且仍然垂直于变形后的梁轴线，通常将这一结论称为梁弯曲时的平面假定。

（2）若假设梁由许多纵向纤维组成，根据变形的连续性可知，梁中一定有既不伸长也不缩短的纤维层，此层称为中性层。中性层与梁横截面的交线称为中性轴，如图 6-42（c）所示。

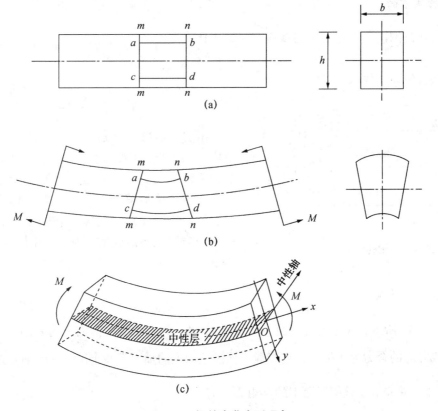

图 6-42　梁的弯曲变形现象

若用两个横截面从图 6-42（b）所示的梁中截取长度为 dx 的一段来研究，将梁的轴线取为 x 轴，横截面的纵向对称轴取为 y 轴，中性轴取为 z 轴，如图 6-43 所示。若设中性层 O_1O_2 的曲率半径为 ρ，两横截面的相对转角为 dθ，那么距中性层为 y 处的纵向纤维该处的线应变为：

$$\varepsilon = \frac{\Delta l}{\mathrm{d}x} = \frac{y\mathrm{d}\theta}{\rho\mathrm{d}\theta} = \frac{y}{\rho} \tag{6-27}$$

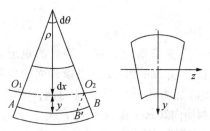

图 6-43 微段梁的弯曲变形情况

由于同一截面的 $\frac{1}{\rho}$ 是一常数，所以式（6-27）表明梁横截面上任一点处的纵向线应变与该点到中性轴的距离成正比。

2. 物理方面

在弹性范围内，正应力 σ 与线应变 ε 成正比，即：

$$\sigma = E\varepsilon$$

将式（6-27）代入上式得：

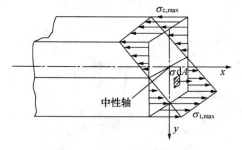

$$\sigma = E\varepsilon = E\frac{y}{\rho} \tag{6-28}$$

图 6-44 梁的弯曲正应力分布

由式（6-28）可知，横截面上任一点处的正应力与该点到中性轴的距离成正比。正应力的大小沿截面高度线性变化，截面上、下边缘处的正应力绝对值最大，中性轴（即为截面的形心轴）上的正应力为零。在距中性轴等距离的同一横线上各点处的正应力相同，如图 6-44 所示。

3. 静力学方面

如图 6-44 所示，在梁的横截面上取微面积 dA，其上的法向微内力为 σdA，此微内力沿梁轴线方向的合力为 $\int_A \sigma \mathrm{d}A$，它应等于该横截面上的轴力 F_N，同时它对 z 轴的合力偶矩为 $\int_A y\sigma \mathrm{d}A$，并应等于该横截面上的弯矩 M。有：

$$F_N = \int_A \sigma dA = 0$$
$$M = \int_A y\sigma dA \tag{6-29}$$

将式（6-28）代入式（6-29），得

$$M = \frac{E}{\rho}\int_A y^2 dA$$

令

$$\int_A y^2 dA = I_z$$

有：

$$M = \frac{E}{\rho}I_z$$

即：

$$\frac{1}{\rho} = \frac{M}{EI_z} \tag{6-30}$$

将式（6-30）代入式（6-28）可得纯弯曲梁横截面上任一点处的正应力计算公式为：

$$\sigma = \frac{My}{I_z} \tag{6-31}$$

式（6-31）中 M 为横截面上的弯矩；y 为所求正应力点到中性轴的距离；I_z 为横截面对中性轴 z 的惯性矩，只与横截面的形状、尺寸有关，常用单位为 m^4 或 mm^4，是横截面的几何特征之一。实际使用时，M 和 y 都取绝对值，由梁的变形直接判断 σ 的正负。

由式（6-31）可知，当 $y = y_{max}$，即横截面上离中性轴距离最远的各点处，弯曲正应力达到最大值。

$$\sigma_{max} = \frac{My_{max}}{I_z} = \frac{M}{\dfrac{I_z}{y_{max}}}$$

令 $W_z = \dfrac{I_z}{y_{max}}$，$W_z$ 称为横截面对中性轴 z 的弯曲截面系数，只与横截面的形状、尺寸有关，常用单位为 m^3 或 mm^3，是横截面的几何性质之一。

因此，梁横截面上的最大正应力可表示为：

$$\sigma_{max} = \frac{M}{W_z} \tag{6-32}$$

对于矩形截面杆件（如图 6-45（a）所示）：

$$I_z = \frac{bh^3}{12}, \quad W_z = \frac{I_z}{y_{max}} = \frac{bh^3/12}{h/2} = \frac{bh^2}{6}$$

同理可得：

$$I_y = \frac{hb^3}{12}, \quad W_y = \frac{hb^2}{6}$$

对于圆形截面杆件（如图 6-45（b）所示）：

$$I_z = I_y = \frac{\pi d^4}{64}, \quad W_z = W_y = \frac{\pi d^3}{32}$$

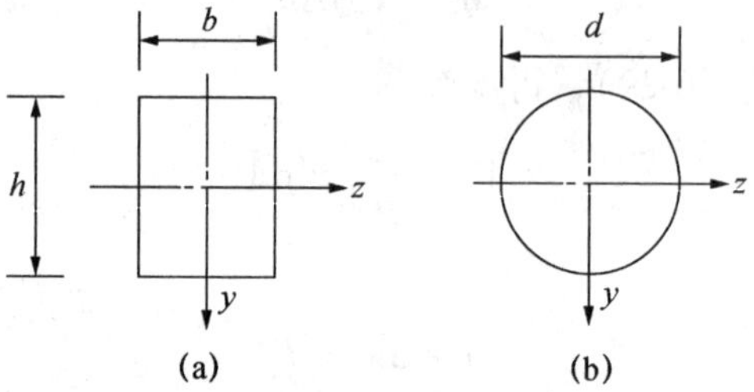

图 6-45　矩形、圆形截面惯性矩计算

型钢的截面几何性质参数，可从型钢表中查出。

式（6-31）、式（6-32）只适用于线弹性范围内的平面弯曲。

通常在梁弯曲时，横截面上既有弯矩又有剪力，称为横力弯曲。可以证明，对横力弯曲的梁，当跨度与横截面高度之比大于 5 时，用公式（6-31）计算的正应力是足够精确的，且跨高比越大，误差越小。

6.6.2　梁的正应力强度计算

为了保证梁能够安全工作，必须使梁横截面上的最大正应力不超过材料在弯曲时的许用正应力 $[\sigma]$，这就是梁的正应力强度条件。可分两种情况表达如下。

（1）材料的抗拉和抗压能力相同，其正应力强度条件为：

$$\sigma_{max} = \frac{M_{max}}{W_z} \leqslant [\sigma] \tag{6-33}$$

（2）材料的抗拉和抗压能力不同，应分别对拉应力和压应力建立强度条件：

$$\sigma_{lmax} = \frac{M_{max}}{W_z} \leqslant [\sigma_l] \tag{6-34}$$

$$\sigma_{ymax} = \frac{M_{max}}{W_z} \leqslant [\sigma_y] \tag{6-35}$$

对于像铸铁之类的脆性材料，它们的许用拉应力 $[\sigma_l]$ 和许用压应力 $[\sigma_y]$ 并不相同，应分别建立相应的强度条件。

式中 $[\sigma]$、$[\sigma_l]$、$[\sigma_y]$ 为材料弯曲时的许用正应力，常用的材料可从有关规定中查得。利用强度条件可解决强度校核、截面选择和载荷设计三类强度计算问题。

梁在横力弯曲时，横截面上除了由弯矩引起的正应力以外，还存在着由剪力引起的剪应力。在一般情况下，正应力是支配梁强度的主要因素，按弯曲正应力强度计算即可满足工程要求。但在某些情况下，例如跨度较短的梁，载荷较大又靠近支座的梁，腹板高而窄的组合截面梁，焊接、铆接、胶合的梁等，有可能因梁材料的剪切强度不足而发生破坏，需要对梁进行弯曲剪应力强度计算。

【例 6-7】　如图 6-46（a）所示为一简支木梁，承受均布载荷 $q = 3.6\text{ kN/m}$，梁的跨

度 $l=5\,\mathrm{m}$，横截面尺寸为 $b\times h=120\,\mathrm{mm}\times 240\,\mathrm{mm}$，如图 6-46（b）所示。材料的许用正应力 $[\sigma]=10\,\mathrm{MPa}$，试校核此梁的强度。

解：（1）做梁的弯矩图。

AB 梁的弯矩图如图 6-46（c）所示。梁的最大弯矩发生在跨中截面上。

$$M_{max} = \frac{1}{8}ql^2 = \frac{1}{8}\times 3.6\times 5\times 5 = 11.25\ (\mathrm{kN\cdot m})$$

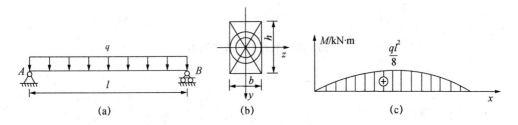

图 6-46　简支木梁的强度计算

（2）梁的正应力强度校核。

弯曲截面系数为：

$$W_z = \frac{bh^2}{6} = \frac{120\times 240^2}{6} = 115.2\times 10^4\ (\mathrm{mm}^3)$$

由式（6-31）得：

$$\sigma_{max} = \frac{M_{max}}{W_z} = \frac{11.25\times 10^6\,\mathrm{N\cdot mm}}{115.2\times 10^4\,\mathrm{mm}^3} = 9.77\ \mathrm{MPa} < [\sigma]$$

此梁满足强度条件。

6.6.3　提高梁强度的措施

如前所述，进行梁的设计时，主要依据梁的弯曲正应力强度条件：

$$\sigma_{max} = \frac{M_{max}}{W_z} \leqslant [\sigma]$$

从这一条件可知，降低最大弯矩 M_{max}，提高弯曲截面系数 W_z，是提高梁承载能力的主要途径。具体做法如下。

1. 合理布置梁的荷载和支座

如图 6-47（a）所示为受集中荷载 **F** 作用的简支梁，若在梁的中部增设一根辅助梁，使力 **F** 通过辅助梁作用到简支梁上，如图 6-47（b）所示，则梁的最大弯矩值可减小一半。

如图 6-48（a）所示受均布荷载的简支梁，若将梁的支座向跨中移动 $0.2l$，则梁的最大弯矩可减小 $\frac{1}{5}$，如图 6-48（b）所示。

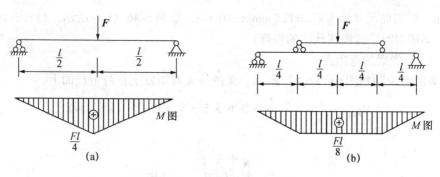

图 6-47 合理布置梁的荷载

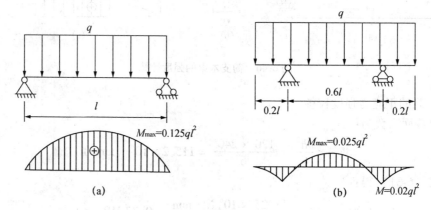

图 6-48 合理布置梁的支座

2. 合理选择梁截面

梁的合理截面应该是用较小的截面面积获得较大的弯曲截面系数。从梁横截面正应力的分布情况来看，应尽可能将材料放在离中性轴较远的地方。因此，工程上许多受弯曲构件都采用工字钢、箱形、槽形等截面形状。各种形材，如型钢、空心钢管等的广泛采用也是这个道理。

对由塑性材料制成的梁，由于塑性材料抗拉、抗压强度相同，故可采用以中性轴为对称轴的截面形式，如工字形、矩形、圆形等；对由脆性材料制成的梁，由于脆性材料的抗拉强度远低于抗压强度，故可采用形心轴（中性轴）偏于受拉一侧的截面形式，如 T 形截面等，以充分利用材料的力学性能。

3. 采用变截面梁

等截面梁是按全梁最大弯矩值进行截面设计的，弯矩较小的截面处，材料强度未能得到充分利用。为节省材料、减轻构件自重，梁的截面应随弯矩的变化而变化。在弯矩较大处，采用较大的截面；在弯矩较小处，采用较小的截面，这种梁称为变截面梁。

6.7 组合变形构件的应力与强度计算

6.7.1 组合变形的概念

前面分别介绍了轴向拉伸与压缩、剪切、扭转、弯曲等基本变形。在实际工程中，杆件的受力是非常复杂的，一根杆件可同时发生两种或两种以上的基本变形，这种杆件的变形称为组合变形。下面是一些组合变形的例子。

（1）如图 6-49（a）所示吊钩的 AB 段，在力 P 的作用下，同时发生拉伸和弯曲两种基本变形，称为拉弯组合变形。

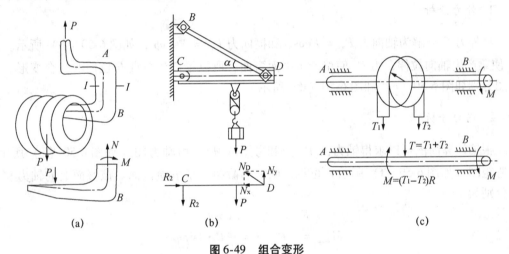

图 6-49 组合变形

（2）如图 6-49（b）所示起重机装置中，拉杆与吊臂 CD 之间存在夹角 α，所以吊臂同时受到压缩和弯曲组合变形，称为压弯组合变形。

（3）如图 6-49（c）所示的 AB 轴，在力 T_1、T_2 和力偶矩 M 的作用下，产生弯曲与扭转组合变形，称为弯扭组合变形。

6.7.2 组合变形的分析方法

在线弹性、小变形条件下，可用叠加法计算组合变形杆件，即先将杆件的变形分解为几种基本变形，分别计算该杆件在每一种基本变形时的应力，最后将它们叠加起来，得到杆件组合变形时的应力，进一步就可以确定杆件危险点处的应力和进行强度计算。这种方法称为叠加原理。

杆件发生组合变形时强度计算的步骤如下。

（1）外力分析。将载荷按基本变形的受力特点进行分解和简化，确定杆件各基本变形的计算简图。

(2) 内力分析。分析每一种基本变形情况下杆件的内力，并判断危险截面的位置。

(3) 应力分析。根据各基本变形所引起危险截面上的应力分布规律，判断危险点的位置，并分别计算出危险点处由各基本变形引起的应力；然后再把各应力叠加起来，得到组合变形杆件内的最大应力。

(4) 强度计算。按危险点的应力状况进行强度计算。本章只介绍拉（压）弯组合变形和弯扭组合变形两种情况下的强度计算。对于其他形式的组合变形，都可依据上述方法进行分析计算。

6.7.3 拉（压）弯组合变形的强度计算

设矩形等截面悬臂梁如图 6-50（a）所示，外力 P 位于梁的纵向对称平面 Oxy 内，并与梁的轴线 x 成 ϕ 角，其强度计算如下。

1. 外力分析

将外力 P 分解为轴向力 $P_x = P\cos\phi$ 和横向力 $P_y = P\sin\phi$，如图 6-50（b）所示。力 P_x 使梁产生轴向拉伸，力 P_y 使梁产生平面弯曲，所以梁产生弯曲与拉伸的组合变形。其简图分别如图 6-50（c）和图 6-50（d）所示。

2. 内力分析

根据计算简图可以求得轴力（F_N）和弯矩（M）。由轴力图（如图 6-50（e）所示）和弯矩图（如图 6-50（f）所示）可见，固定端截面 A 是危险截面。该截面上的轴力和弯矩分别为：

$$F_N = P_x = P\cos\phi$$
$$M_{\max} = -P_y \cdot l = -P \cdot l\sin\phi$$

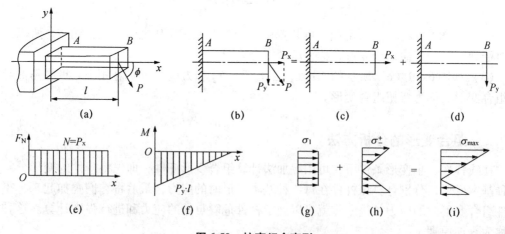

图 6-50 拉弯组合变形

3. 应力分析

在危险截面上存在着拉伸正应力和弯曲正应力。拉伸正应力的分布如图 6-50（g）所示，其大小为：

$$\sigma_L = \frac{F_N}{A}$$

弯曲正应力的分布如图 6-50（h）所示，其最大值为：

$$\sigma_W = \frac{M_{max}}{W_z}$$

因为拉伸和弯曲引起的都是正应力，按叠加原理得到危险截面实际的正应力分布情况如图 6-50（i）所示。显然，危险点是截面上侧边缘各点，其最大应力值为：$\sigma_{max} = \sigma_L + \sigma_W$。

4. 强度计算

判断危险截面上危险点，把危险点的应力值进行叠加，然后进行强度校核。强度条件式为：

$$\sigma_{max} = \sigma_L + \sigma_W = \frac{F_N}{A} + \frac{M_{max}}{W_z} \leqslant [\sigma] \tag{6-36}$$

或

$$\sigma_{max} = \left| -\frac{F_N}{A} - \frac{M_{max}}{W_z} \right| \leqslant [\sigma] \tag{6-37}$$

当构件为拉弯组合变形时，采用式（6-36）；当构件为压弯组合变形时，采用式（6-37）。

【例 6-8】 夹具的受力和尺寸如图 6-51 所示。已知 $F = 2\,kN$，$e = 60\,mm$，$b = 10\,mm$，$h = 22\,mm$，材料的许用应力 $[\sigma] = 170\,MPa$。试校核夹具竖杆的强度。

解：对本题而言，虽然力 F 与竖杆轴线平行，但不通过竖杆的轴线，竖杆的这种变形通常称为偏心拉伸（或压缩），它也是拉伸（或压缩）与弯曲的组合变形。

（1）计算竖杆所受外力。

由于夹具竖杆发生偏心拉伸变形，将力 F 向竖杆轴线简化，可得轴向拉力 F 和作用面在竖杆纵向对称面内的力偶矩（M_e）为：

$$M_e = F \cdot e = 2 \times 10^3\,N \times 60 \times 10^{-3}\,m = 120\,N \cdot m$$

一对轴向拉力 F 使竖杆轴向拉伸，一对力偶矩 M 使竖杆发生弯曲变形，故竖杆实际为弯曲与拉伸组合变形。

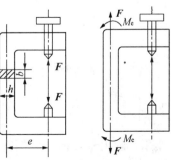

图 6-51 夹具的强度计算

(2) 计算竖杆横截面上的内力。

竖杆横截面上的轴力 F_N 和弯矩 M 分别为：
$$F_N = F = 2\,\text{kN}$$
$$M = M_e = 120\,\text{N}\cdot\text{m}$$

(3) 校核竖杆强度。

由于竖杆为弯曲与拉伸组合变形，故只需校核拉应力强度条件。竖杆横截面上的最大拉应力发生在右侧边缘各点，其值为：

$$\sigma_{\max} = \frac{F_N}{A} + \frac{M}{W} = \frac{2\times 10^3\,\text{N}}{220\,\text{mm}^2} + \frac{120\times 10^3\,\text{N}\cdot\text{mm}}{\frac{1}{6}\times 10\times 22^2\,\text{mm}^3} = 157.9\,\text{MPa} < [\sigma]$$

故竖杆满足强度条件。

6.7.4 弯扭组合变形的强度计算

工程上机械传动中的转轴，一般都在弯曲与扭转的组合变形下工作，其强度计算方法如下。

1. 外力分析

设有一圆轴（如图 6-52（a）所示），左端固定，右端自由端受外力 P 和外力偶 m 的作用。力 P 与轴线垂直相交，使圆轴产生弯曲变形；力偶 m 使轴产生扭转变形。所以圆轴 AB 发生弯扭组合变形。

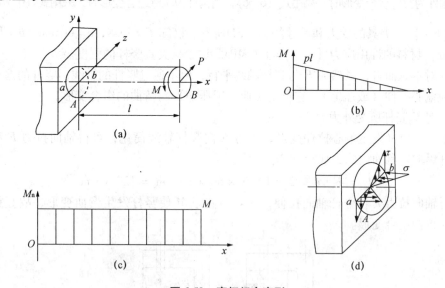

图 6-52 弯扭组合变形

2. 内力分析

分别考虑力 P 和力偶 m 的作用，画出弯矩图（如图 6-52（b）所示）和扭矩图（如图 6-52（c）所示），显然，圆轴各横截面上扭矩相等，但弯矩不相等，最大弯矩发生在固定端截面上，所以截面 A 为危险截面。该截面上的弯矩和扭矩分别为：

$$M_{\max} = P \cdot l;$$
$$T = m$$

3. 应力分析

在横截面 A 上，同时存在弯矩产生的正应力和扭矩产生的剪应力，其应力分布情况如图 6-52（d）所示。

根据应力分布情况可知，危险截面的 a、b 两点都是危险点。在这两点，同时存在最大弯曲正应力和扭转剪应力，其值分别为：

$$\sigma = \frac{M}{W_z};$$
$$\tau = \frac{T}{W_P}$$

为了计算强度，必须考虑危险点处正应力 σ 和剪应力 τ 的综合作用。因为 σ 和 τ 相互垂直，不能简单地叠加起来；另一方面，σ 和 τ 引起材料破坏的机理也不一样。所以在工程力学中，采用相当应力 σ_{xd} 来反映正应力和剪应力的综合效应。对于塑性材料制成的构件，相当应力计算公式为：

$$\sigma_{xd} = \sqrt{\sigma^2 + 4\tau^2}$$

4. 强度条件

对于由塑性材料制成的轴，其强度条件要求轴内的相当应力小于（等于）材料的许用应力，即 $\sigma_{xd} \leqslant [\sigma]$。则有：

$$\sigma_{xd} = \sqrt{\sigma^2 + 4\tau^2}$$
$$= \sqrt{\left(\frac{M}{W_z}\right)^2 + 4\left(\frac{T}{W_P}\right)^2}$$

考虑到圆轴横截面的惯性矩与极惯性矩分别为：

$$W_z = \frac{\pi D^3}{32};$$
$$W_P = \frac{\pi D^3}{16}$$

将 $W_P = 2W_z$ 代入 $\sqrt{\left(\frac{M}{W_z}\right)^2 + 4\left(\frac{T}{W_P}\right)^2}$，整理得：

$$\sigma_{xd} = \frac{\sqrt{M^2 + T^2}}{W_z} \leqslant [\sigma] \tag{6-38}$$

式（6-38）即为塑性材料圆轴弯扭组合变形的强度计算公式。式中，M 为危险截面的弯矩，T 为危险截面的扭矩，W_z 为危险截面的弯曲截面系数。

式（6-38）可应用于塑性材料圆轴弯扭组合变形的强度校核、截面设计和确定许可载荷三种计算。

【例6-9】 如图6-53（a）所示，转轴AB由电动机带动，在轴的中点C处装一皮带轮。已知轴的直径 $d = 40\,\text{mm}$，皮带轮直径 $D = 400\,\text{mm}$，皮带的紧边拉力 $T_1 = 6\,\text{kN}$，松边拉力 $T_2 = 3\,\text{kN}$，轴长 $l = 200\,\text{mm}$，轴的材料为钢，其许用应力 $[\sigma] = 120\,\text{MPa}$。试校核轴的强度。

解：（1）外力分析。

由皮带轮的受力分析（如图6-53（b）所示）可知，作用于轴上的载荷有垂直向下的力 P 和作用面垂直于轴线的力偶 m，AB 轴的简图如图6-53（c）所示，其中：

$$P = T_1 + T_2 = 6 + 3 = 9\,(\text{kN})$$

$$m = (T_1 - T_2)\frac{D}{2} = (6 - 3) \times \frac{0.4}{2} = 0.6\,(\text{kN} \cdot \text{m})$$

（2）内力分析。

轴的弯矩图和扭矩图分别如图6-53（d）、（e）所示。横截面C为危险截面，该截面上的弯矩和扭矩分别为：

$$M = \frac{1}{4}Pl = \frac{1}{4} \times 9 \times 0.2 = 0.45\,(\text{kN} \cdot \text{m})$$

$$T = m = 0.6\,\text{kN} \cdot \text{m}$$

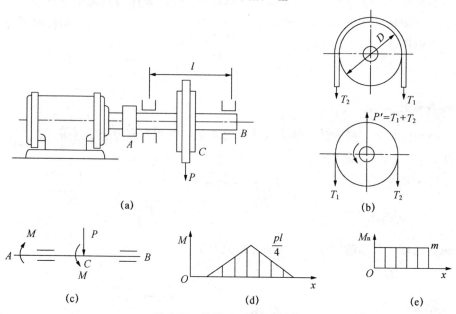

图6-53 转轴AB的强度计算

（3）强度计算。

AB 轴上 C 截面的抗弯截面模量为：

$$W_z \approx \frac{\pi d^3}{32} = \frac{3.14 \times 40^3}{32} = 6400\,(\text{mm}^3)$$

按强度计算公式，得：

$$\sigma_{xd} = \frac{\sqrt{M^2 + T^2}}{W_z} = \frac{\sqrt{0.45^2 + 0.6^2}}{6400} \times 10^6 \approx 117\,(\text{MPa}) < [\sigma]$$

所以轴的强度足够。

第三篇

机械原理与机械零件

第7章 平面机构的运动简图

7.1 平面机构概述

机械是人类进行生产斗争的重要工具，也是社会生产力发展水平的重要标志。人类在长期的生活和生产实践中创造和发展了机器。我们经常见到的汽车、飞机、火车、轮船、金属切削机床等都是机器。

机器的种类很多。由于机器的功用不同，其工作原理、构造和性能也各异。但是，从机器的组成原理、运动的确定性及其与功、能的关系来看，各种机器之间却存在一些共同的特征。

从制造角度来分析机器，可以把机器看成由若干零件组成的。零件是指组成机器当中不能再拆分的最小制造单元。零件又分为通用零件和专用零件两大类：通用零件是指各种机器经常用到的零件，如螺栓、螺母和齿轮等；专用零件是指某种机器才能用到的零件，如内燃机的曲轴、气轮机叶片等。

从运动角度来分析机器，可以把机器看成由若干构件组成的。构件是指由若干个零件组成的，各个零件之间不能产生任何相对运动的刚性组合体，是机器的运动单元。如图7-1所示内燃机的连杆，就是由连杆体1、连杆盖2、螺母3和螺栓4等零件组成的构件。

下面再从运动的确定性及功、能关系来分析机器。如图7-2所示的内燃机是由活塞1、连杆2、曲轴3、齿轮4与5、凸轮6、推杆7以及缸体（机架）8等组成的。当燃气推动活塞往复移动时，通过连杆带动曲轴作连续转动，从而使燃气的热能转换为曲轴的机械能。另外，曲轴的运动通过齿轮，凸轮带动推杆按一定规律开闭气门，保证燃气定时进出汽缸。

凡是将其他形式的能量转换为机械能的机器称为原动机。内燃机、电动机、液压马达等都是原动机。

有些机器是利用机械能来作有用功的。凡是利用机械能作有用功的机器称为工作机。金属切削机床、起重机等都是工作机。

从上述实例可以看出，机器具有以下三个特征：
（1）机器一般是由许多构件组成的；
（2）各构件间具有确定的相对运动；
（3）机器能代替或减轻人类劳动来完成有用功或转换机械能。

当仅仅研究构件之间的相对运动，而不考虑构件在做功和能量转换方面所起的作用时，通常把具有确定相对运动、实现运动的传递或运动形式的转换的多构件组合称为机构。最简单的机器只包含一个机构,例如电动机就是由一个双杆机构组成的;大多数机器都包含若干个机构,例如内燃机就是这样。

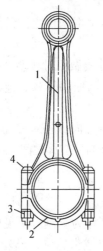

图 7-1 连杆
1—连杆体;2—连杆盖;3—螺母;4—螺栓

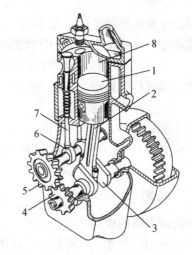

图 7-2 内燃机结构
1—活塞;2—连杆;3—曲轴;4,5—齿轮;
6—凸轮;7—推杆;8—缸体(机架)

从结构和运动的角度来看,机器与机构之间是没有区别的。因此,为了叙述方便,通常用机械一词作为机器和机构的总称。

所有构件都在同一平面或相互平行的平面内运动的机构称为平面机构,否则称为空间机构。工程中常用的是平面机构,因此本章只讨论平面机构。

7.2 运动副及其分类

机构是由具有确定相对运动的构件组成的,因此机构中各构件相互之间必定以某一种方式相连接。这种连接既不同于螺栓连接,也不同于铆接和焊接之类的刚性连接,而是在构件之间的连接处保持一定的相对运动。这种构件彼此之间直接接触并且又能产生一定相对运动的连接形式称为运动副。运动副将限制构件的一部分运动,使构件具有确定的运动方式,例如前述内燃机中活塞与气缸体的连接就组成运动副,使活塞只能沿缸体做直线运动。

按构成运动副的两构件之间的相对运动为平面运动或空间运动,可将运动副分为平面运动副和空间运动副。本章只讨论平面机构,所以也只介绍平面运动副。

运动副中,构件间的接触有点、线、面三种形式。按照构件间的接触特性,一般运动副可分为低副和高副两类。

7.2.1 低副

两构件的接触部位以面面接触所组成的运动副称为低副。根据构件之间的相对运动是转动或移动,低副又可以分为转动副和移动副。

(1) 转动副:若组成运动副的两构件之间只能绕着同一轴线做相对转动,则该运动副称为转动副或称回转副。如图 7-2 所示,内燃机中的连杆大头与曲轴轴颈、连杆小头与活塞销之间的连接均为转动副。

(2) 移动副:若组成运动副的两构件之间只能沿某一轴线方向做相对移动,则该运动副称为移动副。如图 7-2 所示,内燃机中的活塞与气缸体、推杆与气缸体之间均组成移动副。

7.2.2 高副

两构件之间的接触部位是以点或线相接触所组成的运动副称为高副。常见的高副有齿轮副和凸轮副。如图 7-2 所示,内燃机中的齿轮 4 和齿轮 5 组成齿轮副,凸轮 6 和推杆 7 组成凸轮副。

7.3 平面机构运动简图

为了便于对机构进行分析,通常不考虑构件的外形、截面尺寸和运动副的实际构造,而是用简单线条和规定的符号来表示构件和运动副,并按照一定的比例尺,绘制出各构件之间相对运动关系的图形,称为机构运动简图。

绘制平面机构运动简图时,首先应分析机构的组成及运动情况,找出机架、主动件和从动件;然后从主动件开始,按照运动传递的先后顺序,确定构件的数目、运动副的类型和数目。画图时,通常选择平面机构的运动平面作为投影面,对主动件任意给定在某一位置,选定比例,按几何作图方法,用规定的符号,画出全部构件和运动副。

下面举例说明绘制机构运动简图的方法和步骤。

【例 7-1】 绘制图 7-2 所示的单缸四冲程内燃机的机构运动简图。

解: 先分析机构的组成及运动情况,找出机架、原动件和从动件。

(1) 图 7-2 所示内燃机是由缸体 8、活塞 1、连杆 2 和曲轴 3 组成的曲柄滑块机构;由齿轮 4 与曲轴 3 固连、齿轮 5 和缸体 8 组成的齿轮机构;由凸轮 6 与齿轮 5 固连、进气门推杆 7 和缸体 8 组成的凸轮机构共同组成的。缸体 8 是固定件,是机架,在燃气推动下进行运动的活塞 1 是原动件,其余均为从动件。

(2) 根据各构件之间的相对运动性质,确定运动副的类型和数目。构件 1 和 8,7 和 8 组成移动副;构件 4 和 5,7 和 8 组成高副;构件 1 和 2,2 和 3 (4),3 和 8,5 (6) 和 8 之间均组成转动副。

(3) 选择视图平面。一般选择与多数构件的运动平面相平行的平面作为视图平面。视图平面选定后，为避免一些构件在简图上相互重叠，应使机构停稳在一般位置，而不要停在特殊位置，以便绘制机构运动简图。该机构为平面机构，故选与各机构的运动平面相平行的平面（即与齿轮轴线相垂首的平面）为视图平面。

（4）测出各运动副之间的位置，并选取适当的长度比例尺，用构件和运动副的规定符号绘出内燃机机构运动简图，如图 7-3 所示。

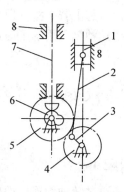

图 7-3 内燃机机构运动简图
1—活塞；2—连杆；3—曲轴；4，5—齿轮；6—凸轮；7—推杆；8—缸体（支架）

第 8 章　平面连杆机构

平面连杆机构又称平面低副机构，是由若干构件通过平面低副连接而成。平面连杆机构的形式很多，应用很广。本章介绍几种最常用的平面连杆机构。

8.1　铰链四杆机构

8.1.1　铰链四杆机构的类型和应用

在四杆机构中，所有的构件都是通过转动副连接而成的，则称为铰链四杆机构。在铰链四杆机构中，固定不动的构件称为机架；与机架相连的两个构件称为连架杆，连架杆如果能绕机架做整周回转的称为曲柄，不能绕机架做整周回转的称为摇杆；不与机架相连的构件称为连杆。如图 8-1 所示，构件 4 为机架，构件 1 和构件 3 为连架杆，构件 2 为连杆。

1. 曲柄摇杆机构

在铰链四杆机构中，如果两个连架杆一个为曲柄，另一个为摇杆，则这种机构称为曲柄摇杆机构。如图 8-2 所示汽车前窗雨刷器控制机构、图 8-3 所示脚踏砂轮机机构等都是曲柄摇杆机构的应用实例。

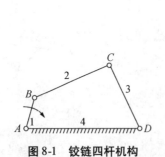

图 8-1　铰链四杆机构
1、3—连架杆；2—连杆；4—机架

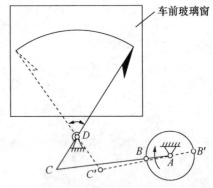

图 8-2　汽车前窗雨刷器

曲柄摇杆机构在使用中，若取曲柄为原动件，如图 8-2 中的 AB 构件，则可将曲柄的连续回转运动转变为摇杆的往复摆动。若取摇杆为原动件，如图 8-3 中的 CD 构件，则可将其往复摆动转变为曲柄的整周转动。

2. 双曲柄机构

在铰链四杆机构中，如果两连架杆均为曲柄，则这种机构称为双曲柄机构。通常取其中一个曲柄为原动件且作等速转动，另一曲柄为从动件，一般作变速转动，也可作等速转动。

如图 8-4 所示的惯性筛即为双曲柄机构的应用实例。当从动曲柄 CD 作变速转动时，可使筛子 6 具有所要求的加速度，筛中的物料靠惯性而达到筛分的目的。

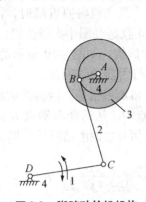

图 8-3　脚踏砂轮机机构

1—摇杆；2—连杆；3—曲柄；4—机架

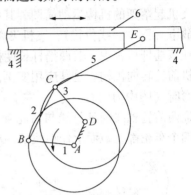

图 8-4　惯性筛机构

1, 3—曲柄；2, 5—连杆；4—机架；6—筛子

在双曲柄机构中，如果连杆与机架的长度相等，两个曲柄的长度也相等，并组成平行四边形，则称为平行双曲柄机构或平行四边形机构，如图 8-5 所示。其特点为两曲柄 AB 与 CD 长度相等，并始终作等速、同向转动，连杆也始终作平动。如图 8-6 所示的机车车轮联动机构为平行双曲柄机构的应用实例。

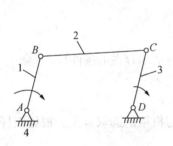

图 8-5　平行双曲柄机构

1, 3—曲柄；2—连杆；4—机架

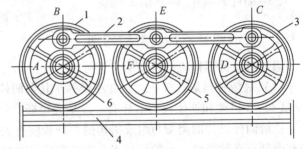

图 8-6　机车车轮联动机构

1, 3, 5—曲柄；2—连杆；4—机架；6—机车车轮

如果双曲柄机构的对边构件长度相等而不平行，则称为反双曲柄机构或反平行四边形机构，如图 8-7 所示。其特点为原动曲柄 AB 等速转动时，从动曲柄 CD 作反向变速转动。如图 8-8 所示的公共汽车的车门启闭机构就是这种机构的应用实例。

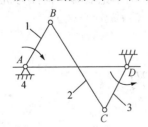

图 8-7　反双曲柄机构

1, 3—曲柄；2—连杆；4—机架

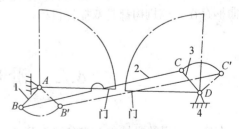

图 8-8　车门启闭机构

1, 3—曲柄；2—连杆；4—机架

3. 双摇杆机构

在铰链四杆机构中，如果两连架杆均为摇杆，这种机构称为双摇杆机构。如图8-9所示为飞机起落架的机构运动简图，其中 AB 与 CD 均为摇杆，当飞机将要着陆时，需将胶轮5放下（图中实线位置）；飞机飞离地面时，则需将胶轮5收起（图中虚线位置）。

在双摇杆机构中，若两摇杆长度相等，则称为等腰梯形机构。如图8-10所示的汽车、拖拉机前轮转向机构就是其应用实例。摇杆 AB 和 CD 分别与两前轮轴固连在一起，当车辆转弯时（图中为向右转弯），左、右两前轮摆动的角度 β 和 δ 不相等，四构件的相对长度保证两前轮轴线的延长线与后轮轴线的延长线相交于一点 O，从而使车辆绕 O 点转动时，四个车轮都在地面上作纯滚动，从而减少了转弯时轮胎相对地面滑动时的磨损。

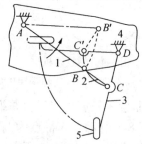

图8-9　飞机起落架机构

1，3—摇杆；2—连杆；4—机架；5—胶轮

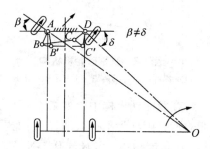

图8-10　汽车前轮转向机构

8.1.2　铰链四杆机构类型的判别

通过对铰链四杆机构运动的分析可知，铰链四杆机构有曲柄存在的条件是：

(1) 最短杆与最长杆长度之和小于等于其余两杆长度之和；

(2) 在机架和连架杆当中必有一杆是最短杆。

铰链四杆机构的类型与组成机构的各杆长度有关，也与机架的选取有关。根据四杆机构有曲柄存在的条件，一般可按下述方法判定其类型。

若最短杆与最长杆的长度之和小于等于其余两杆长度之和，则：

(1) 当取最短杆的邻边为机架时，该机构称为曲柄摇杆机构；

(2) 当取最短杆为机架时，该机构称为双曲柄机构；

(3) 当取最短杆的对边为机架时，该机构称为双摇杆机构。

若最短杆与最长杆的长度之和大于其余两杆长度之和，则不论取哪一构件为机架，均无曲柄存在，该机构都是双摇杆机构。

8.2　滑块四杆机构

在实际应用的机械中，有各式各样带有移动副的平面四杆机构，称为滑块四杆机构（简称滑块机构）。滑块四杆机构都可以看成是由铰链四杆机构演化而来的。下面介绍几种常用的滑块四杆机构。

1. 曲柄滑块机构

曲柄滑块机构可以看作是由曲柄摇杆机构演变而来的。如图 8-11（a）所示的曲柄摇杆机构，摇杆上 C 点的运动轨迹是圆弧 mm。若摇杆 CD 的长度趋于无穷大，如图 8-11（b）所示时，回转副中心 D 将位于无穷远处，C 点的运动轨迹变成了直线，转动副 D 变成移动副。如图 8-11（c）所示即演变成了曲柄滑块机构。

根据滑块导路中心线是否通过曲柄转动中心 A，曲柄滑块机构又可分为如图 8-11（c）所示的对心曲柄滑块机构和如图 8-12 所示的偏置曲柄滑块机构（偏距为 e）。

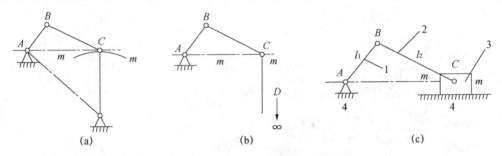

图 8-11 曲柄滑块机构的形成
1—曲柄；2—连杆；3—滑块；4—机架

对心曲柄滑块机构有曲柄存在的条件为 $l_1 \leq l_2$，偏置曲柄滑块机构有曲柄存在的条件为：$l_1 + e \leq l_2$。

曲柄滑块机构中，当以曲柄为原动件时，可将曲柄的转动转化为滑块的往复移动。它广泛应用于空气压缩机、冲床等机械中。当以滑块为原动件时，可将滑块的往复移动转化为曲柄的转动。它广泛应用于蒸汽机、内燃机等机械中。

2. 导杆机构

在图 8-11（c）所示的曲柄滑块机构中，若取构件 AB 为机架时，可得到如图 8-13 所示的导杆机构。构件 2 为原动件，构件 4 称为导杆，滑块 3 相对导杆 4 滑动并随其一起绕 A 点转动。当 $l_1 \leq l_2$ 时，构件 2 和 4 均可做整周转动，称为转动导杆机构；当 $l_1 > l_2$ 时，导杆 4 只能做往复摆动，称为摆动导杆机构。导杆机构常用作牛头刨床（摆动导杆机构）和插床（转动导杆机构）等工作机构。

3. 摇块机构

在图 8-11（c）所示的曲柄滑块机构中，若取构件 2 为机架，构件 1 可作整周回转，而滑块 3 则成了只能绕机架上 C 点做往复摆动的摇块，故称为摇块机构，如图 8-14 所示。如图 8-15 所示的载货汽车自动翻转卸料机构就是摇块机构的应用实例。

4. 定块机构

在图 8-11（c）所示的曲柄滑块机构中，如果取滑块 3 为机架，便得到如图 8-16 所示的定块机构。如图 8-17 所示的手摇唧筒就是这种定块机构的应用实例。

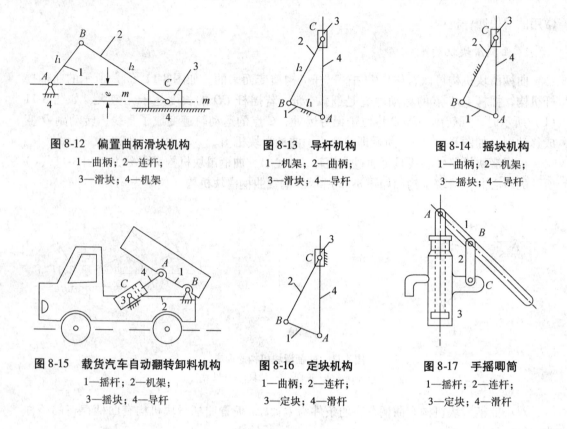

图 8-12 偏置曲柄滑块机构
1—曲柄；2—连杆；
3—滑块；4—机架

图 8-13 导杆机构
1—机架；2—曲柄；
3—滑块；4—导杆

图 8-14 摇块机构
1—曲柄；2—机架；
3—摇块；4—导杆

图 8-15 载货汽车自动翻转卸料机构
1—摇杆；2—机架；
3—摇块；4—导杆

图 8-16 定块机构
1—曲柄；2—连杆；
3—定块；4—滑杆

图 8-17 手摇唧筒
1—摇杆；2—连杆；
3—定块；4—滑杆

8.3 平面四杆机构的运动特性

8.3.1 曲柄摇杆机构的运动特性

1. 急回特性

如图 8-18 所示的曲柄摇杆机构，设曲柄 AB 为原动件，摇杆 CD 为从动件。在曲柄回转一周的过程中，曲柄 AB 与连杆 BC 有两次共线，此时摇杆 CD 分别处于左、右两个极限位置 C_1D 和 C_2D，摆角为 Ψ。

当摇杆处于两个极限位置时，曲柄在两个相应位置所夹的锐角称为极位夹角 θ。由图 8-18 可知，当曲柄以角速度 ω 等速转过 $\varphi_1 = 180° + \theta$ 时，摇杆由 C_1D 摆至 C_2D，称为工作行程，所需时间为 t_1，C 点的平均速度为 v_1；当曲柄继续转过 $\varphi_2 = 180° - \theta$ 时，摇杆由 C_2D 摆回至 C_1D，称为空回行程，所需时间为 t_2，C 点的平均速度为 v_2。不难看出，由于 $\varphi_1 > \varphi_2$，所以 $t_1 > t_2$。又由于摇杆上的 C 点从 C_1 到 C_2 和从 C_2 到 C_1 的摆角相同，而所用时间却不相同，所以往返的平均速度也不同，即 $v_2 > v_1$。这种空回行程比工作行程的平均速度较大的运动特性称为曲柄摇杆机构的急回特性。

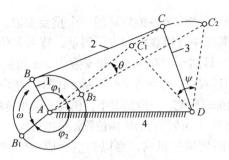

图 8-18 曲柄摇杆机构的急回特性分析
1—曲柄；2—连杆；3—摇杆；4—机架

机构的急回特性常用行程速比系数 K 表示，即：

$$K = \frac{v_2}{v_1} = \frac{t_1}{t_2} = \frac{\varphi_1}{\varphi_2} = \frac{180° + \theta}{180° - \theta} \tag{8-1}$$

由式（8-1）可见，K 值的大小取决于极位夹角 θ。当 $\theta = 0°$ 时，$K = 1$，机构没有急回特性；当 $\theta \neq 0°$ 时，$K > 1$，机构具有急回特性。K 值的大小反映了机构的急回剧烈程度，K 值愈大，机构的急回特性愈明显。

由上述分析可知，四杆机构有无急回特性，一方面取决于从动件是否存在工作和空回行程的极限位置，另一方面取决于极位夹角。当机构从动件存在极限位置，且极位夹角 $\theta \neq 0°$ 时，机构才具有急回特性。

在工程实际中，通常利用机构的急回特性来缩短非生产时间，提高劳动生产率。由式（8-1）可得到：

$$\theta = 180° \frac{K-1}{K+1} \tag{8-2}$$

设计具有急回特性的四杆机构时，通常根据工作要求先选定行程速比系数 K，然后由式（8-2）算出极位夹角，再通过作图确定各构件尺寸。

2. 压力角与传动角

实际生产对连杆机构的要求，一是能实现预定的运动规律，二是有较好的传力性能，使机构运转灵活、轻便及效率较高。机构的传力性能与其压力角有关。

如图 8-19 所示曲柄摇杆机构中，取曲柄 AB 为原动件，摇杆 CD 为从动件。若忽略各构件质量和运动副中的摩擦，则曲柄通过连杆作用于摇杆上 C 点的力 F 是沿 BC 方向的，它与受力点 C 的绝对速度 v_c 之间所夹的锐角称为压力角，

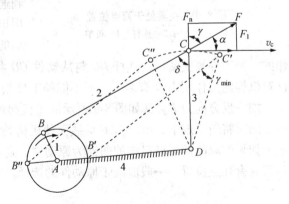

图 8-19 曲柄摇杆机构的压力角与传动角
1—曲柄；2—连杆；3—摇杆；4—机架

力 F 沿 v_c 方向的分力 $F_t = F\cos\alpha$，是推动从动件运动的有效分力；而沿摇杆轴心线方向的分力 $F_n = F\sin\alpha$ 会增大运动副中的摩擦和磨损，对机构传动不利，故称为有害分力。显

然，压力角 α 的大小是判别机构传力性能好坏的一个重要参数。

为了便于在机构运动简图中直接观察和进行测量，特引入传动角的概念。我们将压力角 α 的余角 γ 称为传动角。显然 $\gamma = 90° - \alpha$，故 γ 愈大，α 角愈小，机构的传力性能愈好。

不难看出，在机构运动过程中，传动角 γ 是不断变化的。为了保证机构具有良好的传力性能，只需对传动角的最小值加以限制。一般情况下，机构的最小传动角即 $\gamma_{min} \geq 40°$；传递较大功率时，应使 $\gamma_{min} \geq 50°$。出现最小传动角的机构位置，可由机构运动简图中直观地判定。

对于如图8-19所示的曲柄摇杆机构，当以曲柄为原动件时，最小传动角必定出现在曲柄与机架两个共线位置的其中一处。此时，传动角将出现极值，通过比较，其中 γ 值较小者即为最小传动角。

3. 死点位置

如图8-18所示的曲柄摇杆机构中，如以摇杆3为主动件，曲柄1为从动件，则机构把摇杆3的往复摆动变为曲柄1的整周转动。当摇杆3摆到两个极限位置 C_1D 和 C_2D 时，曲柄1与连杆2共线，若忽略各杆的质量、惯性力和运动副中的摩擦力，则连杆2成为二力杆。摇杆3通过连杆2作用在曲柄1上的力正好通过曲柄的转动中心 A，该力对曲柄产生的转矩为0，故不能使曲柄1转动。曲柄摇杆机构的这种位置，称为死点位置。机构有无死点位置，决定于从动件与连杆能否共线。

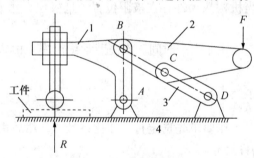

图8-20 夹具处于死点位置
1,3—摇杆；2—连杆；4—机架

机构处于死点位置时，从动件将出现不能转动或运动方向不确定的现象。为使机构能通过死点位置继续运动，需对从动曲柄施加外力或采用安装飞轮以增大从动件惯性力的方法，使机构顺利通过死点位置。例如缝纫机的踏板机构在运动过程中，就是依靠具有较大质量的大带轮的转动惯性，使机构顺利通过死点位置的。在工程上，有时也需利用机构的死点位置来进行工作。如图8-20所示的夹具，就是利用机构的死点位置进行工作的。当工件被夹紧后，连杆 BC 与从动件 CD 共线，机构处于死点位置。这时，不论工件对机构的反作用力 R 有多大，都不能使工件松开，要使工件松开，必须在连杆 BC 的手柄上加一反方向力 F。又如图8-9所示的飞机起落架也是利用了死点位置时的特性。当飞机着陆时将轮子放下，BC 与 AB 共线而使机构处于死点位置，从而保证了飞机着陆安全。

如果改取曲柄摇杆机构的曲柄为原动件，则机构的死点位置将随之消失。可见，机构是否具有死点位置，一般取决于原动件的选择。

8.3.2 曲柄滑块机构的运动特性

1. 急回特性

如图8-21所示的对心曲柄滑块机构中，由于极位夹角 $\theta = 0°$，即 $K = 1$，滑块3的工作行程和返回行程平均速度相等，所以机构没有急回特性。而如图 8-22 所示的偏置曲柄滑块机构，因其 $\theta \neq 0°$，即 $K > 1$，所以机构有急回特性。

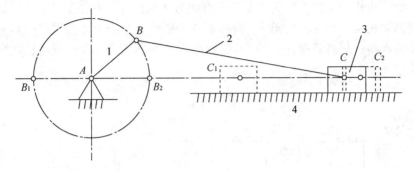

图 8-21　对心曲柄滑块机构的急回特性
1—曲柄；2—连杆；3—滑块；4—机架

2. 死点位置

如图 8-21 和图 8-22 所示的曲柄滑块机构中，若以滑块 3 为主动件，则当滑块 3 运动到两个极限位置时，连杆 2 与曲柄 1 处于共线位置，故机构处于死点位置。为了使机构越过死点位置而连续运动，可采用如图 8-23 所示的死点位置互相错开的几个曲柄滑块机构，使其共同控制一个从动曲柄。这种方法在多缸发动机已得到应用。

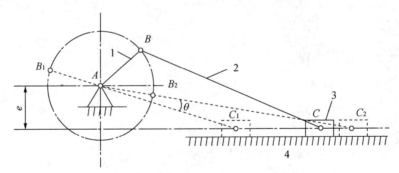

图 8-22　偏置曲柄滑块机构的急回特性
1—曲柄；2—连杆；3—滑块；4—机架

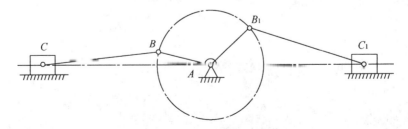

图 8-23　死点位置错开的曲柄滑块机构

3. 传动角

在曲柄滑块机构中,当曲柄为主动件而滑块为从动件时,不论是对心曲柄滑块机构还是偏置曲柄滑块机构,最小传动角 γ_{min} 均出现在曲柄垂直于滑块导路的瞬时位置:前者两次出现最小传动角;后者只有在曲柄 AB 转到如图 8-24 所示的 AB 位置时,机构才产生最小传动角 γ_{min}。

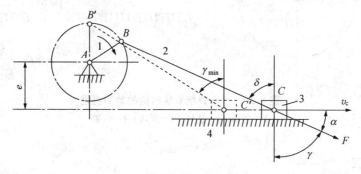

图 8-24 曲柄滑块机构的最小传动角
1—曲柄;2—连杆;3—滑块;4—机架

第 9 章 凸轮机构

9.1 凸轮机构的应用和分类

9.1.1 凸轮机构的应用和组成

在各种自动化和半自动化机械中，广泛地应用着各种凸轮机构。凸轮机构的作用主要是将凸轮的连续转动转化成从动推杆的往复移动或摆动。凸轮机构的应用举例如下。

(1) 在如图 9-1 所示的自动车床进刀机构中，当凸轮按顺时针方向转动时，推动摆杆摆动，再经齿轮齿条，使刀架和刀具向左移动而完成送刀动作。

(2) 如图 9-2 所示为一内燃机中控制进、排气门开启和关闭时间的凸轮机构。当凸轮连续转动时，从动推杆通过机械传动控制气门作断续地往复移动，从而控制气门的开闭。

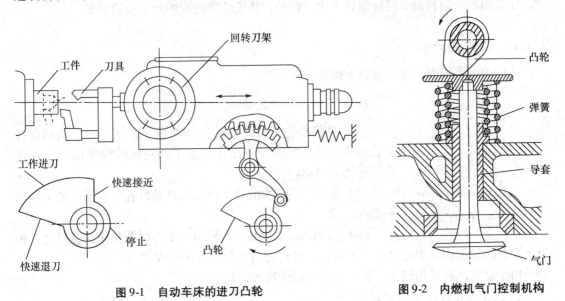

图 9-1 自动车床的进刀凸轮　　　　图 9-2 内燃机气门控制机构

(3) 如图 9-3 所示为一自动机床的送料机构。当圆柱形凸轮连续回转时，从动杆作间歇的往复摆动，从而带动滑板往复移动而完成送料动作。

(4) 如图 9-4 所示为自动机床中控制横刀架的凸轮组示意图。当凸轮轴连续回转时，轴上的两个凸轮使刀架协调地依次运动，从而完成零件加工所要求的进刀、退刀动作循环。

从以上实例可以看出，凸轮机构主要由凸轮、从动杆和机架组成。

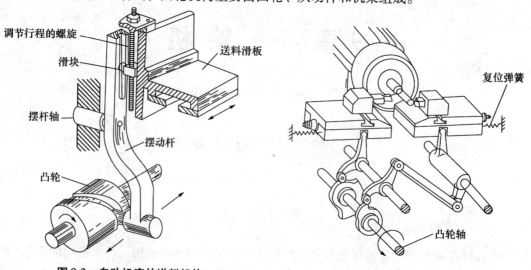

图9-3 自动机床的送料机构　　　图9-4 自动机床中的凸轮组

凸轮机构的优点主要是：只要具有适当的凸轮轮廓，就可以使从动杆得到任意预定的运动规律；其结构简单紧凑，设计也较方便，故在各种自动机械中得到广泛应用。凸轮机构的缺点主要是：凸轮与从动杆为点接触或线接触，较易磨损，故通常用于受力不大的地方，比如用在控制和调节的仪器仪表中。此外，凸轮轮廓曲线的加工也较困难。

9.1.2 凸轮的分类

凸轮的种类很多，通常按以下四种方法分类。

1. 按凸轮形状分类

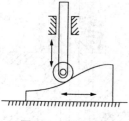

图9-5 移动凸轮

（1）盘状凸轮：如图9-1、图9-2所示。工作时，从动推杆随着凸轮回转半径的变化而在垂直于凸轮轴线的平面内作往复直线运动或摆动。

（2）圆柱凸轮：如图9-3所示。从动杆在平行于凸轮轴线的平面内运动。

（3）移动凸轮：如图9-5所示。工作时凸轮作往复移动，相当于盘状凸轮的回转中心趋近于无穷远，这时的盘状凸轮就转变成移动凸轮。

由于盘状凸轮使用较多，故本章主要讨论这种凸轮。

2. 按从动杆的运动方式分类

（1）移动从动推杆凸轮机构：如图9-2所示。

（2）摆动从动推杆凸轮机构：如图9-1所示。

3. 按从动杆端部形状分类

（1）尖顶从动杆凸轮机构：如图9-6（a）所示。这种从动杆结构简单，且能与复杂的凸轮轮廓保持接触，因而从动杆可以实现复杂的运动规律。但因尖顶易于磨损，故只宜用于传力不大的低速凸轮机构中。

（2）滚子从动杆凸轮机构：如图9-6（b）所示。由于滚子与凸轮间的摩擦小，不易磨损，故应用最广。

（3）平底从动杆凸轮机构：如图9-6（c）所示。平底从动杆在高速工作时较易形成油膜而减少摩擦、磨损，但不能用于凸轮轮廓呈凹形的场合。

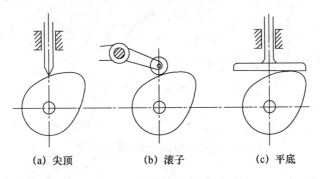

(a) 尖顶　　　　(b) 滚子　　　　(c) 平底

图9-6　从动杆的端部形状

4. 按锁合方式分类

（1）力锁合：如图9-2所示。力锁合是利用弹簧力或靠从动杆重量等外力来达到锁合目的的。

（2）形锁合：由凸轮和从动杆的几何形状来保证锁合。如图9-7中将凸轮轮廓曲线做成凹槽形，将从动杆上的滚子嵌入凹槽内，从而达到锁合的目的。又如图9-8所示是一种等宽度的凸轮，也是属于形锁合的。

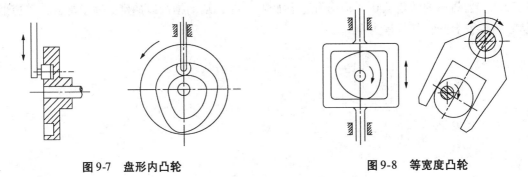

图9-7　盘形内凸轮　　　　　　　图9-8　等宽度凸轮

9.2　从动推杆的常用运动规律

在图9-9所示的凸轮机构中，从动推杆在最低位置时，从动推杆尖顶在 a 点（如图9-9（a）所示）。以凸轮的最小半径所作的圆称为基圆，最小半径称为基圆半径，用 r_b 表示。当凸轮按逆时针方向转过一个角度 δ 时（如图9-9（b）所示），从动推杆将上升一段距离，即产生一位移 s。当凸轮转过 δ_0 时，从动推杆到达最高位置（如图9-9（c）所示），此时从动推杆的最大位移称为行程 h。如果将从动推杆的位移 s 与凸轮转角 δ 的关系用曲线表示（如图9-9（d）所示），则此曲线称为从动推杆的位移曲线，或称 s-δ 曲线。

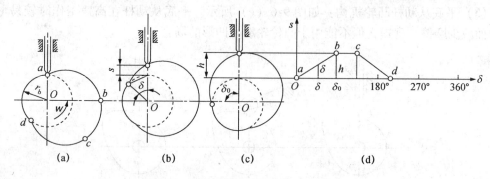

图9-9 凸轮机构的位移曲线（s-δ 曲线）

由图9-9可以看出，从动推杆的位移 s 是随凸轮转角 δ 的变化而变化的，因而也是随时间变化而变化的（因为 $\delta = \omega t$）。因此，当凸轮以一定的角速度 ω 旋转时，从动杆的位移 s、速度 v 和加速度 a 的变化规律，也都由凸轮的轮廓所决定。在设计凸轮轮廓时，应按机器工作时的要求和特点来选定从动推杆的运动规律，然后设计出凸轮应有的轮廓曲线。

下面介绍两种常用的从动推杆运动规律。

9.2.1 等速运动规律

在图9-10（a）所示的凸轮机构中，凸轮以角速度 ω 等于常数，按逆时针方向作等角速转动。当凸轮的转角从0开始均匀地增加到 δ_0 时，从动推杆以速度 v 等于常数，等速地从起始位置上升，其行程为 h。

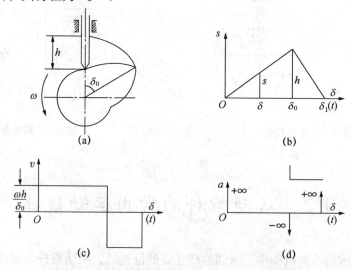

图9-10 等速运动的位移、速度、加速度曲线

由理论力学可知，等速运动中位移（从动推杆的位移）s 与时间 t 关系为：

$$s = vt \qquad (a)$$

同样，凸轮的转角 δ 与时间 t 的关系为：

$$\delta = \omega t \qquad (b)$$

由（a）、（b）两式消去 t，可得：

$$s = \frac{v}{\omega}\delta \qquad (c)$$

式中 v 和 ω 都是常数，所以位移 s 和转角 δ 成正比关系。因此，从动推杆的位移曲线（s-δ 曲线）为斜直线（如图 9-10（b）所示）。

当 $\delta = \delta_0$ 时，从动推杆的位移 $s = h$，将这些关系代入（c）式，可得到从动推杆上升时的速度 v 为：

$$v = \frac{h\omega}{\delta_0} \qquad (9\text{-}1)$$

再将式（9-1）代入（c）式，即可得到位移曲线方程：

$$s = \frac{h}{\delta_0}\delta \qquad (9\text{-}2)$$

当凸轮的转角 $\delta > \delta_0$ 时，从动推杆等速地下降，故 s-δ 曲线发生转折而变为另一斜直线（如图 9-10（b）所示）。

由于 $\delta = \omega t = $ 常数 $\times t$，故位移曲线的横坐标 δ 也就反映了时间 t 的坐标，用（t）表示。故位移、速度和加速度曲线——s-δ、v-δ、a-δ 曲线，也可看成是 s-t、v-t 和 a-t 曲线。因为 $s = f(t)$、$v = ds/dt$、$a = dv/dt$，所以位移、速度和加速度曲线所表示的函数关系，正好依次存在着一次导数的关系。这样可以帮助我们来分析从动推杆的运动规律。

从动推杆在等速上升过程中，速度不随凸轮转角 δ 而变，故速度曲线（v-δ 曲线）为一水平直线，如图 9-10（c）所示。当从动推杆向上运动时，速度为正值；从动推杆向下运动时，速度为负值。因此，在 s-δ 曲线转折处，v-δ 曲线发生突变（间断）。

从动推杆作等速运动时，其加速度 $a = 0$，所以加速度曲线（a-δ 曲线）为与 δ 轴相重合的水平直线。但在 s-δ 曲线的转折处，由于速度发生突变（如图 9-10（c）所示），将使从动推杆的瞬时加速度 a，在理论上趋于无穷大，以致引起无穷大的惯性力，使凸轮机构发生刚性冲击。因此，这种运动规律只宜用于低速的场合。为了避免刚性冲击，通常是修改位移曲线，使其在转折处改成与直线相切的圆弧过渡，或采用其他运动规律。

在金属切削机床自动进刀等运动中，常采用等速运动规律。

9.2.2 等加速、等减速运动规律

凸轮转速较高时，为了避免刚性冲击，可以采用等加速、等减速运动规律。

设凸轮以等角速 ω 转动，当转角 δ 从 0 增加到 δ_0 时，从动推杆上升的距离（行程）为 h_0。为了使从动推杆在运动开始和终止时的速度不发生突变，通常将从动推杆的整个行程 h 分为两段：前半段 $h/2$ 为等加速上升，后半段 $h/2$ 为等减速上升。在这两段时间内，加速度的绝对值相等。

根据理论力学知识，最后得到从动推杆位移、速度、加速度与凸轮转角的关系曲线

方程：

$$s = \frac{2h}{\delta_0^2}\delta^2 \tag{9-3}$$

$$v = \frac{4h\omega}{\delta_0^2}\delta \tag{9-4}$$

$$a = \frac{4h\omega^2}{\delta_0^2} \tag{9-5}$$

$s\text{-}\delta$ 曲线可以通过下面介绍的作图方法作出。

设已知凸轮的转角从 0 增加到 δ_0 时，从动推杆上升的距离为 h，作图的步骤为：

（1）选取横坐标轴代表 δ，纵坐标轴代表 s，如图 9-11（a）所示；

（2）按适当的比例，在 δ 坐标轴上找出代表 $\delta_0/2$ 的一点，并过此点作出垂直向上的直线，在此直线上找出一点，使其纵坐标代表 $h/2$；

（3）将代表 $\delta_0/2$ 和 $h/2$ 的两线段，分成相同的等分，图 9-11（a）中取为四等分，分别得到各等分点 1、2、3、4 和 $1'$、$2'$、$3'$、$4'$；

（4）从原点 O 开始，作各斜直线 $O1'$、$O2'$、$O3'$、$O4'$；再过 1、2、3、4 各点作垂直向上的直线，各斜直线与相应的铅垂线分别相交于 $1''$、$2''$、$3''$、$4''$ 各点；

（5）连接 $1''$、$2''$、$3''$、$4''$ 各点成光滑的曲线，即为所求的等加速上升的 $s\text{-}\delta$ 曲线。

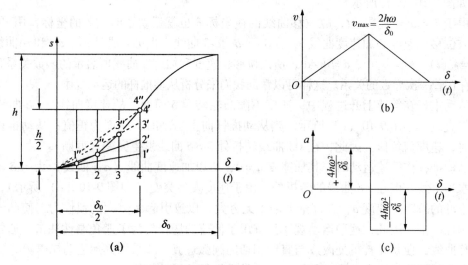

图 9-11　等加速等减速运动的位移、速度、加速度曲线

第 10 章 螺纹连接

生产实践中广泛地应用着螺纹零件,如螺栓、丝杠和螺母等。利用螺纹零件将两个或两个以上的零件相对固定起来的连接,称为螺纹连接。

螺纹连接具有结构简单、装拆方便及连接可靠等优点,在机械制造和工程结构中应用甚广。大多数螺纹和螺纹零件均已标准化,并有专门工厂生产。

10.1 螺纹的形成、类型和主要参数

10.1.1 螺纹的形成和类型

如图 10-1(a)所示,将一直角三角形(底边 AB 长为 πd)绕在直径为 d 的圆柱体上,同时使底边 AB 与圆柱体端面圆周线重合,则此直角三角形的斜边在圆柱体的表面上形成一条螺旋线。用不同形状的车刀沿螺旋线可切制出三角形、矩形、梯形和锯齿形的螺纹(如图 10-1 所示)。

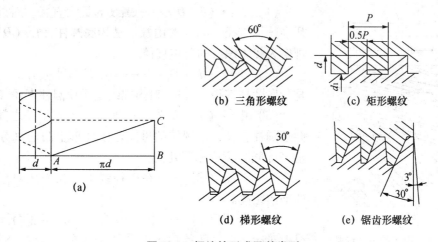

图 10-1 螺纹的形成及其类型

在圆柱体上沿一条螺旋线切制的螺纹,称为单线螺纹,如图 10-2(a)所示;也可沿两条、三条螺旋线分别切制出双线螺纹和三线螺纹,如图 10-2(b)、(c)所示。单线螺纹主要用于连接,多线螺纹主要用于传动。

按螺旋线绕行方向的不同,又有右旋螺纹和左旋螺纹之分(如图 10-3 所示)。通常采用右旋螺纹,左旋螺纹仅用于有特殊要求的场合。

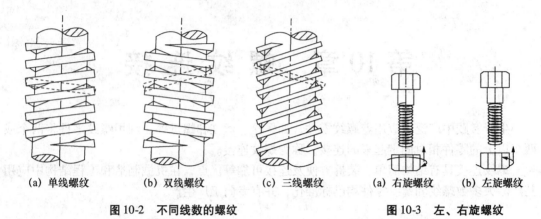

(a) 单线螺纹　　(b) 双线螺纹　　(c) 三线螺纹　　　　(a) 右旋螺纹　　(b) 左旋螺纹

图 10-2　不同线数的螺纹　　　　　　　　图 10-3　左、右旋螺纹

螺纹有外螺纹和内螺纹之分。在圆柱体外表面上形成的螺纹，称为外螺纹；在圆柱体的内表面上形成的螺纹，称为内螺纹。

连接螺纹还可分为普通螺纹、英寸制螺纹、管螺纹和锥螺纹等。普通螺纹又有粗牙和细牙两种。公称直径相同时，细牙螺纹的螺距小，升角小，自锁性好，螺杆强度较高，适用于受冲击、振动和变载荷的连接以及薄壁零件的连接。细牙螺纹比粗牙螺纹的耐磨性差，不宜经常拆卸，故生产实践中广泛使用粗牙螺纹。

10.1.2　螺纹的主要参数

现以图 10-4 所示的三角形外螺纹为例说明螺蚊的主要参数。

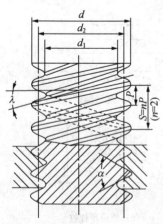

图 10-4　螺纹的主要参数

(1) 大径（d、D）——螺纹的最大直径。对外螺纹是牙顶圆柱直径（d），对内螺纹是牙底圆柱直径（D）。标准规定大径为螺纹的公称直径。

(2) 小径（d_1、D_1）——螺纹的最小直径。对外螺纹是牙底圆柱直径（d_1），对内螺纹是牙顶圆柱直径（D_1）。

(3) 中径（d_2、D_2）——处于大径和小径之间的一个假想圆柱直径，该圆柱的母线位于牙形上凸起（牙）和沟槽（牙间）宽度相等处。

(4) 螺距（P）——在中径线上，相邻牙对应两点间的轴向距离。

(5) 导程（S）——同一螺旋线上，相邻两牙在中径线上对应两点之间的轴向距离。对于单线螺纹，$S = P$；对于线数为 n 的多线螺蚊，$S = nP$。

(6) 牙形角（α）——在轴向截面内螺纹牙形两侧边的夹角。

(7) 升角（λ）——在中径圆柱体上螺旋线的切线与垂直于螺纹轴线的平面间的夹角，用来表示螺旋线的倾斜程度。其计算式为：

$$\mathrm{tg}\lambda = \frac{S}{\pi d_2} = \frac{nP}{\pi d_2} \tag{10-1}$$

10.2 螺旋副的受力分析、自锁和效率

10.2.1 矩形螺纹（牙形角 $\alpha = 0°$）

1. 螺旋副的受力分析

如图 10-5（a）所示，举重螺杆的举重量为 Q，当对螺杆加一转矩 T 后，重物将被举起。设 Q 均匀分布在各圈螺纹的工作面上，如图 10-5（b）所示。为了分析方便，现将螺杆简化为一个滑块，如图 10-5（c）所示，并假定 Q 力集中作用在滑块上。在圆周力 F 的推动下，滑块沿螺母的螺纹斜面上升。

若按螺母螺纹中径圆柱展开，则螺纹牙在展开图上变成一斜面，如图 10-5（d）所示。滑块沿斜面等速上升时，在载荷 Q、圆周力 F、法向反力 N、摩擦力 F_f 的共同作用下，滑块处于平衡状态。由于 N 和 F_f 可合成全反力 R（R 与 N 的夹角 ρ 为摩擦角），故滑块将在 Q、F、R 作用下处于平衡状态。由力的封闭三角形可得到：

$$F = Q \,\text{tg}\,(\lambda + \rho) \tag{10-2}$$

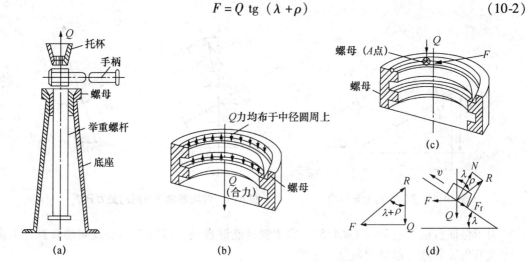

图 10-5　矩形螺纹螺旋副的受力分析

当螺旋副转动时，为克服螺纹中的阻力所需的转矩为：

$$T = F \frac{d_2}{2} = \frac{Q d_2}{2} \,\text{tg}\,(\lambda + \rho) \tag{10-3}$$

2. 螺旋传动的效率

螺杆转动一周时转矩 T 所做的功为：

$$A_1 = 2\pi T = Q \pi d_2 \,\text{tg}\,(\lambda + \rho)$$

因螺杆转动一周时，重物上升的距离为导程 S（如图 10-6 所示），故举升重物所做的有效功为：

$$A_2 = QS = Q\pi d_2 \mathrm{tg}\lambda$$

因此，螺旋传动的效率为：

$$\eta = \frac{Q\pi d_2 \mathrm{tg}\lambda}{Q\pi d_2 \mathrm{tg}(\lambda+\rho)} = \frac{\mathrm{tg}\lambda}{\mathrm{tg}(\lambda+\rho)} \tag{10-4}$$

3. 螺纹的自锁

如图 10-7（a）所示，当滑块沿斜面等速下滑时，摩擦力 F_f 的方向沿斜面向上。F 为支持力，Q 为主动力。F_f 和法向力 N 合成全反力 R。由图 10-7（b）中力的封闭三角形得：

$$F = Q\mathrm{tg}(\lambda - \rho) \tag{10-5}$$

由式（10-5）可知，若 $\lambda < \rho$，则 $F < 0$。这就是说，在 $\lambda < \rho$ 时，为了使滑块沿斜面等速下滑，需要给滑块加一力 F，其大小按式（10-5）计算，方向与图 10-7 所示的 F 方向相反。如果不给滑块加一力 F，则不论轴向载荷 Q 多大，滑块都不会自行滑下，即不论举重螺杆举升重量 Q 有多大，螺杆都不会自动下降，这种现象称为自锁。自锁条件为：

$$\lambda < \rho \tag{10-6}$$

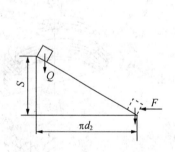

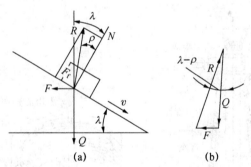

图 10-6　滑块等速上升做功　　　图 10-7　滑块等速下降时的受力分析

为了保证自锁，通常取 $\lambda \leq 4.5°$。举重螺杆能够自锁，可以不用装设制动装置。但由于螺纹升角 λ 较小，故效率较低。

10.2.2　其他螺纹（牙形角 $\alpha \neq 0°$）

牙形角不等于零的螺纹有三角形、梯形、锯齿形螺纹。螺旋副工作时，螺杆与螺母在转矩 T 的作用下相对转动，并承受轴向载荷 Q，螺杆牙下表面沿螺母牙的上表面移动，如图 10-8（a）所示。此种情况相当于槽面摩擦，如图 10-8（b）所示。将分析矩形螺纹所得各公式中的摩擦系数 f 和摩擦角 ρ 换成当量摩擦系数 $f_v = f/\cos\frac{\alpha}{2}$ 和当量摩擦角 $\rho_v = \mathrm{arctg} f_v$，即得牙形角不等于零的螺纹的圆周力 F、转矩 T 和效率 η 的计算公式为：

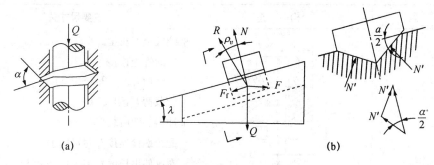

图 10-8 三角形螺纹副的受力分析

$$F = Q\text{tg}(\lambda + \rho_v) \tag{10-7}$$

$$T = \frac{1}{2}d_2 Q\text{tg}(\lambda + \rho_v) \tag{10-8}$$

$$\eta = \frac{\text{tg}\lambda}{\text{tg}(\lambda + \rho_v)} \tag{10-9}$$

旋松螺纹时，施加的力为：

$$F = Q\text{tg}(\lambda - \rho_v) \tag{10-10}$$

自锁条件为：

$$\lambda < \rho_v \tag{10-11}$$

分析上述几个公式，可得出如下结论。

（1）为了提高螺旋传动的效率，传动用螺纹应该采用多头螺纹，因为多头螺蚊的升角较大。

（2）为了连接可靠，连接用螺纹应该采用单线三角形螺纹。因为三角形螺纹的当量摩擦系数 $f_v > f$，摩擦角 $\rho_v > \rho$，所以自锁性好，连接可靠性高。细牙螺纹比粗牙螺纹的升角小，故对连接紧密性要求较高的场合，应采用细牙螺纹。

（3）传动螺纹多采用矩形螺纹、梯形螺纹和锯齿形螺纹。因为它们比三角形螺纹的当量摩擦角大，所以传动效率高。

10.3 螺纹连接的基本类型和螺纹连接件

10.3.1 螺纹连接的基本类型

螺纹连接的基本类型有螺栓连接、双头螺柱连接、螺钉连接和紧定螺钉连接。它们的结构和尺寸关系参见表 10-1。

表 10-1 螺纹连接基本类型的结构和尺寸

类型	构造	主要尺寸关系
螺栓连接		螺纹余留长度 l_1 普通螺栓连接 静载荷 $l_1 \geq (0.3\sim0.5)d$ 变载荷 $l_1 \geq 0.75d$ 冲击、弯曲载荷 $l_1 \geq d$ 配合螺栓连接 l_1 尽可能小 螺纹伸出长度 $l_2 \approx (0.2\sim0.3)d$ 螺栓轴线到被连接件边缘的距离 $e = d + (3\sim6)$ mm
双头螺柱连接		螺纹旋入深度 l_3，当螺纹孔零件为 钢或青铜 $l_3 \approx d$ 铸铁 $l_3 \approx (1.25\sim1.5)d$ 铝合金 $l_3 \approx (1.25\sim2.5)d$ 螺纹孔深度 $l_4 \approx l_3 + (2\sim2.5)P$ 钻孔深度 $l_5 \approx l_4 + (0.2\sim0.3)d$ l_1、l_2、e 同上
螺钉连接		l_1、l_3、l_4、l_5、e 同上
紧定螺钉连接		$d \approx (0.2\sim0.3)d_s$ 转矩大时取大值

（1）螺栓连接。螺栓连接是将螺栓穿过被连接件的孔，然后拧紧螺母，将被连接件连接起来。螺栓连接分为普通螺栓连接和配合螺栓连接。前者螺栓杆与孔壁之间留有间隙，

后者螺栓杆与孔壁之间没有间隙，常采用基孔制过渡配合。螺栓连接无须在被连接件上切制螺纹孔，所以结构简单，装拆方便，应用广泛。这种连接适用于被连接件不太厚并能从被连接件两边进行装配的场合。

（2）双头螺柱连接。双头螺柱连接是将双头螺柱的一端旋紧在被连接件之一的螺纹孔中，另一端则穿过其余被连接件的通孔，然后拧紧螺母，将被连接件连接起来。这种连接适用于被连接件之一太厚，不能采用螺栓连接或希望连接结构较紧凑，且需经常装拆的场合。

（3）螺钉连接。螺钉连接是将螺钉穿过一被连接件的通孔，然后旋入另一被连接件的螺纹孔中。这种连接不用螺母，有光整的外露表面，它适用于被连接件之一太厚且不经常装拆的场合。

（4）紧定螺钉连接。紧定螺钉连接是将紧定螺钉旋入被连接件之一的螺纹孔中，并以其末端顶住另一被连接件的表面或顶入相应的凹坑中，以固定两个零件的相互位置。这种连接多用于轴与轴上零件的连接，并可传递不大的载荷。

10.3.2　螺纹连接件

螺纹连接件有螺栓、双头螺柱、螺钉、紧定螺钉、螺母、垫圈、防松零件等，它们多为标准件，其结构、尺寸在国家标准中都有规定。它们的公称尺寸均为螺纹大径 d，设计时应根据标准选用。

（1）螺栓。螺栓类型很多，常用的结构形式如图 10-9 所示。螺栓的一部分为制有螺纹的螺杆，另一部分为螺栓头。螺栓头部形状很多，如六角头、方头、圆柱头和 T 形头等，应用最多的是六角头。

（2）双头螺柱。双头螺柱的结构为两端均制有螺纹的螺杆，如图 10-10 所示。双头螺柱两端螺纹的公称直径及螺距相同，但两端螺纹长度有不等或相等之分。

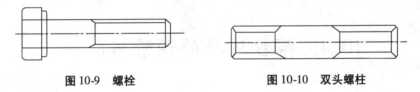

图 10-9　螺栓　　　　　　　　图 10-10　双头螺柱

（3）螺钉。螺钉结构与螺栓相似，如图 10-11 所示。螺钉的结构形式有六角头螺钉、内六角沉头螺钉、开槽浅沉头螺钉、开槽圆头螺钉等。

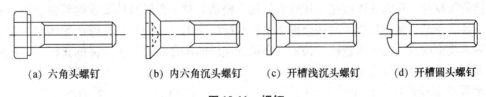

(a) 六角头螺钉　　(b) 内六角沉头螺钉　　(c) 开槽浅沉头螺钉　　(d) 开槽圆头螺钉

图 10-11　螺钉

（4）紧定螺钉。紧定螺钉沿杆全长或部分长度制有螺纹，如图 10-12 所示。末端的形状有倒角端、圆柱端、锥端等。倒角端用于接触面硬度较高的连接，锥端用于接触面硬度较低的连接，圆柱端用于传递较大的载荷。

(a) 开槽锥端紧定螺钉 (b) 开槽长圆柱端紧定螺钉 (c) 开槽倒角端紧定螺钉 (d) 六角头短圆柱截锥端紧定螺钉

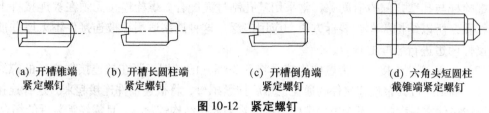

图 10-12 紧定螺钉

（5）螺母。常见的螺母形状有六角螺母、方螺母、圆螺母等，如图 10-13 所示。其中以六角螺母应用最为普遍。六角螺母又有厚薄的区别，薄螺母用于尺寸受限制的地方，厚螺母用于经常装拆易于磨损之处。轴上零件要求轴向固定时，可采用圆螺母。

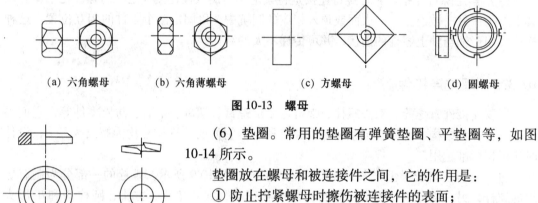

(a) 六角螺母 (b) 六角薄螺母 (c) 方螺母 (d) 圆螺母

图 10-13 螺母

(a) 平垫圈 (b) 弹簧垫圈

图 10-14 垫圈

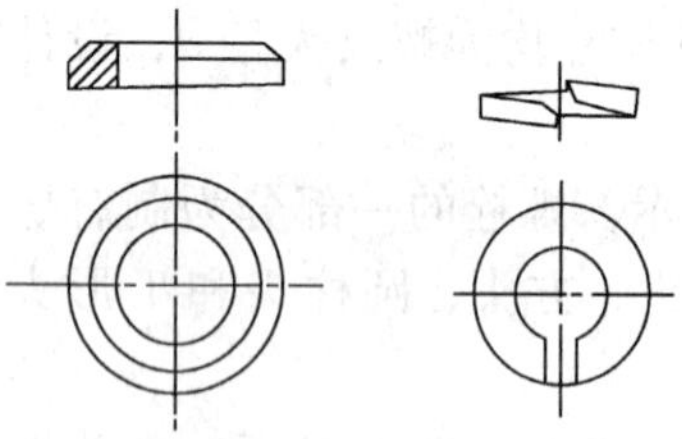

（6）垫圈。常用的垫圈有弹簧垫圈、平垫圈等，如图 10-14 所示。

垫圈放在螺母和被连接件之间，它的作用是：

① 防止拧紧螺母时擦伤被连接件的表面；

② 垫平被连接件的支承面，避免螺杆受到附加的偏心载荷；

③ 增加被连接件的支承面积，减少接触处的挤压应力；

④ 有的垫圈还可以防止连接松动。

10.4 螺栓连接的预紧与防松

10.4.1 螺栓连接的预紧

螺栓连接在装配时都要拧紧螺母，使螺栓连接受到预紧力的作用。螺栓连接的预紧增强了连接的可靠性，可防止连接在工作载荷作用下松动。对于有气密性要求的管路、压力容器等的连接，预紧可使被连接件的接合面在工作载荷的作用下，仍具有足够的紧密性，避免泄漏。对承受横向载荷的螺栓连接，预紧力在被连接件的接合面间产生所需的正压力，从而使接合面间产生的总摩擦力足以平衡外载荷。由此可知，预紧在螺栓连接中起着重要的作用。

重要的螺栓连接，装配时应严格控制预紧力。通常有两种控制预紧力的方法：

（1）采用定力矩扳手；

（2）采用测力矩扳手。

重要的螺栓连接应尽量不采用小于 M12～M16 的螺栓，以免装配时由于锁紧力过大而被拧断。

10.4.2 螺栓连接的防松

螺栓连接的防松就是防止螺纹副的相对转动。螺栓连接采用三角形螺纹时，由于标准螺纹的升角比较小，而当量摩擦角较大，故连接具有自锁性。在静载荷作用下，工作温度变化不大时，这种自锁性可以防止螺母松脱，但如果连接是在冲击、振动、变载荷作用下或工作温度变化很大时，螺栓连接则可能松动。连接松脱往往会造成严重事故，因此设计螺栓连接时，应考虑防松的措施。

防松的方法很多，常用的防松方法可参见表 10-2。

表 10-2 常用的防松方法

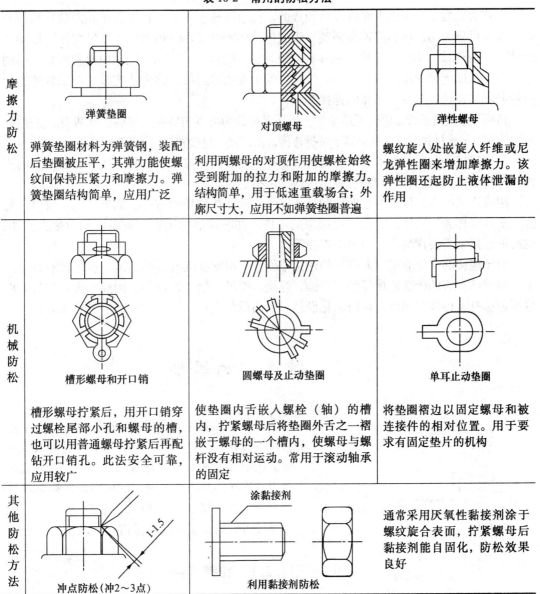

第11章 键连接

11.1 键连接概述

所有的机器都是由多个零件连接而成的。按组成连接的零件在工作中相对位置是否变化，连接可分为动连接和静连接两类。组成连接的零件工作时相对位置发生变化（即构成运动副）的连接，称为动连接，例如轴与滑动轴承的连接、车床主轴箱中滑移齿轮与轴的连接等。组成连接的零件工作时相对位置不发生变化的连接，称为静连接，例如减速器中齿轮与轴的连接、箱盖与箱体的连接等。

按拆开连接时是否需要破坏连接件，连接又可分为可拆连接和不可拆连接两类。键连接、花键连接、销连接和螺纹连接等属于可拆连接，而铆接、焊接和粘接等则属于不可拆连接。

过盈连接是利用材料本身的弹性变形，在一定装配过盈量下使被连接件套装起来的连接。采用不同的过盈量可得到可拆连接或不可拆连接。

组成连接的零件可分为连接件和被连接件。起连接作用的零件，如键、销、铆钉、螺栓、螺母等称为连接件；需要连接起来的零件，如减速器的箱盖、箱座等称为被连接件。也有的连接不需要连接件，如过盈连接等。

由于连接的广泛应用，大多数的连接零件都有国家标准或部颁标准，有的还有行业规范。目前已实施的标准连接零件有平键、螺栓、螺母、销、铆钉等。因此，设计连接时应尽量遵循有关标准和规范，以便简化设计，提高设计质量，降低设计和生产的成本。

11.2 键连接的类型

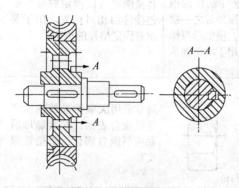

图 11-1 键连接

在各种机器上都有很多转动零件，如飞轮、带轮、齿轮、凸轮和蜗轮等。这些零件和轴大多数采用键或花键连接，如图 11-1 所示。键连接的功用是连接转动零件与轴，以传递运动和动力。

根据键连接的结构和承受载荷情况的不同，键连接可分为松键连接和紧键连接两类。

11.2.1 松键连接

松键连接分为平键连接和半圆键连接两类。

1. 平键连接

平键可分为普通平键、导向平键和滑键三种。

(1) 普通平键连接。

如图 11-2 所示，普通平键的上表面与下表面互相平行，两个侧面也互相平行，其端部结构有圆头（A 型）、平头（B 型）和单圆头（C 型）三种。采用普通圆头平键时，轴上的键槽宜用端铣刀加工，如图 11-3（a）所示，其优点是键在键槽中的固定较好，但键槽端部的应力集中较大。采用普通平头平键时，轴上的键槽宜用圆盘铣刀加工，如图 11-3（b）所示，其优点是键槽端部应力集中较小，但键在键槽轴向固定不好。单圆头平键常用在轴的端部连接，轴上键槽常用端铣刀铣通。

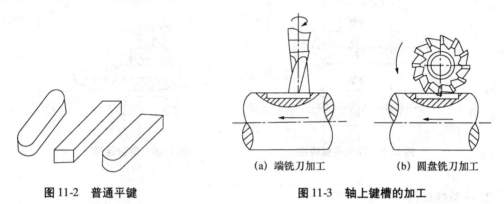

图 11-2　普通平键　　　　图 11-3　轴上键槽的加工

装配时，一般先将键放入轴上键槽内，然后推上轮毂，构成平键连接，如图 11-4 所示。

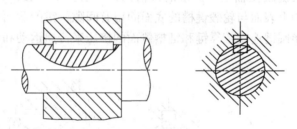

图 11-4　平键连接

平键连接中，键的上表面与轮毂键槽的底面之间留有间隙，而键的两侧面与轴、轮毂键槽的侧面配合紧密。为了便于装拆，轴上键槽一般制成与键的形状一样，而轮毂键槽开通。工作时，依靠键和键槽侧面的挤压来传递运动和转矩，因此平键的侧面为工作面。

平键连接由于结构简单、装拆方便和对中性好，因而获得了广泛的应用。

(2) 导向平键连接。

如图 11-5 所示，导向平键是加长的普通平键，其端部形状有 A 型和 B 型两种。导向平键连接是将键用螺钉固定在轴上的键槽中，转动零件的轮毂可在轴上沿轴向滑动。为了拆卸方便，在键的中部制有起键用的螺钉孔。导向平键连接适用于轴上零件的轴向移动量不大的场合，如变速箱中的滑移齿轮。

(3) 滑键连接。

当轴上零件的轴向移动量很大时，导向平键将很长，不易制造，这时可采用滑键，如图 11-6 所示。滑键连接是将滑键固定在轮毂上，并与轮毂一起在轴的键槽中滑动。滑键常用于变速器中的滑移齿轮与轴的连接。

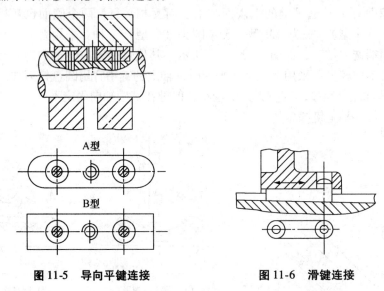

图 11-5　导向平键连接　　　　图 11-6　滑键连接

2. 半圆键连接

如图 11-7（a）所示，半圆键的上表面为一平面，下表面为半圆形弧面，两侧面互相平行。装配时，半圆键放在轴上半圆形的键槽内，然后推上轮毂，如图 11-7（b）所示。半圆键连接中，键的上表面与轮毂键槽的底面间留有间隙，键的侧面与轴、轮毂键槽的侧面贴合。工作时，半圆键连接依靠键和键槽侧面的挤压来传递运动和转矩，因此半圆键的侧面是工作面。

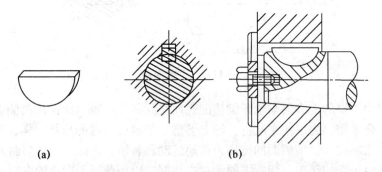

图 11-7　半圆键连接

半圆键结构紧凑，装拆方便，能在轴上的键槽中摆动，以适应轮毂键槽底面的偏斜；但轴上键槽较深，降低了轴的强度。半圆键连接适用于轻载、轮毂宽度较窄和轴端处的连接，尤其适用于圆锥形轴端的连接。

11.2.2 紧键连接

紧键连接可分为楔键连接和切向键连接两类。

1. 楔键连接

楔键的形状如图 11-8 所示，键的顶面有 1∶100 的斜度，两侧面互相平行。楔键又可分为普通楔键和钩头楔键两种，它们均为标准件。如图 11-9 所示，楔键连接中，键的侧面不与键槽侧壁接触，键的顶面和底面分别与轮毂键槽和轴槽的底面紧密贴合，因此键与轴、轮毂之间产生很大的挤压力。工作时，楔键靠挤压力及其在接触面上所产生的摩擦力来传递运动和转矩，并可承受不大的单方向的轴向力。由此可见，楔键的顶面和底面为工作面。

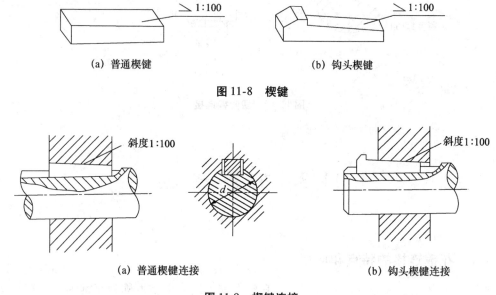

(a) 普通楔键　　　　　　　(b) 钩头楔键

图 11-8　楔键

(a) 普通楔键连接　　　　　　　(b) 钩头楔键连接

图 11-9　楔键连接

由于楔键在装配时被打入轴和轮毂之间的键槽内，所以使套在轴上的零件向键所在的方向移动了一微小距离，造成轴和轴上零件的中心线不重合，即产生偏心；此外，当受到冲击、振动和变载荷作用时，楔键连接容易松动。因此，楔键连接只适用于对中性要求不高、转速较低的场合，如农业机械、建筑机械等。

钩头楔键的钩头是供拆卸楔键时用的，但易发生人身安全事故，所以应加装防护罩。

2. 切向键连接

切向键是由两个具有 1∶100 单面斜度的普通楔键沿斜面贴合在一起组成的，如图 11-10 (a) 所示。该组合体的上表面与下表面互相平行。装配时，键自轮毂两端打入，楔紧在轴与轮毂的键槽中，组成切向键连接，如图 11-10 (b) 所示。装配后，切向键的下表面在通过轴心线的平面内，上表面与轮毂槽底面压紧。工作时，靠切向键上、下表面与键槽底面的挤压力和轮毂接触面上的摩擦力来传递运动和转矩。因此，切向键的上、下表面为工作面。

一副切向键只能传递单方向的转矩，当需要传递两个方向的转矩时，应装两副切向键，并在轴上互成120°～135°分布，如图11-10（c）所示。切向键的键槽对轴的强度削弱较大，另外，切向键连接还使装在轴上的零件与轴产生偏心，故切向键连接适用于对中性和运动精度要求不高、低速、重载、轴径大于100 mm的场合，比如矿山用大型绞车的卷筒、齿轮与轴的连接等。

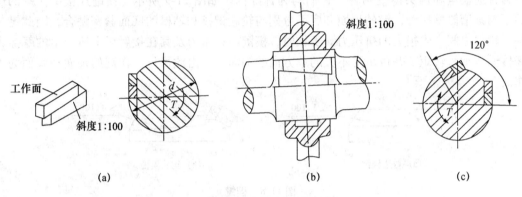

图 11-10 切向键连接

11.3 花键连接

11.3.1 花键连接的特点和应用

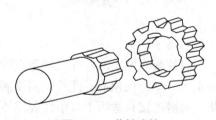

图 11-11 花键连接

在轴上加工出多个键齿称为花键轴，而在轮毂孔上加工出多个键槽则称为花键孔，两者组成的连接即为花键连接，如图11-11所示。

与平键连接比较，花键连接因多齿承载，接触面大，所以能传递较大的载荷；而且花键连接中轴上零件与轴的对中性和沿轴向移动的导向性都较好。另外，由于齿槽较浅，故花键连接对轴的强度削弱较小。因此，花键连接适用于载荷大、定心精度要求高的静连接和动连接，特别是在汽车、飞机和各种机床上得到广泛应用。花键连接的缺点是加工较复杂，需用专门的加工设备，生产成本较高。

11.3.2 花键连接的分类和定心方式

按齿形的不同，花键连接主要分为矩形花键连接和渐开线花键连接两种。

1. 矩形花键

矩形花键的齿形为矩形，常用外径定心，如图 11-12（a）所示。矩形花键的特点是承载能力大，定心精度高，导向性好，能用磨削的方法获得较高精度。另外，由于矩形齿的齿槽较浅，应力集中较小，故对轴和轮毂的强度削弱较小。矩形花键齿廓形状简单，加工容易，所以应用最广。

2. 渐开线花键

渐开线花键的齿形为渐开线，如图 11-12（b）所示，多采用齿形定心。渐开线花键可用齿轮加工方法切制，工艺性好，加工精度高。与矩形花键比较，渐开线花键齿根较厚，强度高，应力集中小。

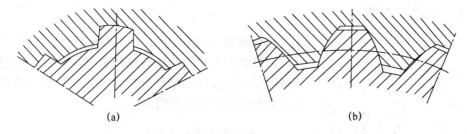

图 11-12　花键连接的分类及定心方式

第 12 章 带、链传动

12.1 带传动

12.1.1 带传动概述

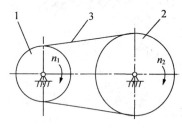

图 12-1 带传动示意图

带传动是一种应用很广的机械传动。如图 12-1 所示,带传动由主动轮、从动轮和紧套在两带轮上的传动带所组成,依靠传动带与带轮之间的摩擦力,将主动轴的运动和转矩传给从动轴。

1. 带传动的特点及应用

与齿轮传动相比较,带传动的主要优点如下:
(1) 传动带弹性好,能减缓冲击,吸收振动,特别是无接头的 V 形带,可以使运转平稳,无噪声;
(2) 当机器发生过载时,带与带轮之间会自动打滑,可防止其他零件因过载而损坏,起到保护作用;
(3) 结构简单,制造成本低,维护方便;
(4) 能用于两轴中心距较大的传动。

带传动的主要缺点是:外廓尺寸大;传动效率较低;带的寿命短;对轴的作用力较大。另外,由于带传动在工作中受摩擦力和皮带弹性变形的影响,所以不能保证传动比恒定。

由以上特点可知,带传动通常应用于传动比要求不严格、两轴中心距较大的机械中,如汽车中曲轴与水泵、发电机之间的传动。

2. 带传动的类型

根据传动带的横截面形状,传动带可分为平带、V 带、多楔带、圆带及同步带等类型,如图 12-2 所示。

平带的横截面为长方形,由多层胶帆布构成,工作面是与带轮接触的内表面,带长可按需要剪截后连接成封闭环形。

V 带的横截面为等腰梯形,工作面是带与轮槽接触的两侧面,这种皮带是无接头的环形带,常常几根一起使用。根据带与带轮楔形槽两侧面摩擦的受力分析可知,在相同压紧力和摩擦系数的条件下,V 带产生的摩擦力约为平带的 3 倍,同时,V 带可以多根并用,所以,

V 带可比平带传递更大的功率,故 V 带的应用较广。

多楔带相当于多条 V 带组合,兼有平带与 V 带的优点,主要用于要求结构紧凑的大功率传动。

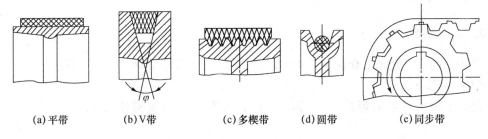

(a)平带　　(b)V带　　(c)多楔带　　(d)圆带　　(e)同步带

图 12-2　传动带的主要类型

圆带的横截面为圆形,一般用于功率较小的低速传动,如仪器、缝纫机等。

同步带是带齿的环形带,属啮合型传动,靠皮带上的齿与带轮上相应的轮齿啮合进行传动。因而同步带的传动比准确,但对制造及安装精度要求较高,成本也较高。

以上所述的 V 带又分为普通 V 带、窄 V 带、宽 V 带、半宽 V 带及大楔角 V 带等多种类型,其中普通 V 带应用最广。

12.1.2　V 带的结构与标准

普通 V 带已经标准化。按其结构分为帘布芯结构和绳芯结构两类。它的横截面结构如图 12-3 所示,由伸张层(顶胶)、强力层(抗拉体)、压缩层(底胶)和包布层(胶帆布)组成。伸张层由橡胶制成,装在带轮上弯曲时受拉伸。强力层可由几层胶帘布或由一层胶线绳制成,用来承受基本拉力。帘布芯结构的 V 带容易制造,抗拉强度好,用于一般用途的传动;绳芯结构的 V 带柔软、韧性好,抗弯强度高,通用于带轮直径小及转速较高的场合。近年来,有时还采用合成纤维作 V 带的强力层,以提高其承载能力。压缩层用橡胶制成,以便在弯曲时承受压缩。包布层由胶帆布制成,用于保护 V 带。

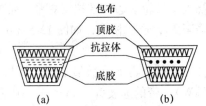

图 12-3　普通 V 带的结构

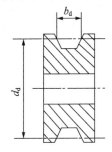

图 12-4　基准宽度与基准直径

根据国家标准规定,普通 V 带按截面尺寸不同,分为 Y、Z、A、B、C、D、E 七种型号,Y 型 V 带的截面尺寸最小,E 形 V 带的截面尺寸最大,具体的截面尺寸如需要请查阅有关资料。V 带是无接头的环形带,每种型号都有几种不同的周长。当 V 带弯曲时,伸张层将会伸长,压缩层被压缩,而两者之间的中性层的长度不发生变化。沿 V 带中性层量得的宽度叫节宽,用 b_p 表示。在皮带轮槽中亦有与 V 带节宽相应的轮槽宽度,称为基准宽度,用 b_d 表示;而该处的直径称为带轮的基准直径,用 d_d 表示(如图 12-4 所示)。

V 带在规定的张紧力下,位于带轮基准直径上的皮带中性层的周长,称为 V 带的基准长度,用 L_d 表示,用于 V 带传动的几何尺寸计算。

12.1.3 带传动的工作情况分析

1. 带传动的受力分析

带传动的皮带是张紧套在主、从动带轮上的,带与带轮之间存在一定的正压力。

(1) 静态下。

静态下带轮两边的带拉力相等,即上下两边受相同的初拉力 F_0,如图 12-5(a)所示。

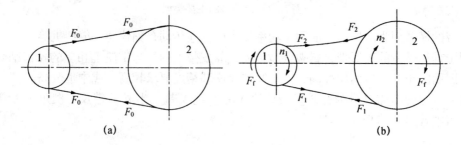

图 12-5 带传动的受力分析

(2) 带传动工作时。

当主动轮转动时,靠摩擦力拖动皮带和从动轮。传递载荷时,在摩擦力的作用下,使绕入主动轮一边的带拉得更紧,带的拉力由 F_0 增至 F_1,形成紧边;而另一边的带则由 F_0 降至 F_2,形成松边,如图 12-5(b)所示。紧边和松边的拉力差称为有效拉力 F,即:

$$F = F_1 - F_2 \tag{12-1}$$

有效拉力 F 在数值上等于带与小带轮接触面上产生的摩擦力总和 F_f。若传递功率为 P(kW),带的速度为 v(m/s),则带传动所需要的有效拉力应为:

$$F = \frac{1\,000P}{v}\,(\text{N}) \tag{12-2}$$

由于工作前后 V 带的总长近似不变,故紧边的拉力增加量应等于松边拉力的减少量,即:

$$F_1 + F_2 = 2F_0 \tag{12-3}$$

由式(12-1)及式(12-3)得:

紧边拉力

$$F_1 = F_0 + \frac{F}{2} \tag{12-4}$$

松边拉力

$$F_2 = F_0 - \frac{F}{2} \tag{12-5}$$

(3) 带将打滑时。

对于一定的张紧力 F_0 来说,当带所传递的有效拉力 F 超过带与带轮接触面之间的最大摩擦力总和时，带将在带轮上打滑，即将打滑时，F_1 和 F_2 之间的关系可用欧拉公式表示：

$$F_1/F_2 = e^{f\alpha_1} \tag{12-6}$$

式（12-6）中：

e ——自然对数底，e≈2.718；

f ——摩擦系数（对于 V 带传动，用当量摩擦系数 f_v）；

α_1 ——皮带在小带轮上的包角（rad）。

2. 带传动的应力分析

带传动工作时，带中的应力有拉应力、弯曲应力及离心应力等三种。

（1）拉应力。

由于带传动的紧边拉力与松边拉力不相等，故带在紧边和松边上的拉应力值也不同，其值为：

紧边拉应力

$$\sigma_1 = \frac{F_1}{A} \tag{12-7}$$

松边拉应力

$$\sigma_2 = \frac{F_2}{A} \tag{12-8}$$

式（12-7）和式（12-8）中：A——V 带的横截面积（mm²）。

（2）弯曲应力。

带绕在带轮上将会产生弯曲应力，其值为：

小带轮应力

$$\sigma_{b1} \approx \frac{Eh}{d_{d1}} \tag{12-9}$$

大带轮应力

$$\sigma_{b2} \approx \frac{Eh}{d_{d2}} \tag{12-10}$$

式（12-9）和式（12-10）中：

E——带的弹性模量（MPa）；

h——带高度（mm）；

d_{d1}、d_{d2}——小、大带轮的基准直径（mm）。

由式（12-10）可知，当带的高度（h）越大、带轮基准直径（d_d）越小时，带的弯曲应力（σ_b）就越大。为了避免带的弯曲应力过大，带轮直径就不能过小。所以，国家标准规定了 V 带轮的最小直径，如需要可查阅有关手册。

（3）离心应力 σ_c。

带绕带轮做圆周运动时，由于离心力作用而在带的全长上产生离心拉应力，其值为：

$$\sigma_c = \frac{qv^2}{A} \text{（MPa）} \tag{12-11}$$

式（12-11）中：

q——带单位长度的质量（kg/m）；

A——带的横截面面积（mm²）；

v——皮带的速度（m/s）

从图 12-6 可以看出，带中最大应力发生在带的紧边开始绕入小轮处（即 A_1 点），其值为：

$$\sigma_{max} = \sigma_1 + \sigma_{b1} + \sigma_c \text{（MPa）} \tag{12-12}$$

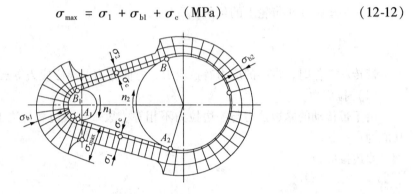

图 12-6　带工作时应力分布情况

当变应力循环一定次数后，带将疲劳破坏。

3. 带的弹性滑动和打滑

皮带是弹性体。带传动时，由于紧边和松边的拉力不同，而两边的弹性变形就不同，运动速度 v_1 和 v_2 也就不同，如图 12-7 所示。显然，$v_1 > v_2$，可见带在主动轮上绕行时，其速度由 v_1 降至 v_2，由于主动轮是等速转动，其线速度始终为 v_1，所以，皮带与主动轮产生了相对滑动；同样道理，皮带与从动轮也发生了相对滑动，造成带速领先于从动轮。我们把由于皮带紧、松边的弹性变形不同而引起皮带在带轮面上滑动的现象称为弹性滑动。

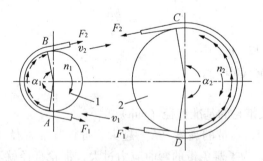

图 12-7　带传动的弹性滑动

一般说来，并不是在带与带轮全部接触弧上都发生滑动，只有当外载荷引起的有效拉力大于带与带轮接触弧上摩擦力总和的最大值时，带才在带轮的全部接触弧上发生显著的相对滑动，从动轮转速迅速下降甚至下降为零，使传动失效，这种现象称为带的打滑。

带的弹性滑动和打滑是两个完全不同的概念。弹性滑动是由于带轮两边拉力差及带的弹性变形而引起带的局部滑动,是带传动中不能避免的现象;而打滑则是因为过载而产生的带的全面滑动,是可以避免的。

12.2 链 传 动

12.2.1 链传动概述

如图 12-8 所示,链传动是由装在两平行轴上的主、从动链轮和闭合的传动链条组成,靠链节与链轮轮齿的啮合运动来传递运动和动力。链传动既不同于齿轮的啮合传动,也有别于挠性带的摩擦传动。与带传动比较,链传动有下列优点:
(1) 链传动无滑动,能保证准确的平均传动比;
(2) 低速时传递的动力较大,而作用在轴上的力较小,可减小轴承的磨损;
(3) 传动效率较高,一般可达 0.97~0.98;
(4) 能在温度较高及湿度较大的环境下工作;
(5) 结构较紧凑。

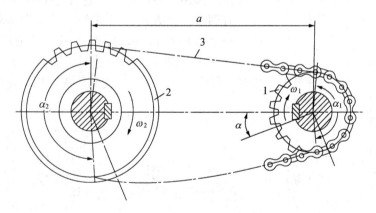

图 12-8 链传动
1—主动链轮;2—从动链轮;3—链条

链传动的主要缺点是:
(1) 瞬时传动比不是常数,传动中有较大的冲击载荷,产生振动及噪声;
(2) 链条的铰链易磨损,导致链节距变大而产生脱链;
(3) 急速反向传动性能较差;
(4) 安装、维护要求较高,制造成本也较高。

链传动因其所具有的特点,故常用于两轴相距较远、对瞬时传动比要求不严格的机械,并且适合于工作环境较差的场合,如起重运输机械、汽车、摩托车、机床及农业机械中。

链条主要有套筒链、套筒滚子链、齿形链和成形链等形式。按用途的不同，链条又可以分为传动链、起重链和曳引链三种。传动链中主要有套筒滚子链和齿形链，本节只介绍应用较广的套筒滚子链。

12.2.2 滚子链

滚子链是套筒滚子链的简称，其结构如图 12-9 所示，主要由内链板、外链板、销轴、套筒及滚子等组成。销轴与外链板、套筒与内链板均采用过盈配合，而销轴与套筒、套筒与滚子之间则采用间隙配合。工作时，链条的内、外链节可相对挠曲，套筒能绕销轴转动，而滚子可绕套筒转动。在链条与链轮的啮合中，滚子在链轮齿廓上滚动，有效地降低了链条与链轮轮齿间的摩擦和磨损。为了减轻重量并使链板各横截面接近等强度，链条的内、外链板均制成"∞"字形。

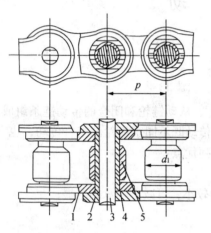

图 12-9 滚子链的结构
1—内链板；2—外链板；3—销轴；
4—套筒；5—滚子

链条的长度以链节数表示。链节数最好取偶数，以便于链条闭合成环形时内、外链板之间的连接。如图 12-10 所示，链条连接成环形时，链节间有两种连接方式：当链条的链节数为偶数时，内、外链板刚好相接，接头可用开口销或弹性锁片固定，如图 12-10（a）、图 12-10（b）所示；当链节数为奇数时，则需采用过渡链节，如图 12-10（c）所示。过渡链节工作时不仅受拉力，而且还受到附加弯矩的作用，故应尽量避免采用。

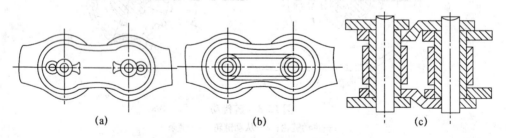

图 12-10 滚子链的接头形式

当需要传递较大功率时，可采用双排链或多排链，但最多不超过四排，因为排数越多，传动越困难，而且越易产生载荷集中的现象。链条的各零件采用碳钢或合金钢制造，经热处理后达到所需要的强度及耐磨性。

第 13 章 齿 轮 传 动

13.1 齿轮传动的特点、类型及基本要求

13.1.1 齿轮传动的特点

齿轮传动是依靠两轮轮齿之间直接接触的啮合传动，用以传递空间任意两轴间的运动和动力，其传递速度可达 300 m/s，传递的功率可以从一瓦到十几万千瓦，故广泛应用于矿山、冶金、建筑、化工、起重运输等机械中，是现代机械中应用最广泛的一种机械传动。与其他机械传动相比，齿轮传动具有以下特点。

（1）传动准确可靠。齿轮传动能保持传动比恒定不变，因而传动平稳，冲击、振动和噪声较小。又因为齿轮传动是靠轮齿依次啮合来传递运动和动力的，所以不会发生弹性滑动和打滑现象。

（2）传动效率高，工作寿命长。齿轮传动的机械效率可达 0.95～0.98，且能可靠地连续工作几年甚至几十年。

（3）结构紧凑，适用的功率和速度范围广。与其他传动相比，在传递功率相同的情况下，齿轮传动所占空间位置较小，而且齿轮传动所传递的功率和速度范围都较大。

（4）成本较高，不适宜两轴中心距过大的传动。齿轮的制造和安装精度要求较高，因而成本也较高。另外，当两轴中心距过大时，如果用两个齿轮传递运动，则齿轮的径向尺寸会很大；如果用多个齿轮来传递运动，则齿轮的个数要多，使结构庞大。这是齿轮传动的主要缺点。

13.1.2 齿轮传动的类型

根据两齿轮相对运动平面位置不同，可以把齿轮传动分为平面齿轮传动和空间齿轮传动两大类。

1. 平面齿轮传动

平面齿轮传动的两齿轮轴线相互平行。平面齿轮传动常见的类型有以下几种。

（1）直齿圆柱齿轮传动（简称直齿轮传动）。直齿轮传动按其相对运动情况又可分为外啮合齿轮传动（如图 13-1（a）所示）、内啮合齿轮传动（如图 13-1（b）所示）和齿

轮齿条传动（如图 13-1（c）所示）。

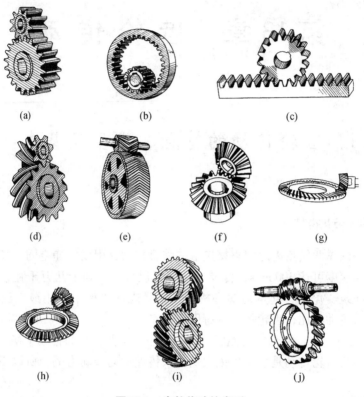

图 13-1　齿轮传动的类型

（2）斜齿圆柱齿轮传动（简称斜齿轮传动）。如图 13-1（d）所示，这种齿轮的轮齿相对于轴线倾斜了一个螺旋角。斜齿轮传动按其两轮相对运动情况也可分为外啮合、内啮合及齿轮齿条传动三种。

（3）人字齿轮传动。这种齿轮的轮齿呈人字形，可以看成是由两个螺旋角大小相等、旋向相反的斜齿轮合并而成，如图 13-1（e）所示。

2. 空间齿轮传动

空间齿轮传动的两齿轮轴线不平行。按两轴线的相对位置，空间齿轮传动可分为以下几种。

（1）圆锥齿轮传动。这种齿轮传动的两轮轴线相交，其两轴间夹角通常为 90°，如图 13-1（f）所示。锥齿轮又可分为直齿、斜齿（如图 13-1（g）所示）和弧齿（如图 13-1（h）所示）三种，其中直齿锥齿轮传动应用较普遍。

（2）交错轴斜齿轮传动。这种齿轮传动的两齿轮轴线在空间交错，既不平行也不相交，如图 13-1（i）所示。

（3）蜗杆蜗轮传动。这种传动的两轴线在空间交错成 90°角，如图 13-1（j）所示。

13.1.3　齿轮传动的基本要求

在传递运动和动力的过程中，对齿轮传动提出了两个基本要求。

（1）传动准确、平稳。它要求齿轮在传动过程中的瞬时角速度之比恒定不变，以免发生噪声、振动和冲击。这与齿轮的齿廓形状，制造安装精度等有关。

（2）承载能力强、使用寿命长。它要求齿轮在传动过程中有足够的强度，能传递较大的动力，而且要有较长的使用寿命。这与齿轮的尺寸、材料和热处理工艺等有关。为使齿轮传动满足传动准确平稳的要求，必须研究轮齿的齿廓形状、啮合原理、加工方法等问题；要使齿轮传动有足够的承载能力和较长的使用寿命，则必须研究轮齿的强度、材料、热处理方式及结构等问题。本章将围绕上述两方面问题进行分析讨论。

13.2 齿廓啮合基本定律

对齿轮传动的基本要求之一，就是两个齿轮的瞬时角速度比（简称传动比）必须恒定不变。否则，当主动轮以等角速度回转时，从动轮的角速度为变量，就会产生惯性力。它不仅影响齿轮的寿命，而且还会引起机器的振动并产生噪声，影响其工作精度。齿廓啮合基本定律就是研究齿轮的齿廓曲线如何满足传动比恒定不变这个条件。

如图 13-2 所示，两齿廓 E_1、E_2 在任意点 K 接触，O_1、O_2 为两轮的固定轴心。现在过 K 点作两齿轮 E_1、E_2 的公法线 nn，它与两轮的连心线 O_1O_2 相交于 P 点。设齿轮1的角速度为 ω_1（顺时针回转），齿轮2的角速度为 ω_2（逆时针回转），则两齿廓在 K 点的线速度分别为：

$$v_{K1} = \omega_1 \cdot O_1K \quad v_{K2} = \omega_2 \cdot O_2K$$

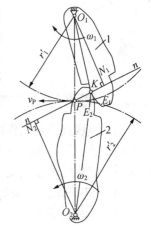

图 13-2 齿廓啮合基本定律

为保证两齿廓在啮合过程中始终保持接触而不发生分离或相互嵌入，故速度 v_{K1} 和 v_{K2} 在公法线 nn 上的分速度必须相等，即：

$$v_{K1} \cdot \cos\alpha_{K1} = v_{K2} \cdot \cos\alpha_{K2}$$

代入上述 v_{K1} 和 v_{K2} 式，得：

$$\omega_1 \cdot O_1K \cdot \cos\alpha_{K1} = \omega_2 \cdot O_2K \cdot \cos\alpha_{K2}$$

故：

$$i_{12} = \frac{\omega_1}{\omega_2} = \frac{O_2K \cdot \cos\alpha_{K2}}{O_1K \cdot \cos\alpha_{K1}}$$

再过两轮轴心 O_1 和 O_2 分别作公法线 nn 的垂线 O_1N_1 和 O_2N_2，分别交 nn 于 N_1 和 N_2 点。由图 13-2 可知，$\angle N_1O_1K = \alpha_{K1}$，$\angle N_2O_2K = \alpha_{K2}$，所以有 $O_2K\cos\alpha_{K2} = O_2N_2$；$O_1K\cos\alpha_{K1} = O_1N_1$。又因为 $\triangle O_1N_1P \sim \triangle O_2N_2P$，所以：

$$i_{12} = \frac{\omega_1}{\omega_2} = \frac{O_2N_2}{O_1N_1} = \frac{O_2P}{O_1P} \tag{13-1}$$

式（13-1）表明：互相啮合传动的一对齿廓，在任一瞬时的传动比，必等于该瞬时两轮连心线被齿廓接触点公法线所分两线段长度的反比。这一规律就是齿廓啮合基本定律。

因 O_1O_2 为定长，故要保证 $i_{12}=\omega_1/\omega_2$ 恒定不变，则要求 O_2P/O_1P 必须是常数；为使 O_2P/O_1P 等于常数，则 O_1O_2 段的分点 P 必须为一定点。由此可知，满足齿廓啮合基本定律的齿廓形状必须符合这一条件：不论两齿廓在哪一点接触，其接触点的公法线都与连心线交于一定点，该定点 P 称为节点。

令 $O_1P=r_1'$，$O_2P=r_2'$，以 r_1' 和 r_2' 为半径作的圆，称为节圆。可以证明，齿轮传动时，两节圆作纯滚动。两个齿轮轴心 O_1、O_2 间的距离称为中心距，以 a' 表示，$a'=r_1'+r_2'$。

一对能满足齿廓啮合基本定律的齿廓曲线称为共轭齿廓。具有共轭齿廓的齿轮除了满足定传动比的要求外，还必须满足强度高、寿命长、制造安装方便、互换性好及传动效率高等要求。目前常用的齿廓曲线有渐开线、摆线和圆弧线等，其中渐开线齿廓易于制造、便于安装，应用最广。

13.3 渐开线齿廓

13.3.1 渐开线的形成及其性质

当一直线在圆周上作纯滚动时，该直线上任一点的轨迹称为该圆的渐开线，这个圆称为基圆，该直线称为渐开线的发生线，如图 13-3 所示。渐开线齿轮轮齿的齿廓就是以同一基圆上产生的两条相反对称的渐开线组成。

如图 13-3 所示，由渐开线的形成过程可知，渐开线具有下述特性。

(1) 发生线沿基圆滚过的长度应等于基圆上被滚过的弧长，即：

$$\overline{NK}=\overset{\frown}{NA}$$

(2) 因发生线 NK 沿基圆作纯滚动，故它与基圆的切点 N 即渐开线上 K 点的曲率中心，线段 NK 是渐开线上 K 点的曲率半径，也是渐开线上 K 点的法线。由此可见，渐开线上各点的法线均与基圆相切，切于基圆的直线必为过渐开线上一点的法线。

(3) 渐开线齿廓上 K 点的法线（即为其受另一齿轮作用的正压力方向线）与齿廓上该点速度方向线所夹的锐角 α_K 称为渐开线齿廓在该点的压力角。由图 13-3 知，$\angle NOK$ 在数值上等于压力角，故：

$$\cos\alpha_K=\frac{ON}{OK}=\frac{r_b}{r_K} \tag{13-2}$$

式 (13-2) 中，r_b 为渐开线的基圆半径，r_K 为渐开线上 K 点的向径。

由式 (13-2) 可知，渐开线上各点压力角的大小是不同的，K 点离基圆圆心愈远即 r_K 愈大，该点的压力角也愈大。当 $r_K=r_b$ 时，则 $\alpha_K=0°$，说明渐开线中基圆上的压力角等于零度。

(4) 渐开线的形状取决于基圆的大小。如图 13-4 所示，基圆愈小，渐开线愈弯曲；基圆愈大，渐开线愈平直。当基圆半径为无穷大时，其渐开线将成为垂直于 N_3K 的直线。齿条的渐开线齿廓就是这种直线齿廓。

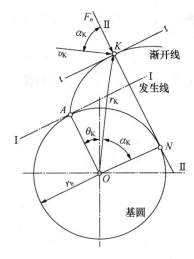

图 13-3　渐开线的形成

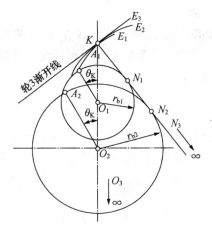

图 13-4　渐开线形状与基圆大小的关系

(5) 因渐开线是从基圆开始向外展开，所以基圆以内无渐开线。

13.3.2　渐开线齿廓满足齿廓啮合基本定律

一对相啮合的渐开线齿廓 E_1 和 E_2 在任意点 K 接触，如图 13-5 所示。过 K 点作两齿廓的公法线，根据渐开线性质可知，该公法线即为两轮基圆的内公切线 N_1N_2，与两轮的连心线 O_1O_2 交于 P 点。因为啮合点 K 是任意点，如在图中点 K' 啮合时，过 K' 点作齿廓的公法线也是两基圆的公切线。由于齿轮在传动过程中，两基圆的大小、位置都是固定不变的，而过两定圆在同一方向只能作出唯一的内公切线，所以，N_1N_2 与定直线 O_1O_2 必相交于定点 P，因此渐开线齿廓满足齿廓啮合基本定律。

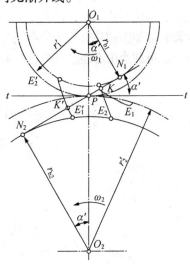

图 13-5　渐开线齿廓的啮合

13.3.3　渐开线齿廓啮合的特点

(1) 啮合线为一条不变的直线。

当齿轮传动时，其齿廓接触点相对于与机架固连的坐标系所走过的轨迹称为啮合线。由渐开线的性质可知，渐开线齿廓啮合点的公法线必与基圆相切，因此一对渐开线齿廓在任意一点啮合时，其啮合点必在两基圆的内公切线上。因此，两基圆的内公切线就是两渐开线齿廓在啮合过程中啮合点的轨迹，称为理论啮合线。

(2) 传力方向不变。

如上所述，齿轮在啮合过程中，啮合线是一条不变的直线。当不考虑摩擦时，两齿廓的正压力方向，必为过接触点的公法线方向，即啮合线方向。由于啮合线的位置固定不变，所以，两渐开线齿廓无论在任何位置啮合，其齿廓间的正压力方向（即传力方向）也始终不变。若齿轮传递的扭矩一定时，其压力的大小也不变，这对齿轮传动的平稳性是非常有利的。

如图 13-5 所示，啮合线 N_1N_2 与两节圆的内公切线 tt 间所夹的锐角 α'，称为啮合角。显然，啮合角在数值上等于渐开线在节圆处的压力角。在传动过程中，由于啮合线位置不变，故啮合角为常数，即：

$$\cos\alpha' = \frac{r_{b1}}{r'_1} = \frac{r_{b2}}{r'_2} \tag{13-3}$$

（3）渐开线齿轮中心距具有可分性。

由图 13-5 可知，$\triangle O_1N_1P \backsim \triangle O_2N_2P$，所以有：

$$\frac{O_2P}{O_1P} = \frac{O_2N_2}{O_1N_1} = \frac{r_{b2}}{r_{b1}}$$

因此，式（13-1）可写成：

$$i_{12} = \frac{\omega_1}{\omega_2} = \frac{r'_2}{r'_1} = \frac{r_{b2}}{r_{b1}} \tag{13-4}$$

式（13-4）表明：渐开线齿轮的传动比又等于两基圆半径的反比。当两个齿轮加工完成之后，两轮基圆半径便已确定，当中心距稍微改变时，传动比仍保持不变。这一特点对渐开线齿轮的加工和装配是十分有利的。渐开线齿轮啮合传动的这一特点，称渐开线齿轮的可分性，也可称为中心距的可分性。但应注意啮合角和节圆半径却随中心距的变化而改变了。

13.4　渐开线直齿轮的各部分名称、基本参数及几何尺寸

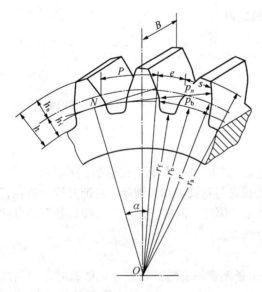

图 13-6　齿轮各部分名称

13.4.1　渐开线齿轮各部分名称及符号

如图 13-6 所示为一标准直齿圆柱齿轮的一部分，渐开线齿轮的各部分名称及符号如下。

1. 齿顶圆、齿根圆

齿轮齿顶圆柱面与端平面（垂直于齿轮轴线的平面）的交线，称为齿顶圆，其直径和半径分别以 d_a 或 r_a 表示。齿轮齿根圆柱面与端平面的交线，称为齿根圆，其直径和半径分别以 d_f 和 r_f 表示。

2. 齿厚、齿槽宽和齿距

一个轮齿的两侧端面齿廓之间的任意圆弧长，称为在该圆上的齿厚，用 s_K 表示。一个齿

槽的两侧端面齿廓之间的任意圆弧长，称为在该圆上的齿槽宽，用 e_K 表示。两相邻同侧端面齿廓之间的任意圆弧长，称为在该圆上的齿距（周节），用 p_K 表示。由图 13-6 可知：

$$p_K = s_K + e_K \tag{13-5}$$

由图 13-6 可以看出，在直径为 d_K 的任意圆柱面上，$zp_K = \pi d_K$。其中 z 为齿轮的齿数。因而 $d_K = zp_K/\pi$，此式中比值 p_K/π 包含有无理数 π。在不同直径的圆周上，比值 p_K/π 也不相同，且齿廓各点压力角也不相等，这给计算、制造和测量带来不便。因此，人为地把齿轮某一圆周上的比值 p_K/π 规定为标准值（整数或有理数），并使该圆上的压力角也为标准值，则这个假想的圆称为分度圆，其直径和半径分别用 d 和 r 表示。规定分度圆上的齿厚、齿槽宽、齿距、压力角等的符号一律不加脚标，如 s、e、p、α 等。凡是分度圆上的参数都直接称为齿厚、齿距、模数、压力角等，而其他圆上的参数都必须指明是哪个圆上的参数，如齿根圆上齿厚（表示为 s_f）、齿顶圆压力角（表示为 α_a）等。

3. 齿顶高、齿根高、齿高

齿顶圆与分度圆之间的径向距离，称为齿顶高，用 h_a 表示。齿根圆与分度圆之间的径向距离，称为齿根高，用 h_f 表示。齿顶与齿根圆之间的径向距离，称为齿高，用 h 表示。显然，齿高为齿顶高与齿根高之和，即：

$$h = h_a + h_f \tag{13-6}$$

4. 齿宽

图 13-6 中的 B 称为齿宽，其大小的确定将在后面章节中讨论。

13.4.2 渐开线齿轮的基本参数

1. 模数

人为地把分度圆上齿距 p 与无理数 π 的比值 p/π 规定为标准值，叫做齿轮的模数，用 m 表示，其单位为 mm。即：

$$m = p/\pi \text{ 或 } p = \pi m \tag{13-7}$$

于是，得到分度圆直径 d 的计算公式，即：

$$d = mz \tag{13-8}$$

模数是齿轮几何尺寸计算的基础。由式（13-7）可知，模数越大，轮齿的尺寸越大，弯曲能力也越高。为了便于计算、加工、检验和互换，我国已规定了标准模数系列（参见表 13-1）。

表 13-1 渐开线圆柱齿轮模数

第一系列/mm	0.1，0.12，0.15，0.2，0.25，0.3，0.4，0.5，0.6，0.8，1，1.25，1.5，2，2.5，3，4，5，6，8，10，12，16，20，25，32，40，50
第二系列/mm	0.35，0.7，0.9，1.75，2.25，2.75，3.5，4.5，5.5，7，9，14，18，22，28，36，45

注：1. 选用模数时应优先采用第一系列，其次是第二系列；
  2. 本表适用于渐开线圆柱齿轮，对斜齿轮是指法面模数。

2. 压力角

我们常说的齿轮压力角，是指渐开线齿廓在分度圆处的压力角，简称压力角，用 α 表示。考虑到制造、互换及承载能力等诸多因素，我国规定，分度圆处的压力角为标准压力角，其标准值为 $\alpha = 20°$。

至此可以给分度圆下一个确切的定义：具有标准模数和标准压力角的圆就是分度圆。每个齿轮只有一个分度圆。

3. 齿顶高系数

为了用模数的倍数来表示齿顶高的大小，人们引入了齿顶高系数 h_a^*，于是：

$$h_a = h_a^* \cdot m \tag{13-9}$$

式（13-9）中：正常齿 $h_a^* = 1$；短齿 $h_a^* = 0.8$。

4. 标准顶隙系数

一对齿轮互相啮合时，一个齿轮的齿顶与另一个齿轮的齿槽底部之间必须留有间隙，以保证传动过程中不发生干涉，同时也为了贮存润滑油来润滑工作齿面。一个齿轮齿顶与另一个齿轮齿根之间在连心线上的径向距离，称顶隙，用 c 表示，其值为：

$$c = c^* \cdot m \tag{13-10}$$

式（13-10）中：c^*——标准顶隙系数，其标准值为：正常齿 $c^* = 0.25$；短齿 $c^* = 0.3$。由此可得到计算齿根高的公式：

$$h_f = h_a + c = (h_a^* + c^*) \cdot m \tag{13-11}$$

5. 齿数

齿数不但影响齿轮的几何尺寸，而且也影响齿廓曲线的形状。由式 $\cos\alpha_K = r_b/r_K$ 可知，$r_b = r\cos\alpha$，即 $d_b = d\cos\alpha = mz\cos\alpha$。当 m、α 不变时，z 越大，d_b 越大（基圆越大），渐开线越平直。

综上所述，m、α、h_a^*、c^* 和 z 是渐开线齿轮几何尺寸计算的五个基本参数。m、α、h_a^*、c^* 均为标准值且 $s = e$ 的齿轮，称为标准齿轮。

13.4.3 标准直齿圆柱齿轮几何尺寸计算

标准直齿圆柱齿轮几何尺寸的计算公式归纳在表 13-2 中。

表 13-2 标准直齿圆柱齿轮几何尺寸的计算公式

名 称	符 号	公 式	名 称	符 号	公 式
模数	m	根据齿轮轮齿的强度计算后取标准值确定	齿距	p	$p = \pi m$
			齿厚	s	$s = \pi m/2$
压力角	α	$\alpha = 20°$	齿槽宽	e	$e = \pi m/2$

(续表)

名 称	符 号	公 式	名 称	符 号	公 式
分度圆直径	d	$d_1 = mz_1$；$d_2 = mz_2$	顶隙	c	$c = c^* m$
基圆直径	d_b	$d_{b1} = d_1 \cos\alpha$；$d_{b2} = d_2 \cos\alpha$	齿顶圆直径	d_a	$d_a = d \pm 2h_a = m(z + 2h_a^*)$
齿顶高	h_a	$h_a = h_a^* m$	齿根圆直径	d_f	$d_f = d \mp 2h_a = m(z \mp 2h_a^* \mp 2c^*)$
齿根高	h_f	$h_f = (h_a^* + c^*) m$	标准中心距	a	$a = \dfrac{(d_2 \pm d_1)}{2} = \dfrac{m(z_2 \pm z_1)}{2}$
齿高	h	$h = h_a + h_f = (2h_a^* + c^*) m$			

注：同一式中有上下运算符号者，上面符号用于外啮合或外齿轮，下面符号用于内啮合或内齿轮。

13.5 渐开线标准直齿圆柱齿轮的啮合传动

虽然渐开线齿廓在传动中能实现定传动比传动这个要求，但是齿轮传动是靠多对轮齿依次啮合来实现的。多对轮齿必须满足什么条件，才能保证传动时每对轮齿都能正确地依次啮合？另外，必须满足什么条件，才能保证齿轮传动能够连续进行？这些都是关系到渐开线齿轮传动性能的关键问题。

13.5.1 正确啮合条件

要使两轮相邻轮齿的两对同侧齿廓能同时在啮合线上正确地进行啮合（如图13-7所示，前对齿在 a_1 接触，而后对齿在 a_2 接触），显然，两轮相邻轮齿同侧齿廓间的法线距离（称为法向齿距以 p_n 表示）必须相等。即：

$$p_{n1} = p_{n2}$$

否则，前对齿在 a_1 啮合时，后对齿不是相互嵌入，就是相互脱离，均不能正确啮合。又根据渐开线特性可知，同一齿轮上的法向齿距等于基圆齿距。所以欲使一对齿轮能够正确啮合，则必有 $p_{b1} = p_{b2}$。经过推导得：

$$\begin{aligned} m_1 &= m_2 = m \\ \alpha_1 &= \alpha_2 = \alpha \end{aligned} \quad (13\text{-}12)$$

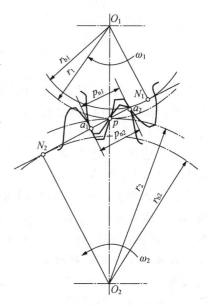

图13-7 正确啮合条件

综上所述，一对渐开线齿轮的正确啮合条件是：两轮的模数和压力角必须分别相等。

13.5.2 连续传动条件

如图13-8（a）所示为一对渐开线齿轮的轮齿正确啮合的情形。主动轮1以角速度 ω_1 顺时针回转，推动从动轮2以角速度 ω_2 逆时针回转，因为两轮齿相啮合只能在啮合线上进行，所以开始啮合是主动轮的齿根部分的某点与从动轮的齿顶接触，故从动轮齿顶圆与啮合线 N_1N_2 交点 B_2 为一对轮齿进入啮合的起始点。随着传动的进行，啮合点沿啮合线移动，主动轮齿廓上的接触点由齿根移向齿顶，而从动轮则是由齿顶移向齿根。因此，主动轮的齿顶圆与啮合线 N_1N_2 的交点 B_1 为啮合的终止点。我们把啮合点走过的实标轨迹 B_1B_2 称为实际啮合线。随着齿顶圆的加大，B_1B_2 点将移近 N_1N_2 点，但因基圆内无渐开线，故 N_1N_2 是理论上最长的啮合线段，称为理论啮合线，N_2、N_1 点则称为啮合极限点。

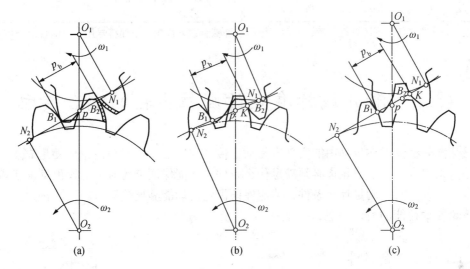

图 13-8 轮齿啮合过程

在啮合过程中，并非整个齿廓都参与啮合，而只是从齿顶到齿根的一段齿廓参与啮合，这段齿廓称为工作齿廓，如图 13-8（a）中阴影部分所示。

由以上分析可知，若要使传动连续进行，必须是前一对齿尚未脱离啮合时，后一对齿就已进入啮合。如图 13-8（a）所示，此时 $B_1B_2=p_b$，即实际啮合线段长度等于齿轮的法向齿矩（或基圆齿距），前对齿啮合点到达 B_1 点将要脱离啮合时，后对齿刚好在 B_2 进入啮合，传动刚好连续。若如图 13-8（b）所示，此时 $B_1B_2>p_b$，则前对齿啮合到 B_1 将要脱离时，后对齿正在啮合线上 K 点啮合，即从 B_2 点到 K 点已经啮合了 B_2K 一段距离，这时传动不但能连续进行，而且还有一段时间为两对齿同时啮合。若如图 13-8（c）所示，此时 $B_1B_2<p_b$，尽管两轮基圆齿距相等，但当前对齿啮合到 B_1 即将脱离时，后对齿尚未进入啮合，致使传动不能连续进行，定传动比传动将会无法实现。所以，为了保证齿轮能够平稳地连续进行传动，必须满足：两轮实际啮合线段大于或等于齿轮的基圆齿距 p_b，即：

$$B_1B_2 \geqslant p_b \text{ 或 } \frac{B_1B_2}{p_b} \geqslant 1$$

我们通常用 ε 表示 B_1B_2/p_b，并称之为重合度，这时齿轮连续传动的条件可表示为：

$$\varepsilon = \frac{B_1B_2}{p_b} \geqslant 1 \tag{13-13}$$

重合度是齿轮传动的重要指标之一。重合度越大，说明同时啮合的轮齿对数越多，传动越平稳且连续性好，承载能力也较高。

综上所述，要保证一对齿轮正确啮合及连续传动的条件，除了要求两轮基圆齿距相等外，还要求 $\varepsilon \geqslant 1$。

13.5.3 标准中心距

当一对齿轮传动时，一个齿轮节圆上的齿槽宽 e' 与另一齿轮节圆上的齿厚 s' 之差，即 $(e'_2 - s'_1)$，$(e'_1 - s'_2)$ 称为齿侧间隙，简称侧隙。侧隙有利于齿面润滑，可补偿加工与装配误差、轮齿的热膨胀和热变形等。由于齿侧间隙实际上很小，通常靠公差来控制，所以在计算齿轮几何尺寸时通常都不考虑，即认为是无侧隙啮合。此时，由表 13-2 可知，标准直齿圆柱齿轮的 $s_1 = e_1 = s_2 = e_2 = \dfrac{\pi m}{2}$，可以无侧隙安装，此时两轮的分度圆相切，节圆与其各自的分度圆相重合，这种安装称为标准安装。标准安装时的中心距称为标准中心距，以 a 表示。由于中心距等于两齿轮节圆半径之和，而标准安装时分度圆与节圆重合，所以标准安装时的中心距也可表示为两轮分度圆半径之和，即：

$$a = a' = r_1 + r_2 = \frac{m(z_1 + z_2)}{2} \tag{13-14}$$

实际上，由于制造、安装、磨损等原因，往往使得两轮的实际中心距 a' 与标准中心距 a 不一致，但渐开线齿轮具有可分性，所以不会影响定传动比传动，这时分度圆与节圆并不重合。若 $a' > a$，则节圆大于分度圆，啮合角也大于压力角；反之亦然。

对内啮合圆柱齿轮传动，当标准安装时，其标准中心距计算公式为：

$$a = r_2 - r_1 = \frac{m(z_2 - z_1)}{2} \tag{13-15}$$

由上可知：节圆、啮合角是一对齿轮传动时才存在的参数，单个齿轮没有节圆和啮合角；而分度圆、压力角则是单个齿轮所固有的几何参数，无论啮合传动与否，都不影响它们的独立存在；只有当标准安装时，分度圆与节圆才重合，压力角才等于啮合角。

13.6 渐开线齿轮的加工原理和根切现象

13.6.1 切制齿廓的基本原理

渐开线齿轮的加工方法较多，有铸造、模锻、热轧、冲压、切削加工等，目前以切削加工方法应用最广泛。按其加工原理的不同，可分为仿形法与范成法两大类。

1. 仿形法

仿形法是在普通铣床上使用成形刀具将齿轮轮坯逐一铣削出齿槽而形成齿廓。所以这类刀具的刀刃形状和被切齿轮的齿槽形状相同，常用的成形刀具有盘形铣刀（如图 13-9（a）所示）和指状铣刀（如图 13-9（b）所示）。铣齿时，铣刀绕自身轴线转动，轮坯沿自身轴线进给，切出一个齿槽后把轮坯旋转 $2\pi/z$ 度，再铣下一个齿槽，直至将所有齿槽全部切制出来。

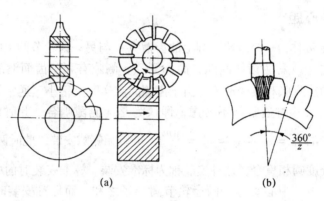

图 13-9 仿形法切齿

由于渐开线齿廓形状取决于基圆大小，而 $r_b = mz \cdot \cos\alpha/2$，故其齿廓形状与齿轮的模数、压力角、齿数有关。当用仿形法加工齿轮时，对每一种模数和齿数的齿轮就需配一把铣刀，这是不经济、不现实的。所以在实际生产中，为减少刀具，对于同一模数和标准压力角的铣刀，一般采用 8 把（或 15 把）为一套。每把铣刀铣制一定范围齿数的齿轮，以适应加工不同齿数齿轮的需要（参见表 13-3）。

表 13-3 每号铣刀切制齿轮的齿数范围

刀 号	1	2	3	4	5	6	7	8
齿数范围	12～13	14～16	17～20	21～25	26～34	35～54	55～134	≥135

由于用一把铣刀加工几种齿数的齿轮，其齿轮的齿廓是有一定误差的，因此用仿形法加工的齿轮精度较低；又因切齿不能连续进行，故仿形法生产率低，不宜用于成批生产。但因仿形法不需专用机床，所以适用于修配和小批量生产中。

2. 范成法

当大批量生产、要求齿轮精度较高时，常采用范成法（又称包络法或展成法）加工齿轮。这种方法是利用一对齿轮（或齿轮与齿条）相互啮合时，两轮的共轭齿廓曲线互为包络线的原理来切齿的。所以，将其中的一个齿轮（或齿条）制成刀具，加工时，除了切削和让刀运动外，刀具与齿轮轮坯之间的运动与一对互相啮合的齿轮运动完全相同，这样刀具便切削出与其共轭的渐开线齿廓。

由齿轮传动的正确啮合条件可知，被切齿轮的模数和压力角必须与切齿刀具的模数和压力角相同。又因为 $i_{12} = \omega_1/\omega_2 = z_2/z_1$，刀具的齿数 z 是一定的，因此只要改变 i_{12} 就可得到不同齿数的齿轮，即用范成法加工齿轮时，可用同一把刀具加工出模数、压力角相同的各种齿数的齿轮。

用范成法加工齿轮时，常用的刀具有以下三种。

（1）齿轮插刀。

这种刀具是一个具有切削刃的渐开线外齿轮，如图 13-10（a）所示。插齿时，插刀与轮坯按定传动比 $n_刀/n_坯 = z_坯/z_刀$ 作回转运动，即范成运动。同时，插刀沿轴线方向作往复运动，即切削运动，使刀刃切削齿轮坯。因此，用这种方法加工出来的齿轮轮廓为插刀刀刃在轮坯上的一系列依次位置的包络线，如图 13-10（b）所示。在实际加工时，还需有径向运动和让刀运动，当径向进给全部达到一个齿高时，切齿即告完成。

（2）齿条插刀。

当齿轮插刀的齿数增加到无穷多时，其基圆半径也增至无穷大，渐开线齿廓变成直线齿廓，齿轮插刀就变成齿条插刀。如图 13-11 所示为用齿条插刀切制齿轮的情形，其加工原理与齿轮插刀切削齿轮坯的原理相同，只是齿条插刀的运动为直线运动，其移动速度 v_1 与轮坯角速度 ω_2 间的关系为：$v_1 = r_2\omega_2 = \dfrac{mz_2\omega_2}{2}$（由机床提供）。齿条插刀不能加工内齿轮。

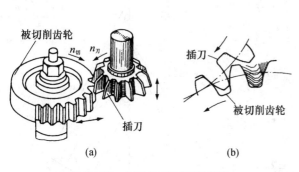

图 13-10　用齿轮插刀切制齿轮

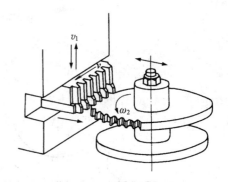

图 13-11　用齿条插刀切制齿轮

（3）齿轮滚刀。

用上述两种刀具进行插齿加工都是间断切削，生产率较低，因而在生产中更广泛地采用齿轮滚刀来加工齿轮。如图 13-12 所示为用齿轮滚刀切制齿轮的情形。齿轮滚刀相当于按螺旋线方向排列的多个齿条，也就是说在其轴向剖面内具有齿条的直线齿廓（刀刃）。当齿轮滚刀转动时，相当于一个齿条连续地向一个方向移动，所以切削过程是连续的，提高了生产率。这种方式适用于大批量生产，但也不能加工内齿轮。

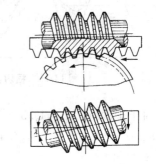

图 13-12　用齿轮滚刀切制齿轮

13.6.2　渐开线齿轮的根切现象和最少齿数

用范成法加工齿数较少的齿轮，当刀具的齿顶线与啮合线的交点超过了啮合极点 N_1 时（如图 13-13 所示），会出现轮齿根部的渐开线齿廓被切掉一部分的现象，这种现象称为根切。严重的根切，不仅会削弱轮齿的弯曲强度，也将减小齿轮传动的重合度，故应设法避免。

下面以齿条刀具加工渐开线齿轮为例来说明不产生根切的参数关系。

如图 13-14 所示，若不产生根切，须使刀具的齿顶线不超过啮合极限点 N_1。但当刀具模数一定时，其齿顶高 $h_a = h_a^* m$ 为定值，即齿顶线位置固定，欲使其不超过 N_1，就应设法提高 N_1 的位置。由图可知，N_1 的位置是由被切齿轮的基圆半径决定的，基圆半径越大，N_1 位置越高，就越不易产生根切；反之，基圆半径越小，越易产生根切。当 m、α 确定后，基圆半径 r 与齿数 z 成正比，故齿数越少越易产生根切。在图 13-14 中，不出现根切的几何条件是：$CB_2 \leqslant CN_1$，即：

$$\frac{h_a^* m}{\sin\alpha} \leqslant \frac{mz}{2}\sin\alpha$$

经过推导整理得：

$$z_{\min} = \frac{2 h_a^*}{\sin^2\alpha} \tag{13-16}$$

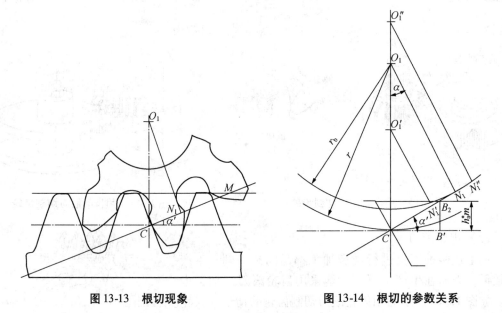

图 13-13　根切现象　　　　　图 13-14　根切的参数关系

对于正常齿，$h_a^* = 1$，$\alpha = 20°$，所以不产生根切的最少齿数为 $z_{\min} = 17$；对于短齿，$h_a^* = 0.8$，$\alpha = 20°$ 时，所以不产生根切的最少齿数为 $z_{\min} = 14$。

13.7　渐开线变位齿轮概述

随着工业生产的发展，对齿轮传动的要求日益提高，只采用标准齿轮已不能满足一些特殊的使用要求。例如为减轻机器的重量，在尺寸和结构上需要采用齿数小于 $z_{\min}$ 的齿轮；有些齿轮传动要满足特定的中心距；在材料、传动尺寸不变的条件下，需尽可能地改善和提高齿轮传动的承载能力等。这些要求促使变位齿轮的应用日趋广泛。

13.7.1 变位齿轮

如图 13-15（a）所示，若刀具的分度线与轮坯分度圆相切并作纯滚动，便可切制出在分度圆上的齿厚等于齿槽宽的标准齿轮。若将齿条刀具相对轮坯移动一段距离 xm 切制轮坯，则 xm 称为变位值，x 称为变位系数，此时轮坯分度圆不再与刀具分度线相切。这种刀具移位的加工方法，称为变位修正法。用变位修正法切制出来的齿轮，称为变位齿轮。如果刀具向远离轮坯方向移动，称为正变位（$x > 0$），如图 13-15（b）所示。如果刀具向靠近轮坯方向移动，则称为负变位（$x < 0$），如图 13-15（c）所示。因为齿条刀具中与分度线相平行的任一直线上的齿距、模数和压力角都与刀具分度线上的数值相同且均为标准值。又因 $r_b = mz\cos\alpha/2$ 齿轮的基圆也不会改变，故变位齿轮与标准齿轮的齿廓是同一条渐开线，只是所取部位不同而已。

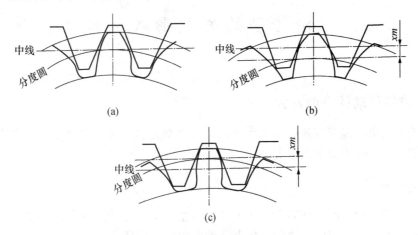

图 13-15 标准齿轮与变位齿轮比较

由变位切齿原理可知，切制变位齿轮与切齿标准齿轮比较，只是刀具位置的变化，并没有改变切齿机床的相对运动关系，所以无须重新设计齿轮加工机床与刀具，这为变位齿轮的制造提供了极大的方便，使变位齿轮传动得以广泛应用。

正变位轮齿根部厚度增加，齿廓曲率半径增大，有利于提高齿轮强度，因此使用较多；但轮齿顶部齿厚变薄，要防止正变位时齿顶变尖。负变位时增加了轮齿发生根切的机会，故要防止负变位产生根切。

13.7.2 变位齿轮传动

变位齿轮传动分为高度变位齿轮传动和角度变位齿轮传动两大类。

1. 高度变位齿轮传动

两齿轮变位系数之和 $x_1 + x_2 = 0$ 的传动，称为高度变位齿轮传动。一般小齿轮采用正变位 $x_1 > 0$，大齿轮采用负变位 $x_2 < 0$。变位后 h_{a1} 增大而 h_{f1} 减小，h_{a2} 减小而 h_{f2} 增大，即齿顶高和齿根高均发生变化（但全齿高不变），故这种传动称为高度变位齿轮传动。

高度变位后的齿轮分度圆仍相切，节圆与分度圆相重合。变位后的中心距 a' 仍等于标准中心距 a，啮合角 α' 等于分度圆压力角 α。

2. 角度变位齿轮传动

当变位后两齿轮的实际中心距 $a' \neq a$ 时，$x_1 + x_2 \neq 0$。这种传动与标准齿轮传动相比啮合角发生了变化，所以称角度变位齿轮传动。角度变位分为两种情况。

（1）$x_1 + x_2 > 0$ 时，称为正传动。当 $x_1 + x_2 > 0$ 时，$a' > a$，$\alpha' > \alpha$，因此只要恰当地选择变位系数，就可以得到所需的中心距，这就是配凑中心距的方法。

（2）$x_1 + x_2 < 0$ 时，称为负传动。此时 $a' < a$，$\alpha' < \alpha$。负传动缺点较多，一般只在特殊情况下配凑中心距时才被采用。

13.8 齿轮传动的失效形式和计算准则

13.8.1 齿轮传动的失效形式

齿轮传动是由轮齿来传递运动和动力的，其失效形式一般是指传动齿轮轮齿的失效。齿轮轮齿的失效形式主要有以下五种。

1. 轮齿折断

一对轮齿进入啮合时，在载荷作用下，轮齿相当于悬臂梁，齿根处弯曲应力最大，而且在齿根过渡处有应力集中，故轮齿折断一般发生在齿根部分。

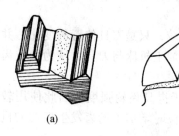

(a)　　　(b)

图 13-16　轮齿折断

轮齿折断有两种情况。一种是疲劳折断，是由于轮齿齿根部分受到较大交变弯曲应力的多次重复作用，在齿根受拉的一侧产生疲劳裂纹，随着裂纹不断扩展，最后导致轮齿折断，如图 13-16（a）所示。另一种是过载折断，即轮齿受到短时严重过载或冲击载荷作用引起的突然折断。用淬火钢或铸铁等脆性材料制造的齿轮容易发生过载折断。

齿宽较小的直齿圆柱齿轮往往会产生全齿折断。齿宽较大的直齿圆柱齿轮，由于制造安装的误差，使其局部受载过大时，则易产生局部折断。对于斜齿圆柱齿轮，由于齿面接触线倾斜的缘故，其轮齿通常也产生局部折断，如图 13-16（b）所示。

2. 齿面疲劳点蚀

轮齿工作时，两齿面在理论上是线接触。由于齿面的弹性变形，实际上形成微小的接触面积，其表层的局部应力很大，此应力称为接触应力。在传动过程中，齿面上各点依次进入和退出啮合，接触应力按脉动循环变化。当齿面的接触应力超过材料的接触疲劳强度极限时，在载荷多次重复作用下，首先在靠近节线的齿根表面处产生微小的疲劳裂纹，随着裂纹扩展，最后导致齿面金属小块剥落下来，形成一些小麻坑，这种现象称为疲劳点蚀，又称点蚀，如图 13-17 所示。点蚀发生后，破坏了齿轮的正常工作，引起振动和噪声。

3. 齿面胶合

在高速重载的齿轮传动中，常因啮合处的高压接触使温升过高，破坏了齿面的润滑油膜，造成润滑失效，使两齿轮齿面金属直接接触，导致局部金属粘结在一起。随着传动过程的继续，较硬金属齿面将较软的金属表面沿滑动方向撕划出沟，这种现象称为齿面胶合，如图 13-18 所示，在低速重载情况下，由于油膜不易形成，也可能发生胶合。

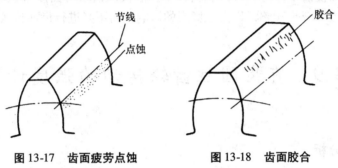

图 13-17　齿面疲劳点蚀　　　图 13-18　齿面胶合

4. 齿面磨损

齿轮在啮合过程中，由于齿面间有相对滑动，故在载荷作用下，必然会产生磨损，严重的磨损将使齿面失去渐开线形状，齿侧间隙增大，齿根厚度减小，从而产生冲击和噪声，甚至发生轮齿折断。齿面磨损是开式传动不可避免的一种失效形式。在闭式传动中，降低表面粗糙度和保持良好的润滑，可以避免或减轻磨损。

5. 齿面塑性变形

在重载作用下，轮齿材料屈服产生塑性流动而使齿面或齿体发生塑性变形，导致齿面失去正确的齿形而失效。这种失效形式发生在低速、启动及过载频繁的传动中，如图 13-19 所示。

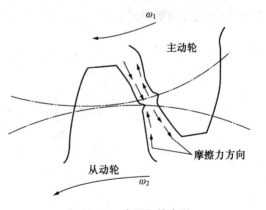

图 13-19　齿面塑性变形

13.8.2　齿轮传动的设计计算准则

在上述各种失效形式中，因磨损和塑性变形等尚无成熟的计算方法，故工程上通常只按齿面接触疲劳强度和齿根弯曲疲劳强度进行设计计算。齿轮传动的一般设计计算准则如下。

1. 闭式传动

当一对或其中一个齿轮齿面为软齿面（≤350HBS）时，常因点蚀而失效，故通常先按接触疲劳强度设计几何尺寸，然后用弯曲疲劳强度校核其承载能力。当一对齿轮均为硬齿面（>350HBS）时，常因轮齿折断而失效，故通常先按齿根弯曲疲劳强度设计几何尺寸，然后用齿面接触疲劳强度校核其承载能力。

2. 开式传动

对于开式齿轮传动，因主要失效形式是磨损，但目前尚无完善的计算方法。又因为齿轮传动常因磨损而使齿根减薄，导致轮齿折断，故仅以齿根弯曲疲劳强度设计几何尺寸，并将所得模数加大10%~20%，以考虑磨损的影响，而不必进行齿面接触疲劳强度计算。

13.9 直齿圆柱齿轮传动的强度计算

13.9.1 受力分析

在对齿轮进行强度计算以及设计轴和轴承等轴系零件时，都要对齿轮传动进行受力分析。

如图13-20所示为一对标准安装的标准齿轮传动。如果略去齿面间摩擦力，则在啮合平面内的总压力就是法向力 F_n。F_n 方向与啮合线相重合，可分解成切于分度圆的圆周力 F_t 和沿半径方向的径向力 F_r，F_t 和 F_r 互相垂直。由力矩平衡条件得：

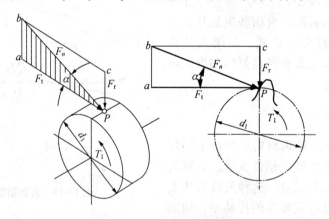

图13-20 齿轮受力分析

圆周力

$$F_t = \frac{2\,000T_1}{d_1}$$

径向力

$$F_r = F_t \text{tg}\alpha$$

法向力

$$F_n = \frac{F_t}{\cos\alpha} \tag{13-17}$$

式中：T——小齿轮上传递的名义转矩；
　　　d——小齿轮分度圆直径；
　　　α——分度圆压力角。

圆周力的方向为：在主动轮上与运动方向相反；在从动轮上与运动方向相同。径向力的方向对于两轮都是指向各自轮心（如图 13-20 所示）。

13.9.2　计算载荷

上述齿轮轮齿受力分析中的法向力 F_n 是作用在轮齿上的理想情况下的载荷，称为名义载荷。当齿轮在实际状况下工作时，由于原动机和工作机的载荷特性不同，产生附加动载荷；同时齿轮、轴和支承装置加工、安装误差及受载后产生的弹性变形，使载荷沿齿宽分布不均匀造成载荷集中等原因，使实际载荷比名义载荷大，因此，在齿轮传动的强度计算时，需引用载荷系数 K 来考虑上述各种因素的影响，以 KF_n 代替名义载荷 F_n，使之尽可能符合作用在轮齿上的实际载荷。KF_n 称为计算载荷，用符号 F_{nc} 表示，即：

$$F_{nc} = KF_n \tag{13-18}$$

13.9.3　直齿圆柱齿轮传动的强度计算

1. 齿面接触疲劳强度计算

轮齿表面疲劳点蚀与齿面接触应力大小有关，而点蚀现象多发生在节点附近。根据弹性力学中的赫兹公式，可以得到齿面接触疲劳强度的校核公式以及设计公式。

校核公式：

$$\sigma_H = Z_E Z_H \sqrt{\frac{2KT_1(u \pm 1)}{bd_1^2 u}} \leqslant [\sigma_H] \tag{13-19}$$

式（13-19）中，"＋"号用于外啮合；"－"号用于内啮合。

设计公式：

$$d_1 \geqslant \sqrt[3]{\frac{2KT_1(u \pm 1)}{\varphi_d u}\left[\frac{Z_E Z_H}{[\sigma_H]}\right]^2} \tag{13-20}$$

式（13-20）中：σ_H——齿面节点附近接触应力；
　　　　　　　Z_E——材料弹性系数，与齿轮材料的弹性模量和泊松比有关；
　　　　　　　Z_H——节点区域系数，与节点处齿面形状有关；
　　　　　　　K——载荷系数，如需要可查阅有关资料；
　　　　　　　T_1——小齿轮传递的名义转矩；
　　　　　　　u——齿数比，$u = z_2/z_1 > 1$，减速传动时 $u = i$，增速传动时 $u = 1/i$；

φ_d——齿宽系数，$\varphi_d = b/d_1$；

[σ_H]——许用接触应力，如需要可查阅有关资料。

2. 齿根弯曲疲劳强度计算

为了防止轮齿因疲劳而折断，应保证齿轮的轮齿具有足够的弯曲疲劳强度。弯曲疲劳强度的校核公式以及设计公式如下。

校核公式：

$$\sigma_F = \frac{2KT_1 Y_F Y_S}{bm^2 z_1} \leqslant [\sigma_F] \tag{13-21}$$

设计公式：

$$m \geqslant \sqrt[3]{\frac{2KT_1 Y_F Y_S}{\varphi_d z_1^2 [\sigma_F]}} \tag{13-22}$$

式中：σ_F——齿根弯曲应力；

Y_F——齿形系数，考虑齿廓形状对弯曲应力的影响，只与齿数和变位系数有关，如需要可查阅有关资料；

Y_S——应力修正系数，考虑齿根应力集中对弯曲应力的影响，如需要可查阅有关资料；

[σ_F]——许用弯曲应力，如需要可查阅有关资料。

13.10 斜齿圆柱齿轮传动

13.10.1 斜齿轮齿廓曲面的形成及啮合特点

前面论述的直齿圆柱齿轮的齿廓形成及啮合特点，都是就其端面来讨论的。实际上，齿轮具有一定的宽度。如图13-21（a）所示，其齿廓曲面是发生面S在基圆柱上作纯滚动时，发生面上与基圆柱母线NN平行的任一直线KK的轨迹。该轨迹即为直齿圆柱齿轮的渐开线齿廓曲面，两齿轮啮合时，齿面的接触线均为平行于齿轮轴线的直线，此直线在啮合面上，故啮合面即为两基圆的内公切面。当一对轮齿进入啮合或脱离啮合时，载荷皆沿整个齿宽突然加上或卸去。因此，直齿圆柱齿轮传动的平稳性较差，噪声和冲击也较大，一般不适用于高速、重载的传动。

斜齿圆柱齿轮齿廓曲面的形成原理与直齿圆柱齿轮相似，只是在发生面上的直线KK不再与基圆柱母线NN平行，而是与之成一角度β_b，如图13-22（a）所示。当发生面在基圆上作纯滚动时，该斜直线KK的轨迹为一渐开螺旋面，该曲面即为斜齿轮的齿廓曲面。直线KK与基圆柱母线NN夹角β_b为基圆柱上的螺旋角。

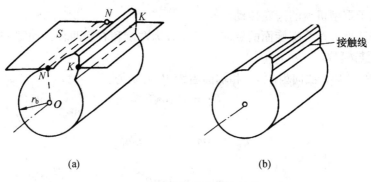

图 13-21 渐开线曲面的形成

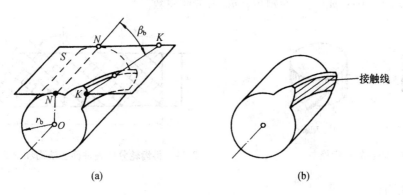

图 13-22 渐开线螺旋面的形成

当两斜齿轮传动时,齿面接触线的长度随啮合位置而变化,开始接触线长度由短变长,然后由长变短,直至脱离啮合。由于斜齿轮传动时两轮轮齿的啮合过程是一种逐渐进入和逐渐脱离的啮合过程,因而减少了传动时的冲击、振动和噪声,从而提高了传动的平稳性。斜齿轮传动适用于高速、大功率的齿轮传动。

13.10.2 斜齿圆柱齿轮的几何参数及几何尺寸计算

由于斜齿圆柱齿轮的齿廓曲面是渐开螺旋面,因此,在垂直于齿轮的轴的端面上和垂直齿廓螺旋面方向的法面上的参数是不同的。故计算斜齿轮的几何尺寸时,必须注意端面和法面参数的换算关系。

1. 斜齿圆柱齿轮几何参数

(1) 螺旋角。

斜齿圆柱齿轮齿廓曲面与任意圆柱面的交线都是一条螺旋线,该螺旋线的切线与过切点的圆柱母线间所夹锐角,称为该圆柱面上的螺旋角 β。在斜齿圆柱齿轮各个不同的圆柱面上,其螺旋角是不相同的,通常用分度圆柱面上螺旋角进行几何尺寸计算。螺旋角越大,轮齿越倾斜,则传动平稳性越好,但轴向力也越大。一般设计时取螺旋角 $\beta = 8°\sim 20°$。近年来,为增大重合度,增加传动平稳性和降低噪声,在选择 β 上,有大螺旋角化倾向。对于人字齿轮,因其轴向力可以抵消,故常取 $\beta = 25°\sim 45°$,但其加工困难,精度较低,一般用于重型机械的齿轮传动。

斜齿轮按其齿廓渐开螺旋面的旋向,可以分为左旋和右旋两种,如图 13-23 所示。

(2) 齿距与模数。

由图 13-24 可知,法向齿距 P_n 和端面齿距 P_t 关系为:

$$P_n = P_t \cos\beta$$

又因为

$$P_n = \pi m_n, \quad P_t = \pi m_t$$

故

$$m_n = m_t \cos\beta \tag{13-23}$$

式(13-23)中:m_n 为法面模数;m_t 为端面模数。

(a) 右旋　　(b) 左旋

图 13-23　斜齿轮轮齿旋向

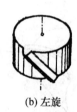

图 13-24　斜齿轮分度圆柱面上法面和端面参数的关系

(3) 压力角。

法面压力角 α_n 与端面压力角 α_t 的关系为:

$$\text{tg}\alpha_n = \text{tg}\alpha_t \cos\beta \tag{13-24}$$

用成型铣刀或滚刀加工斜齿轮时,刀具的进刀方向垂直于斜齿轮的法面,故一般规定法面内的参数为标准参数。

(4) 齿顶高系数及顶隙系数。

齿顶高系数和顶隙系数的有关公式参见表 13-4。

表 13-4　齿顶高系数和顶隙系数公式

$h_a = h_{at}^* m_t = h_{an}^* m_n$
$h_f = (h_{an}^* + c_n^*) m_n = 1.25 m_n$
$c = c_t^* m_t = c_n^* m_n$
$m_n = m_t \cos\beta$
$h_{at}^* = h_{an}^* \cos\beta$
$h_t^* = c_n^* \cos\beta$

斜齿轮的法面参数 m_n、α_n、h_{an}^*、c_n^* 为标准值且与直齿圆柱齿轮的参数标准值相同,即 m_n 查表 13-1,$\alpha_n = 20°$,$h_{an}^* = 1$,$c_n^* = 0.25$。

2. 外啮合标准斜齿轮的几何尺寸计算

由于一对斜齿轮的啮合在端面上相当于一对直齿轮的啮合,故可将直齿轮几何尺寸计算公式应用于斜齿轮端面的计算。公式如下。

分度圆直径：
$$d = m_t z = \frac{m_n z}{\cos\beta} \tag{13-25}$$

齿顶圆直径：
$$d_a = d + 2h_a = m_n\left(2h_{an}^* + \frac{z}{\cos\beta}\right) \tag{13-26}$$

齿根圆直径：
$$d_f = d - 2h_f = m_n\left(\frac{z}{\cos\beta} - 2h_{an}^* - 2c_n^*\right) \tag{13-27}$$

全齿高：
$$h = h_a + h_f = m_n(2h_{an}^* + c_n^*) \tag{13-28}$$

标准中心距：
$$a = \frac{(d_1 + d_2)}{2} = \frac{m_n(z_1 + z_2)}{2\cos\beta} \tag{13-29}$$

斜齿轮传动的中心距与螺旋角 β 有关。当一对斜齿轮的模数和齿数一定时，可以通过改变其 β 的大小来配凑给定的实际安装中心距。一对标准斜齿轮不发生根切最少齿数为：

$$z_{min} = \frac{2h_{at}^*}{\sin\alpha_t} \tag{13-30}$$

若 $\beta = 15°$、$\alpha_n = 20°$、$h_{an}^* = 1$，则其不发生根切的最少齿数为 $z = 11$，由此可见，标准斜齿轮的结构比直齿轮紧凑。

13.10.3 斜齿圆柱齿轮传动的正确啮合条件

由斜齿轮齿廓曲面的形成可知，为保证斜齿轮正确啮合传动，除像直齿轮那样保证两轮的模数、压力角相等外，两轮的螺旋角还应相匹配。对外啮合传动，两轮的螺旋角应大小相等、方向相反；对内啮合传动，两轮的螺旋角应大小相等、方向相同。因此，斜齿轮传动的正确啮合条件是：

$$\begin{matrix} m_{n1} = m_{n2} = m_n \\ \alpha_{n1} = \alpha_{n2} = \alpha_n \\ \beta_1 = -\beta_2 \text{（外啮合)}; \beta_1 = \beta_2 \text{（内啮合)} \end{matrix} \tag{13-31}$$

13.10.4 斜齿圆柱齿轮的当量齿数

用仿形法切制斜齿轮时，盘形铣刀的刀刃应位于轮齿的法面内，并沿着螺旋齿槽的方向进刀。因此，盘形铣刀的刀刃形状必须与斜齿轮的法向齿槽的开头相当。如图 13-25 所示，对斜齿圆柱齿轮任一轮齿作垂直于分度圆柱螺旋线的法面 $n—n$。此法面与分度圆柱交线为一椭圆，其长半轴为 $a = d/2\cos\beta$，短半轴为 $b = d/2$。由数学知识可知，椭圆在 P 点的曲率半径为 $\rho = a^2/b = d/2\cos^2\beta$，以曲率半径 ρ 为分度圆半径，取法面模数 m_n 为标准模数，按标准压力角 α_n 作一个直齿圆柱齿轮，则该齿轮的齿形近似于斜齿轮的法面齿形。

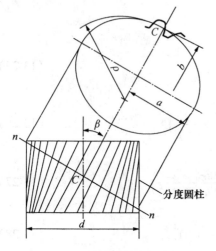

图 13-25 斜齿轮的当量齿数

这个假想的直轮圆柱齿轮称为斜齿轮的当量齿轮,其齿数 $z_v = 2\rho/m_n z_v$。将 ρ 代入 z_v,得:

$$z_v = \frac{d}{m_n \cos^2\beta} = \frac{z}{\cos^3\beta} \quad (13\text{-}32)$$

式中:z——为斜齿轮的实际齿数。

当量齿数可用来选择盘形铣刀号数及计算斜齿轮轮齿的强度,还可用以将直齿轮的某些概念直接应用到斜齿轮上。

13.10.5 斜齿圆柱齿轮的受力分析

如图 13-26 所示为斜齿轮传动中的主动轮轮齿的受力情况。当齿轮上作用转矩 T,不计摩擦力时,轮齿所受的法向力 F_n 可分解成三个相互垂直的分力。

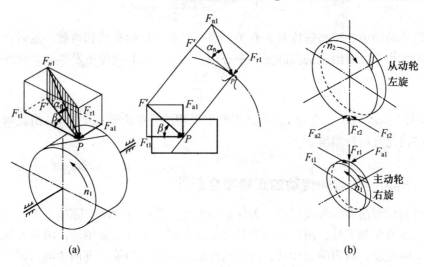

图 13-26 斜齿轮受力分析

圆周力:
$$F_t = \frac{2\,000 T_1}{d_1}$$

径向力:
$$F_r = \frac{F_t \operatorname{tg}\alpha_n}{\cos\beta}$$

轴向力:
$$F_a = F_t \operatorname{tg}\beta$$

而法向力:
$$F_n = \frac{F_t}{\cos\alpha_n \cos\beta} \quad (13\text{-}33)$$

式中：T_1——小齿轮上传递的名义转矩，Nm；
d_1——小齿轮分度圆直径，mm；
α_n——法面压力角。

圆周力的方向，在主动轮上与齿轮回转方向相反，在从动轮上与齿轮回转方向相同。两轮的径向力的方向都指向各自的轮心，轴向力的方向可用主动轮左、右手法则判断：左旋用左手，右旋用右手，握住齿轮轴线，四指弯曲表示齿轮的转动方向，则大拇指伸直所表示的方向即为轴向力的方向。从动轮的轴向力与其相反。

13.11 直齿圆锥齿轮传动

13.11.1 直齿圆锥齿轮传动的特点及其当量齿数

圆锥齿轮传动是用来传递相交两轴的运动和动力的，其传动可以看成是两个锥顶共点的圆锥体相互作纯滚动，如图 13-27 所示。圆锥齿轮的轮齿是均匀分布在一个截锥体上的，从大端到小端逐渐收缩，其轮齿有直齿和曲齿两种类型。直齿圆锥齿轮易于制造，适用于低速、轻载传动；曲齿圆锥齿轮传动平稳、承载能力强，常用于高速重载传动，但其设计和制造较复杂。本节只讨论两轴相互垂直的标准直齿圆锥齿轮传动。

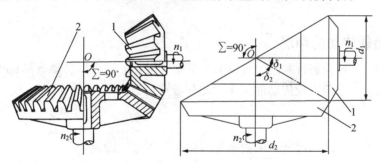

图 13-27 直齿圆锥齿轮传动

直齿圆锥齿轮和直齿圆柱齿轮相似，它具有基圆锥、分度圆锥、齿顶圆锥和齿根圆锥等。一对相互啮合传动的直齿圆锥齿轮还有节圆锥。对于正确安装的标准圆锥齿轮传动，节圆锥与分度圆锥相重合。

13.11.2 直齿圆锥齿轮传动的正确啮合条件

直齿圆锥齿轮的正确啮合条件为：两直齿圆锥齿轮的大端模数 m 和压力角 α 分别相等；此外，两齿轮的节锥角之和应等于两轴夹角。即：

$$m_1 = m_2 = m$$
$$\alpha_1 = \alpha_2 = \alpha$$
$$\Sigma = \delta_1 + \delta_2 = 90°$$

(13-34)

有关标准直齿圆锥齿轮传动的主要几何尺寸及其强度计算请查阅有关资料。

13.12 齿轮传动的效率和润滑

13.12.1 齿轮传动的效率

齿轮传动中的功率损失主要包括：

（1）啮合中的摩擦损失；

（2）润滑油被搅动的油阻损失；

（3）轴承中的摩擦损失。

当满载时，采用滚动轴承的闭式齿轮传动计入上述三种损失后的平均效率参见表13-5。

表13-5 齿轮传动的平均效率

传动装置	6级或7级精度的闭式传动	8级精度的闭式传动	开式传动
圆柱齿轮	0.98	0.97	0.95
圆锥齿轮	0.97	0.96	0.93

13.12.2 齿轮传动的润滑

齿轮传动时对齿轮进行润滑，可以减少磨损和发热，还可以防锈和降低噪声，对防止和延缓齿轮失效、改善齿轮传动的工作状况起着重要的作用。

1. 润滑方式

对于闭式齿轮传动的润滑，一般根据齿轮的圆周速度确定。

（1）浸油润滑。

当齿轮的圆周速度 $v < 12 \text{ m/s}$ 时，通常将大齿轮浸入油池中进行润滑（如图 13-28 所示）。浸入油中的深度约为一个齿高，但不应小于 10 mm，浸入过深则增大了齿轮的运动阻力并使油温升高。在多级齿轮传动中，可采用带油轮将油带到未浸入油池内的轮齿齿面上（如图 13-29 所示），同时并可将油甩到齿轮箱壁面上散热，使油温下降。

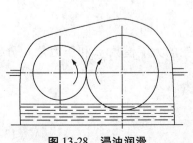

图 13-28 浸油润滑

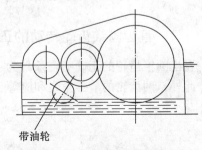

图 13-29 用带油轮带油润滑

(2) 喷油润滑。

当齿轮的圆周速度 $v>12\,\mathrm{m/s}$ 时，由于圆周速度大，齿轮搅油剧烈，且因离心力较大，会使黏附在齿廓面上的油被甩掉，因此不宜采用浸油润滑，可采用喷油润滑，即用油泵将具有一定压力的油经喷油嘴喷到啮合的齿面上，如图13-30所示。

对于开式齿轮传动的润滑，由于速度较低，通常采用人工定期加油润滑。

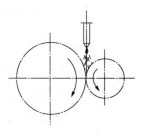

图13-30　喷油润滑

2. 润滑油的选择

齿轮传动润滑油的选择，可根据齿轮材料和圆周速度由相应表查得运动黏度值，并由选定的黏度再确定润滑油的牌号。

必须经常检查齿轮传动润滑系统的状况，如润滑油的质量、容量、油面应保持正常的高度等。油面过低造成润滑不良，过高会增加搅油功率损失。对于压力喷油润滑系统还需检查油压状况，油压过低造成供油不足，过高则可能为油路不畅通，需进行调整。

13.13　齿轮的结构

根据齿轮传动的强度计算，可以得到齿轮的主要参数和尺寸，如齿数、模数、分度圆直径、齿宽、螺旋角等。而齿轮的结构形式和齿轮的轮毂、轮辐、轮缘等部分的尺寸，则由齿轮的结构来确定。

齿轮的结构设计，通常是先根据齿轮直径的大小，选择合理的结构形式，然后由经验公式确定有关尺寸，绘制零件工作图。

齿轮常用的结构形式主要有以下几种。

1. 齿轮轴

对于直径较小的钢制圆柱齿轮，若齿根圆至键槽底部的距离 $Y\leqslant(2\sim2.5)m_n$（m_n 为法面模数）时，对于圆锥齿轮，若小端齿根圆至键槽底部的距 $Y\leqslant(1.6\sim2)m$（m 为大端模数）时，皆应将齿轮和轴制成一体，称为齿轮轴，如图13-31所示。此种齿轮轴常用锻造毛坯。

2. 实体式齿轮

当齿顶圆直径 $d_a\leqslant200\,\mathrm{mm}$ 时，可采用实体式结构，如图13-32所示。此种齿轮常用锻钢制造。

3. 腹板式齿轮

当齿顶圆直径 $d_a=200\sim500\,\mathrm{mm}$ 时，可采用腹板式结构，如图13-33所示。此种齿轮常用锻钢制造，也可采用铸造毛坯。图中齿轮各部分尺寸请查阅有关资料。

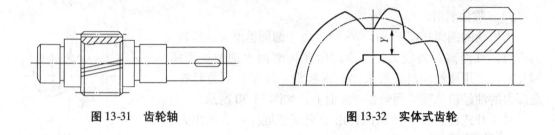

图 13-31　齿轮轴　　　　　　　图 13-32　实体式齿轮

4. 轮辐式齿轮

当齿顶圆直径 $d_a > 500$ mm 时，可采用轮辐式结构，如图 13-34 所示。此种齿轮常用铸钢或铸铁制造。图中齿轮各部分尺寸请查阅有关资料。

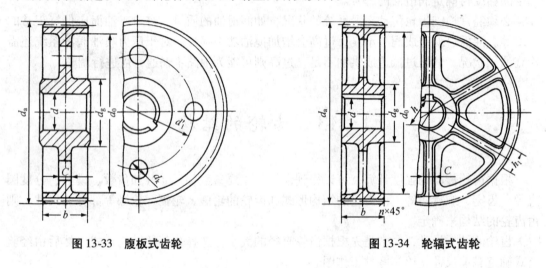

图 13-33　腹板式齿轮　　　　　　　图 13-34　轮辐式齿轮

13.14　蜗杆传动

13.14.1　蜗杆传动的特点和类型

蜗杆传动主要由蜗杆和蜗轮组成，如图 13-35 所示。它用于传递交错轴之间的回转运动和动力，通常轴交角等于 90°，一般蜗杆为主动件。

圆柱蜗杆传动一般为交错轴的两个各自绕其自身支承轴线转动的斜齿轮正交传动。其中圆柱蜗杆可认为是一个齿数少的直径小于配对蜗轮的宽斜齿轮，形如螺杆。它有左旋和右旋、单头和多头之分，一般常用右旋。蜗轮则是齿数较多，齿体的中间曲面呈环面的与圆柱蜗杆配对的一个斜齿轮，如图 13-36 所示。由于蜗杆与蜗轮轴线正交，为了使轮齿间啮合，蜗杆导程角 γ 和蜗轮螺旋角 β_2 必须相等，旋向相同，即：$\beta_2 = \gamma$。

蜗杆传动的主要优点是传动比 i 大，传递动力时，$i = 10 \sim 80$，分度传动时 i 可达

1 000；结构紧凑，传动平稳，噪声小；当蜗杆导程角小于齿面间的当量摩擦角时，可以实现自锁。蜗杆传动的主要缺点是效率低，发热量较大，不适于传递大功率。此外，为了降低摩擦，减小磨损，提高齿面抗胶合能力，蜗轮齿圈常用贵重的铜合金制造，成本较高。

蜗杆传动广泛应用于各种机器和仪表中，传递功率可达 200 kW，一般在 50 kW 以下。

蜗杆传动按照蜗杆的外形可分为圆柱蜗杆传动（如图 13-37（a）所示）、圆环面蜗杆传动（如图 13-37（b）所示）和锥面蜗杆传动（如图 13-37（c）所示）。

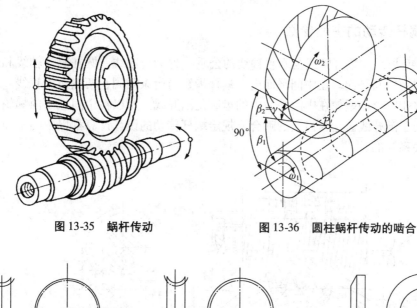

图 13-35　蜗杆传动　　　　　　　图 13-36　圆柱蜗杆传动的啮合

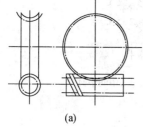 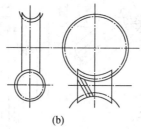 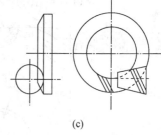

(a)　　　　　　　　　　(b)　　　　　　　　　　(c)

图 13-37　蜗杆传动的类型

圆柱蜗杆按螺旋面的形状可分为阿基米德蜗杆（ZA 蜗杆，如图 13-38 所示）和渐开线蜗杆（ZI 蜗杆，如图 13-39 所示）。

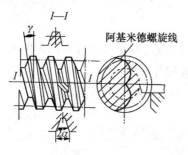 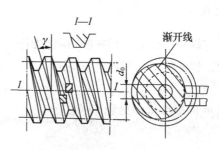

图 13-38　阿基米德蜗杆　　　　　图 13-39　渐开线蜗杆

阿基米德蜗杆的端面齿廓是阿基米德螺旋线，轴向齿廓是直线。其加工方法与车普通梯形螺纹相似，容易制造，故应用广泛，其缺点是不易得到高的精度。

渐开线蜗杆的端面齿廓是渐开线，加工时刀具切削刃切于基圆，也可以用滚刀加工，磨削方便，制造精度较高，适用于成批生产以及功率较大的高速传动，传动效率较高，其缺点是要专用设备加工。

本节仅讨论轴交角等于90°时的阿基米德蜗杆传动。

13.14.2 蜗杆传动的主要参数

如图13-40所示，蜗杆轴线与蜗轮轴线的公垂线称为连心线。圆柱蜗杆轴线和连心线构成的平面称为中间平面。在中间平面内，蜗杆齿廓与齿条相同，两侧边为直线。根据啮合原理，与之相啮合的蜗轮在中间平面内的齿廓是渐开线。所以在中间平面内蜗轮与蜗杆的啮合就相当于渐开线齿轮与齿条的啮合。规定蜗杆传动的设计计算都以中间平面参数及其几何尺寸关系为准。

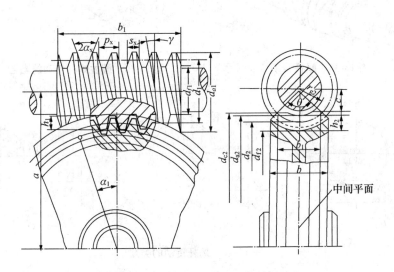

图13-40 蜗杆传动的主要参数和几何尺寸

1. 模数 m 和压力角 α

蜗杆与蜗轮啮合时，蜗杆的轴向齿距 $p_x = \pi m_{x1}$ 应与蜗轮端面分度圆齿距 $p_t = \pi m_{t2}$ 相等。因此，蜗杆的轴向模数也应与蜗轮的端面模数相等，即：

$$m_{x1} = m_{t2} = m$$

模数 m 的标准值参见表13-6。

表 13-6　蜗杆基本参数

模数 m/mm	分度圆直径 d_1/mm	蜗杆头数 z_1	直径系数 q	模数 m/mm	分度圆直径 d_1/mm	蜗杆头数 z_1	直径系数 q
1	18	1	18.000	10	90	1,2,4,6	9.000
2	22.4	1,2,4,6	11.200		160	1	16.000
	35.5	1	17.750	12.5	112	1,2,4	8.960
2.5	28	1,2,4,6	11.200		200	1	16.000
	45	1	18.000	16	140	1,2,4	8.750
4	40	1,2,4,6	10.000		250	1	15.625
	71	1	17.750	20	160	1,2,4	8.000
5	50	1,2,4,6	10.000		315	1	15.750
	90	1	18.000	25	200	1,2,4	8.000
8	80	1,2,4,6	10.000		400	1	16.000
	1400	1	17.500				

蜗杆轴向压力角 α_{x1} 等于蜗轮端面压力角 α_{t2}，均为标准压力角，即：

$$\alpha_{x1} = \alpha_{t2} = \alpha$$

综上所述，阿基米德蜗杆传动的正确啮合条件为：

$$m_{x1} = m_{t2} = m ;$$
$$\alpha_{x1} = \alpha_{t2} = \alpha ; \tag{13-35}$$
$$\beta_2 = \gamma$$

2. 传动比 i、蜗杆头数 z_1 和蜗轮齿数 z_2

蜗杆传动的传动比 i 为主动蜗杆角速度与从动蜗轮角速度之比值，通常蜗杆为主动件。

$$i = \frac{\omega_1}{\omega_2} = \frac{n_1}{n_2} = \frac{z_2}{z_1} \tag{13-36}$$

注意，蜗杆传动比不等于蜗轮和蜗杆两分度圆直径之比。

蜗杆的头数（即螺旋线数目）通常为 1，2，4，6。当要求自锁和大传动比时，$z_1 = 1$，但传动效率较低。若传递动力，为保证传动平稳性，通常取 $z_1 = 2, 4, 6$。

蜗轮齿数 $z_2 = iz_1$，传递动力时，为提高传动效率，z_2 应不小于 28，通常 $z_2 = 32 \sim 63$。如果 z_2 过大，蜗杆跨度会增大，刚度则相应减小，这样会影响蜗杆传动的啮合精度，所以 z_2 一般不大于 100。蜗轮齿数可根据传动比 i 参考表 13-7 选取。

表 13-7　蜗杆头数 z_1 蜗轮齿数 z_2 推荐值

传动比 i	5～8	7～16	15～32	30～83
蜗杆头数 z_1	6	4	2	1
蜗轮齿数 z_2	30～48	28～64	30～64	30～83

3. 蜗杆导程角 γ

按照螺纹形成原理，蜗杆分度圆柱上的导程角 γ 为：

$$\mathrm{tg}\gamma = \frac{z_1 p_{x1}}{\pi d_1} = \frac{z_1 m}{d_1} \tag{13-37}$$

蜗杆传动的效率与导程角有关，导程角大，传动效率高；导程角小，传动效率低。当传递动力时，要求效率高，常取 $\gamma = 15° \sim 30°$，此时应采用多头蜗杆。若蜗杆传动要求具有反传动自锁性能时，常取 $\gamma \leqslant 3°30'$ 的单头蜗杆。

4. 蜗杆分度圆直径 d_1，蜗杆直径特性系数 q

加工蜗轮时，为了保证蜗杆传动的线接触，必须采用与其相啮合的蜗杆尺寸相同的滚刀。由式（13-37）知，滚刀分度圆直径 d_1 不仅与模数 m 有关，而且与头数和导程角有关。加工同一模数的蜗轮，要求准备多把蜗轮滚刀，这给刀具的制造带来困难，也不经济。为了限制蜗轮滚刀数量，规定蜗杆分度圆直径为标准值（参见表13-6）。由式（13-37）可得：

$$d_1 = \frac{z_1 m}{\mathrm{tg}\gamma}$$

令

$$q = \frac{z_1}{\mathrm{tg}\gamma}$$

则

$$d_1 = qm \tag{13-38}$$

由式（13-37）可知，当 m 一定时，d_1 越小（或 q 越小），导程角越大 γ，传动效率越高，但蜗杆的强度和刚度降低。因此，在蜗杆轴刚度允许的情况下，设计蜗杆传动时，要求传动效率高时 d_1 选小值，要求强度和刚度大时取 d_1 大值。

5. 中心距 a

标准蜗杆传动其中心距计算公式为：

$$a = \frac{d_1 + d_2}{2} = \frac{m(q + m)}{2} \tag{13-39}$$

13.14.3 蜗杆传动的失效形式、结构

1. 失效形式及计算准则

蜗杆传动轮齿的失效形式和齿轮传动轮齿的失效形式基本相同，有胶合、磨损、疲劳点蚀和轮齿折断等。但蜗杆传动轮齿的胶合与磨损要比齿轮传动严重得多，这是由于蜗杆传动轮齿齿面间滑动速度较大、温升高、效率低，在润滑及散热不良时，闭式传动极易出现胶合。开式传动及润滑油不清洁的闭式传动，轮齿磨损速度很快，所以轮齿表面产生胶合、磨损、疲劳点蚀是蜗杆传动的主要失效形式。

由于蜗杆齿是连续的螺旋齿，且蜗杆材料比蜗轮强度高，因此失效总出现在蜗轮轮齿上，所以只对蜗轮轮齿作强度计算。对闭式蜗杆传动的蜗轮轮齿仍按齿面接触疲劳强度设计，按齿根弯曲疲劳强度校核并进行热平衡验算。对开式蜗杆传动，只按齿根弯曲疲劳强

度设计。由于蜗杆常与轴制成一体,设计时,可按一般轴对蜗杆强度进行验算,必要时还应进行刚度验算。

2. 蜗杆、蜗轮的结构

蜗杆通常与轴做成一体,称为蜗杆轴,如图 13-41 所示。

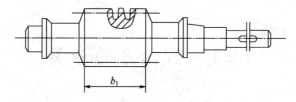

图 13-41　蜗杆轴

铸铁蜗轮或直径小的青铜蜗轮可做成整体式,如图 13-42(a)所示。

直径大的蜗轮,为了节约贵重的有色金属,常采用组合式结构,即齿圈用有色金属制造,而轮芯用钢或铸铁制成。组合形式有以下三种。

(1)齿圈压配式。

其齿圈和轮芯采用过盈连接形式,如图 13-42(b)所示。为了工作可靠起见,在接合面圆周上装上 4~8 个直径为 (1.2~1.5)·m 的螺钉(m 为蜗轮模数)。为了便于钻孔,应将螺钉中心线向材料较硬的一边偏移 2~3 mm,此结构用于尺寸不大而工作温度变化小的场合。

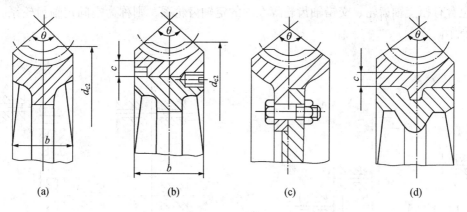

图 13-42　蜗轮结构

(2)螺栓连接式。

螺栓连接式是指齿圈与轮芯采用铰制孔螺栓连接形式,如图 13-42(c)所示。由于螺栓连接式装拆方便,故常用于尺寸较大或磨损后需要更换齿圈的场合。

(3)浇铸式。

浇铸式是铸铁轮芯上浇铸出青铜齿圈,如图 13-42(d)所示。该形式仅用于成批生产蜗轮。齿圈最小厚度 $c = 2m$(模数)但不小于 10 mm。

第14章 齿 轮 系

14.1 齿轮系的分类

在实际机械传动中,仅用一对齿轮往往不能满足生产上的多种要求,通常是采用一系列彼此相啮合的齿轮所组成的齿轮传动系统来达到目的。这种多齿轮的传动装置称为齿轮系或轮系。

齿轮系分为两大类:定轴齿轮系和行星齿轮系。

14.1.1 定轴齿轮系

当齿轮系运转时,若其中各齿轮的轴线相对于机架的位置都是固定不变的,则该齿轮系称为定轴齿轮系。

由轴线互相平行的圆柱齿轮组成的定轴齿轮系,称为平面定轴齿轮系,如图 14-1 所示。包含有相交轴齿轮、交错轴齿轮等在内的定轴齿轮系,则称为空间定轴齿轮系,如图 14-2 所示。

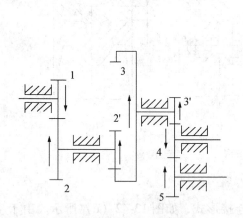 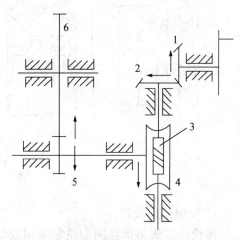

图 14-1 平面定轴齿轮系　　　　　　图 14-2 空间定轴齿轮系

14.1.2 行星齿轮系

在齿轮系运转时,若至少有一个齿轮的几何轴线绕另一齿轮固定几何轴线转动,则该齿轮系称为行星齿轮系。如图14-3所示的行星齿轮系，主要由行星齿轮、行星架（系杆）和中心轮所组成。如图14-4所示为行星齿轮系的简图。

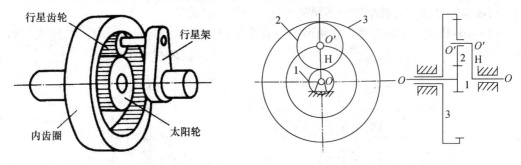

图14-3 行星齿轮系结构图　　　　　　　图14-4 行星齿轮系

在行星齿轮系中，活套在构件 H 上的齿轮 2，一方面绕自身的轴线 $O'O'$ 回转，另一方面又随构件 H 绕固定轴线 OO 回转，犹如天体中的行星，兼有自转和公转，故把作行星运动的齿轮 2 称为行星齿轮。支承行星齿轮的构件 H 则称为行星架。与行星齿轮相啮合且轴线固定的齿轮 1 和齿轮 3 称为中心轮，其中外齿中心轮 1 称为太阳轮，内齿中心轮 3 称为内齿圈。

行星齿轮系中由于一般都以中心轮和行星架作为运动的输入或输出构件，故称它们为行星齿轮系的基本构件。

1. 按结构复杂程度分类

根据结构复杂程度不同，行星齿轮系可分为以下三类。

（1）单级行星齿轮系。它是由一级行星齿轮传动机构组成的齿轮系，称为单级行星齿轮系。也就是说，它是由一个行星架及其上的行星轮和与之相啮合的中心轮所构成的轮系，如图14-4所示。

（2）多级行星齿轮系。它是由两级或两级以上同类型单级行星齿轮传动机构组成的齿轮系，如图14-5所示。

（3）组合行星齿轮系。它是由一级或多级行星齿轮系与定轴齿轮系所组成的齿轮系，如图14-6所示。

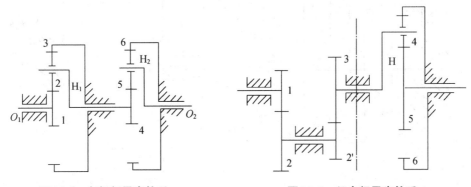

图14-5 多级行星齿轮系　　　　　　　图14-6 组合行星齿轮系

2. 按中心轮个数分类

行星齿轮系按中心轮个数的不同又可分为以下三种类型。

（1）2K-H 型行星齿轮系。它由两个中心轮（2K）和一个行星架（H）所组成，如图 14-7 所示。

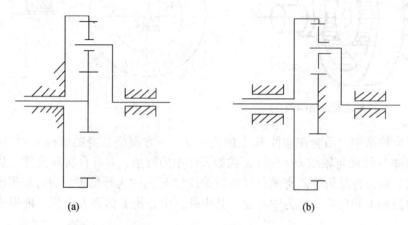

图 14-7　2K-H 型行星齿轮系

（2）3K 型行星齿轮系。它是由三个中心轮（3K）所组成的行星齿轮传动机构，如图 14-8 所示。

（3）K-H-V 型行星齿轮系。它是由一个中心轮（K）、一个行星架（H）和一个输出机构（V）组成的行星齿轮传动机构，如图 14-9 所示。行星轮与输出轴 V 之间用等角速比输出机构连接，以实现等速比的运动输出，此等角速比输出机构简称为输出机构（或 W 机构）。当前使用比较广泛的渐开线少齿差行星齿轮传动和摆线少齿差传动皆属于 K-H-V 型行星齿轮系。

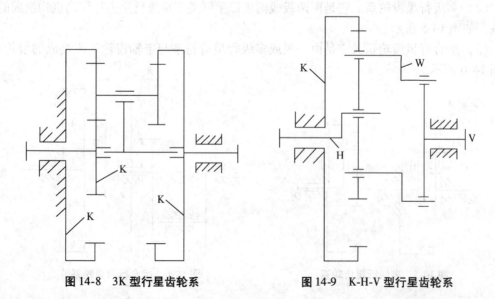

图 14-8　3K 型行星齿轮系　　　　图 14-9　K-H-V 型行星齿轮系

14.2 定轴齿轮系传动比的计算

14.2.1 齿轮系的传动比

在齿轮系中,输入轴和输出轴角速度(或转速)之比,称为齿轮系的传动比。常用字母"i"表示传动比,并在其右下角用下标表明其对应的两轴。例如,i_{17}表示轴1与轴7的角速度之比。

确定齿轮系的传动比包含以下两方面:
(1)计算传动比 i 的大小;
(2)确定输出轴(轮)的转动方向。
有了此两点内容,才能全面表达输入轴与输出轴之间的关系。

14.2.2 定轴齿轮系传动比的计算公式

如图 14-10(a)所示为一对外啮合圆柱齿轮,两轮转向相反,其传动比规定为负,可表示为:$i_{12} = \dfrac{n_1}{n_2} = -\dfrac{z_2}{z_1}$。如图 14-10(b)所示为一对内啮合圆柱齿轮,两轮转向相同,其传动比规定为正,可表示为:$i_{12} = \dfrac{n_1}{n_2} = \dfrac{z_2}{z_1}$。

转向的确定除用上述正负号表示外也可采用画箭头的方法。对外啮合齿轮,可用反方向箭头表示,如图 14-10(a)所示;内啮合时,则用同方向箭头表示,如图 14-10(b)所示;对圆锥齿轮传动,可用两箭头同时指向或背离啮合处来表示两轴的实际转向,如图 14-10(c)所示。

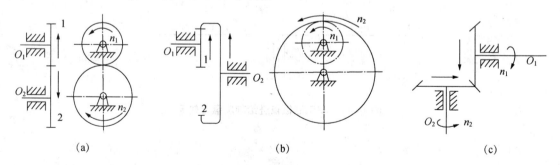

图 14-10 定轴齿轮系

下面介绍定轴齿轮系传动比的计算公式。设轮1为主动轮,轮 K 为从动轮,其间共有 $(K-1)$ 对相啮合齿轮,则可得定轴齿轮系传动比的计算公式。
(1)定轴齿轮系的总传动比等于组成该齿轮系的各对齿轮传动比的连乘积,即:

$$i_{1K} = i_{12}i_{23}i_{34}\cdots i_{(K-1)K}$$

（2）定轴齿轮系总传动比的大小，等于各对啮合齿轮中所有从动轮齿数的连乘积与所有主动轮齿数的连乘积之比，即：

$$i_{1K} = \frac{\omega_1}{\omega_K} = \frac{n_1}{n_K} = \frac{z_2 z_4 \cdots z_K}{z_1 z_3 \cdots z_{(K-1)}}$$

（3）定轴齿轮系主、从动轮的转向，可用两种方法判定。

① 画箭头方法。此方法用箭头来表示各个齿轮的转动方向，用于包含空间齿轮传动的一般情况。

② 用正负号来表示。若定轴齿轮系中主、从动轮轴线相互平行，则其传动比可以用正、负号来表示，其含义为主、从动轮转向相同或相反。对全部由圆柱齿轮组成的定轴齿轮系，其传动比的正、负决定于外啮合齿轮的对数 m，因为有一对外啮合齿轮，两轴方向即改变一次，因此可用 $(-1)^m$ 判定。此时，可直接由式（14-1）计算：

$$i_{1K} = \frac{\omega_1}{\omega_K} = \frac{n_1}{n_K} = (-1)^m \frac{z_2 z_4 \cdots z_K}{z_1 z_3 \cdots z_{(K-1)}} \tag{14-1}$$

该方法只适用于平面定轴齿轮系。

【例 14-1】 如图 14-11 所示为车床溜板箱进给刻度盘齿轮系，运动由齿轮 1 输入，由齿轮 4 输出。已知各轮齿数 $z_1 = 18$，$z_2 = 87$，$z'_2 = 28$，$z_3 = 20$，$z_4 = 84$。试求齿轮系的传动比 i_{14}。

解：根据平面定轴轮系传动比的计算公式得：

$$i_{14} = \frac{n_1}{n_4} = (-1)^m \frac{z_2 z_3 z_4}{z_1 z'_2 z_3} = (-1)^2 \times \frac{87 \times 20 \times 84}{18 \times 28 \times 20} = 14.5$$

上式计算结果为正，表示末轮 4 与首轮 1 的转向相同。

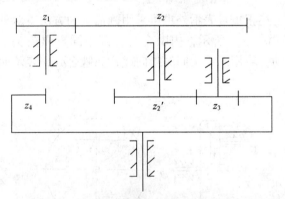

图 14-11 车床溜板箱进给刻度盘齿轮系

14.3 行星轮系传动比的计算

对于行星齿轮系，其传动比的计算显然不能直接利用定轴齿轮系传动比的计算公式。这是因为行星轮除绕本身轴线自传外，还随行星架绕固定轴线公转。

为了利用定轴齿轮系传动比的计算公式，间接求出单级行星齿轮系的传动比，可采用转化机构法，即假设给整个单级行星齿轮系加上一个与行星架 H 的转速大小相等、方向相反的附加转速"$-n_H$"，则根据相对运动原理，此时单级行星齿轮系中各构件间的相对运动关系不变，正犹如钟表各指针的相对运动关系并不会因整个钟表作相对的附加反转运动而改变一样，但反转后行星架的转速为零，即原来运动的行星架转化为静止。这样，原来的单级行星齿轮系就转化为一个假想的定轴齿轮系。这个假想的定轴齿轮系称为原单级行星齿轮系的转化机构。对于转化机构的传动比，则可按定轴齿轮系传动比的公式进行计算。而原来单级行星齿轮系的传动比，即可通过转化机构传动比计算公式间接求出。

如图 14-12（a）所示为行星齿轮系，图 14-12（b）所示表示其转化机构。转化前、后行星齿轮系中各构件的转速参见表 14-1。

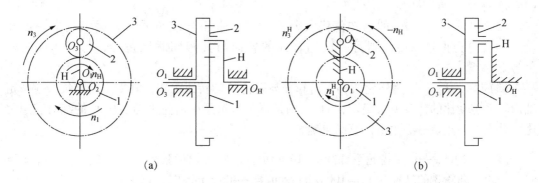

图 14-12 行星齿轮系及其转化机构

表 14-1 转化前、后行星齿轮系中各构件的转速

构　　件	原轮系中的转速	转化机构中的转速
1	n_1	$n_1^H = n_1 - n_H$
3	n_3	$n_3^H = n_3 - n_H$
H	n_H	$n_H^H = n_H - n_H = 0$

表 14-1 中 n_1^H、n_3^H、n_H^H 分别表示转化机构中各构件相对于行星架 H 的转速。对于转化机构的传动比，则可用定轴齿轮系传动比的计算方法求出，即：

$$i_{13}^H = \frac{n_1^H}{n_3^H} = \frac{n_1 - n_H}{n_3 - n_H} = -\frac{z_3}{z_1}$$

式中，负号表示齿轮 1 和齿轮 3 在转化机构中的转向相反。

上式虽没有直接表示该行星齿轮系的传动比，但已包含了各基本构件转速与各轮齿数之间的关系。在计算齿轮系传动比时，各轮齿数一般是已知的，若在 n_1、n_3、n_H 这 3 个运动参数中已知任意两个（包括大小和方向），就可确定第 3 个，从而可求出该行星齿轮系中任意两轮的传动比。

推广到一般情况，单级行星齿轮系中任意两轮 1、K 以及行星架 H 的转速与齿数的关系为：

$$i_{1K}^H = \frac{n_1^H}{n_K^H} = \frac{n_1 - n_H}{n_K - n_H} = (-1)^m \frac{z_2 z_4 z_K}{z_1 z_3 z_{K-1}} \tag{14-2}$$

式（14-2）中：1 为主动轮，K 为从动轮，中间各轮的主、从地位也应按此假定判定。m 为齿轮 1 至齿轮 K 间外啮合的次数。

应用式（14-2）求行星齿轮系传动比时，必须注意以下几点。

(1) n_1、n_K、n_H 必须是轴线平行或重合的相应齿轮的转速。其原因在于公式推导过程中附加转速（$-n_H$）与各构件原来的转速是代数相加的，因而 n_1、n_K、n_H 必须是平行向量。正因为如此，对于圆锥齿轮所组成的差动齿轮系（如图 14-13 所示），其两中心轮之间或中心轮与行星架之间的传动比可用式（14-2）求解，但行星轮的转速则不能用式（14-2）求解。

(2) 将 n_1、n_K、n_H 的已知值代入公式时必须带正号或负号，在假定其中一已知转速的转向为正号以后，则另一已知转速的转向与其相同时取正号，与其相反时取负号。

(3) $i_{1K}^H \neq i_{1K}$。i_{1K}^H 为转化机构中齿轮 1 与齿轮 K 的转速之比，其大小与正负号应按定轴齿轮系传动比的计算方法确定；而 i_{1K} 则是行星齿轮系中齿轮 1 与齿轮 K 的绝对转速之比，其大小与正负号必须由计算结果确定。

【例 14-2】 一行星齿轮系如图 14-14 所示，已知各轮齿数为：$z_1 = 16$；$z_2 = 24$；$z_3 = 64$。当轮 1 和轮 3 的转速为 $n_1 = 100$ r/min，$n_3 = -400$ r/min 时，试求 n_H 和 i_{1H}。

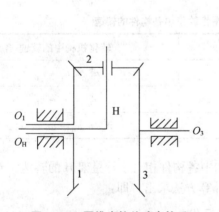

图 14-13 圆锥齿轮差动齿轮系

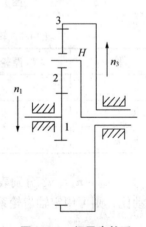

图 14-14 行星齿轮系

解：由式（14-2）可得：

$$i_{13}^H = \frac{n_1 - n_H}{n_3 - n_H} = (-1)^1 \frac{z_3}{z_1}$$

将 n_1、n_3 及各轮齿数代入上式得：

$$\frac{100 - n_H}{-400 - n_H} = -\frac{64}{16}$$

解得

$$n_H = -300 \text{ r/min}$$

故：

$$i_{1H} = \frac{n_1}{n_H} = -\frac{1}{3}$$

14.4 齿轮系的功用

由上述可知，齿轮系广泛用于各种机械设备中，其功用如下。

1. 传递相距较远的两轴间的运动和动力

当两轴间的距离 a 较大时，若仅用一对齿轮来传动，则齿轮尺寸过大，既占空间，又浪费材料，且制造安装都不方便。若改用齿轮系传动，就可克服上述缺点，如图 14-15 所示。

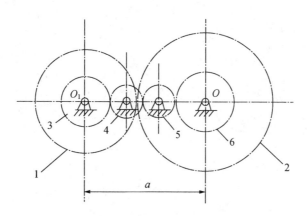

图 14-15 相距较远两轴之间的传动

2. 可获得大的传动比

当两轴之间需要较大的传动比时，如果仅用一对齿轮传动，不仅外廓尺寸大，且小齿轮易损坏。一般一对定轴齿轮的传动比不宜大于 5～7。为此，当需要获得较大的传动比时，可用较少的几个齿轮组成行星齿轮系来达到目的。

3. 可实现变速、变向传动

在主动轴转速不变的条件下，应用齿轮系可使从动轴获得多种转速，此种传动则称为变速传动。汽车、机床、起重设备等多种机器设备都需要变速传动。如图 14-16 所示为最简单的变速传动。主动轴 O_1 转速不变，移动双联齿轮 1-1'，使之与从动轴上两个齿数不同的齿轮 2、2' 分别啮合，即可使从动轴 O_2 获得两种不同的转速，从而达到变速的目的。

当主动轴转向不变时，可利用齿轮系中的惰轮来改变从动轴的转向。如图14-17中的齿轮系，主动轮1转向不变，则可通过搬动手柄来改变中间轮2、3的位置，以改变它们外啮合的次数，从而达到从动轮4变向的目的。

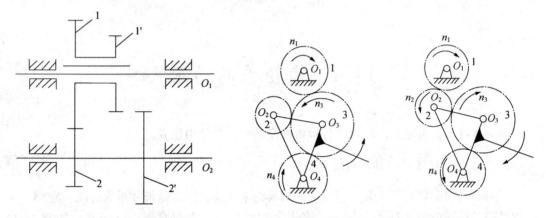

图14-16　可变速的齿轮系　　　　　　图14-17　可变向的齿轮系

第 15 章 轴

15.1 轴 概 述

轴是机器上的重要零件,它用来支持机器中的转动零件(如齿轮和皮带轮等),使转动零件具有确定的工作位置,并且传递运动和转矩。

1. 轴的分类

根据轴所起的作用以及承受载荷性质的不同,可将轴分为以下三类。
(1) 转轴。
转轴既支承转动零件又传递动力,即同时承受弯曲和扭转两种作用。如图 15-1 所示的减速器输入轴即为转轴,它是机械中最常见的轴。
(2) 传动轴。
传动轴仅传递动力,即只受扭转作用而不受弯矩作用或弯矩作用很小。如图 15-2 所示的汽车变速箱与后桥间的轴就是传动轴。

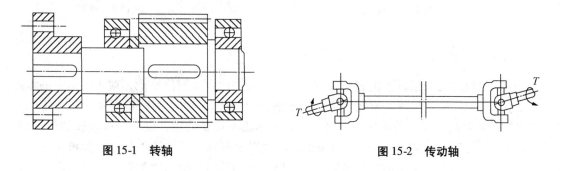

图 15-1　转轴　　　　　　　　　图 15-2　传动轴

(3) 心轴。
心轴仅用来支承转动零件,而不传递动力,因此只受弯矩作用。心轴可以是固定不动的,如图 15-3 (a) 所示的支承滑轮的轴;也可以是转动的,如图 15-3 (b) 所示的车轮轴。

轴还可按结构形状的不同分为直轴(如图 15-1～图 15-3 所示)、曲轴(如图 15-4 所示)和软轴(如图 15-5 所示)等。曲轴常用于往复式发动机、内燃机及空气压缩机中。

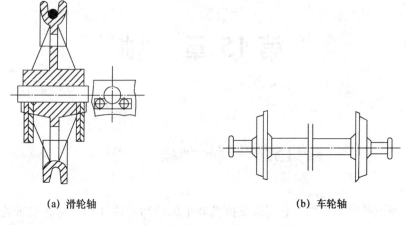

(a) 滑轮轴　　　　　　　　(b) 车轮轴

图 15-3　心轴

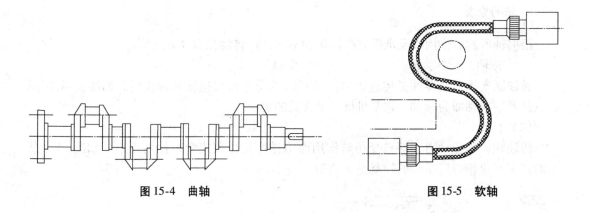

图 15-4　曲轴　　　　　　　　图 15-5　软轴

2. 轴的材料

轴的材料主要采用碳素钢和合金钢。由于碳素钢比合金钢价格低，对应力集中的敏感性较小，所以应用更广泛。常用的优质碳素钢有 35 号钢、40 号钢、45 号钢。最常用的是 45 号钢，并经过正火或调质处理。对于受力较小或不重要的轴，以及一般较长的传动轴，可用 Q235、Q275 等普通碳素钢。合金钢的机械强度较高、淬火性能较好，但价格贵，对应力集中较敏感，因此只用在传递大功率并要求减轻重量、提高轴颈耐磨性的场合。

3. 设计轴应考虑的主要问题

为了保证轴能正常工作，要求轴有足够的强度和刚度。

为了保证轴上零件（如齿轮、皮带轮、轴承等）能固定可靠和装拆方便，以及为了便于轴的加工制造、减少生产费用，轴必须具有合理的结构形状。

在一般情况下，设计轴时应考虑的主要问题包括结构和强度两个方面，但对某些机械的轴，其主轴的刚度也成为很重要的问题。例如金属切削机床，因为机床主轴受力后变形过大，所以影响机床的加工精度。此外，对于转速高的轴还要考虑振动的问题。

15.2 轴的结构设计

设计轴的结构时，主要考虑以下几方面：轴上零件要有可靠的轴向固定；轴上零件要有可靠的周向固定；便于轴上零件的装拆和轴的加工；有利于提高轴的强度和刚度，并能节约材料和减轻重量。

轴的形状通常采用阶梯形，因为阶梯轴的强度接近等强度，加工也不复杂，同时轴上的零件能可靠地固定，装拆也方便。

如图 15-6 所示为一阶梯形转轴的结构示例。轴上与轴承配合的部分称为轴颈，与其他零件配合的部分称为轴头；连接轴头和轴颈的部分叫做轴身。

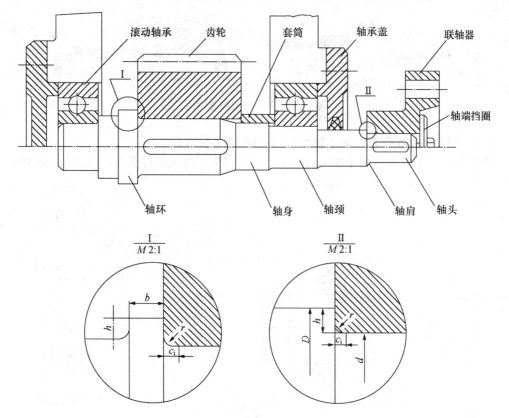

图 15-6 阶梯轴转轴结构示例

在确定轴上各个配合处的直径时要注意：
(1) 与滚动轴承配合的轴颈直径，必须符合滚动轴承内径的标准系列；
(2) 轴上螺纹部分必须符合螺纹的标准；
(3) 轴上花键部分必须符合花键标准。

1. 轴上零件的轴向固定

零件在轴上作轴向固定是为了保证零件有确定的相对位置,防止它作轴向移动,并且能承受轴向力。常用的轴向固定方法有以下几种。

(1) 轴肩和轴环(如图15-6所示)。

这是一种最常用的固定方法,可以承受较大的轴向力。图15-6中的齿轮和联轴器就是分别靠轴环和轴肩作轴向固定的。

(2) 轴端挡圈、定位套筒和圆螺母(如图15-7所示)。

轴端挡圈用于轴端零件的固定。用定位套筒定位可减少轴的直径变化,结构简单,比较常用。但当无法采用套筒或套筒太长时,可考虑用圆螺母加以固定,此时应在轴上切制螺纹(一般为细牙螺纹),而且螺纹外径要比套装齿轮的轴径小。为了防止螺母松脱,可采用双螺母或加止退垫圈。

图 15-7 几种轴向固定方法

(3) 弹性挡圈与紧定螺钉(如图15-8、图15-9所示)。

弹性挡圈与紧定螺钉用于轴向力很小,或仅仅为了防止零件偶然沿轴向移动的场合。

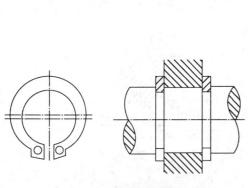

图 15-8 弹性挡圈固定

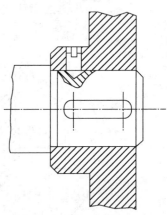

图 15-9 紧定螺钉固定

2. 轴上零件的周向固定

在轴上作周向固定是为了传递转矩和防止零件与轴产生相对转动。常用的周向固定方法有以下几种。

(1) 平键和花键。

平键和花键的具体介绍详见第11章,此处不再赘述。

（2）静配合。

静配合就是利用轴径和轮毂之间具有的过盈配合而将它们连接在一起。过盈愈大，连接愈紧固，能传递的转矩也愈大。

此外，还有同时能做轴向和周向固定的紧定螺钉固定方法。

3. 轴上零件的装拆和轴的加工

（1）阶梯轴的阶梯应保证零件能顺利的装拆。如图 15-6 所示的轴，它的直径从轴端到中间逐段增大，可依次将齿轮、套筒、滚动轴承、轴承盖和联轴器安装到轴的右端上去；另一滚动轴承可安装在轴的左端。同时轴的端面应有倒角。有时将轴身和轴头的过渡部分做成锥形（如图 15-6 所示），以便安装时将轮毂上的键槽和键对准。

（2）轴上需要磨削的轴段，为了磨削方便，在轴颈或轴头与轴肩过渡处应留有砂轮越程槽（如图 15-10 所示）。

（3）轴上车制螺纹时，应有便于车刀退出的螺尾退刀槽（如图 15-11 所示）。

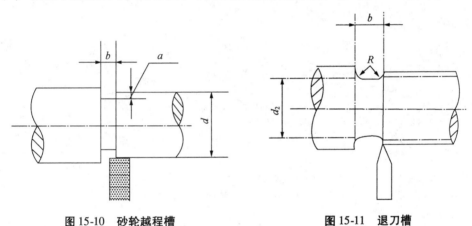

图 15-10　砂轮越程槽　　　　图 15-11　退刀槽

（4）为了减少加工时使用车刀的规格和换刀次数，最好将一根轴上所有的圆角半径取成同样大小，所有的倒角取成同样尺寸，所有的退刀槽取成同样宽度。

（5）如果沿轴的长度方向需铣制两个以上的键槽，则最好将这些键槽都开在轴的同一根母线上，且键槽的宽度尽可能统一，以便于铣切。

（6）为了使轴的各段有较好的同心度，轴两端面上的中心孔应有一定的表面粗糙度及合适的尺寸。

4. 提高轴的强度和刚度，节约材料和减轻重量

（1）降低应力集中。

由于绝大多数轴都是在变动应力下工作的，因此轴的强度多属于疲劳强度问题，它的损坏多数是从有应力集中的部位开始的。在设计轴的结构时，应尽量设法减轻轴上的应力集中。

降低应力集中的基本方法是：

① 避免轴的剖面尺寸发生急剧的变化，通常相邻轴段的直径差不能太大，一般取 5～

10 mm 左右；

② 在直径突变处应平缓过渡，制成圆角，且圆角半径尽可能取得大些；

③ 采用定位套筒代替圆螺母和弹性挡圈来使零件轴向固定，避免在轴上制出螺纹、环形槽等，可有效地提高轴的疲劳强度；此外，用套筒固定时，还可增大配合处轴肩的圆角半径（如图 15-7 所示）。

（2）提高轴的表面质量。

由材料力学可知，轴在工作时，最大应力发生在轴的表面处；此外，由于加工及其他原因（腐蚀、擦伤等），在轴表面容易产生微小的裂纹，引起应力集中。因此，轴的损坏常从表面开始，如果能提高轴的表面质量，便能提高轴的强度。例如采用表面强化处理，在轴的表面层预先造成压缩应力，当轴工作时该应力与工作应力合成后，减小了拉应力，可提高轴的疲劳强度；也可以用降低轴的表面粗糙度的方法来提高强度。

第16章 轴　　承

轴承是支承轴颈的部件，有时也用来支承轴上的回转零件，它是机械中的重要组成部分。按照承受载荷的方向不同，轴承可分为向心轴承（轴承反作用力与轴的中心线垂直）和推力轴承（轴承反作用力与轴的中心线方向一致）两类；按照工作时摩擦性质不同，轴承又可分为滑动轴承和滚动轴承两类。

16.1　滑　动　轴　承

16.1.1　滑动轴承的主要类型和结构

1. 向心滑动轴承

（1）整体式滑动轴承。

如图16-1（a）所示为无轴承座的整体式滑动轴承，它是在机架或箱体上直接制出轴承孔，有时在孔内再安装上轴套。

如图16-1（b）所示为有轴承座的整体式滑动轴承，使用时把它用螺栓装到机架上。

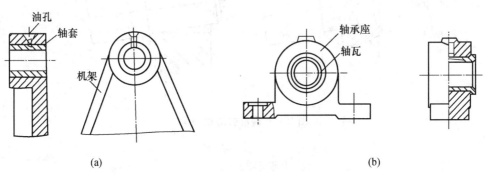

图16-1　整体式滑动轴承

整体式滑动轴承具有结构简单、制造方便、价格低廉、刚度较大等优点。但整体式滑动轴承的轴套磨损后间隙无法调整，装拆时必须作轴向移动，不太方便，故其只适用于低速、轻载和间歇工作的场合。

（2）剖分式滑动轴承。

剖分式滑动轴承的结构如图16-2所示。它由轴承盖、轴承座、上轴瓦、下轴瓦和润滑装置等组成，轴承盖与轴承座用两个或四个双头螺柱连接。为了便于装配时的对中和防止横向错动,在其剖分面上设置有阶梯形止口。考虑到径向载荷作用在轴上方向的不同,剖分面可以制成水平的(如图16-2(a)所示)和45°斜开的(如图16-2(b)所示)两种。剖分式滑动轴承的装拆方便,轴瓦磨损后可用减薄剖分面的垫片厚度来调整间隙,因此应用广泛。

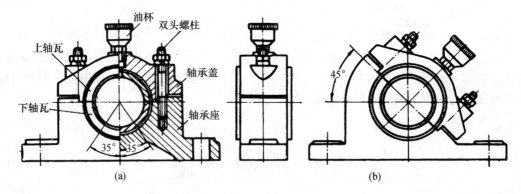

图 16-2 剖分式滑动轴承

(3) 调心式滑动轴承。

调心式滑动轴承的结构如图16-3(a)所示,它的特点是把轴瓦的支承面做成球面,使其能自动适应轴或机架的变形,以避免如图16-3(b)所示的摩擦情况。此种轴承适用于轴承宽度(B)与轴颈直径(d)之比大于1.5的场合。

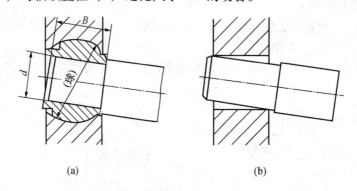

图 16-3 调心式滑动轴承

2. 推力滑动轴承

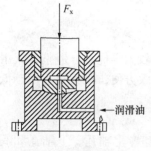

图 16-4 推力滑动轴承

推力滑动轴承用来承受轴向载荷,如图16-4所示。按推力轴颈支承面的形式不同,推力滑动轴承又分为实心、环形和多环形三种,如图16-5所示。图16-5(a)所示为实心推力轴颈,当轴旋转时,由于端面上不同半径处的线速度不相等,因而使端面中心的磨损很小,而边缘的磨损却很大,结果造成轴颈与轴瓦间的压力分布很不均匀。采用图16-5(b)所示的环形结构,则可使其端面上压力的分布得到明显的改善。图16-5(c)

所示为多环形推力轴颈，由于支承面积大，故可用来承受较大的载荷。

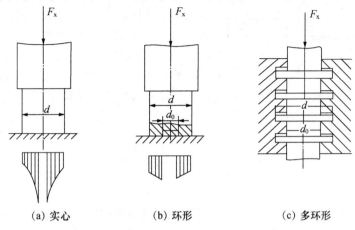

(a) 实心　　　　　(b) 环形　　　　　(c) 多环形

图 16-5　推力轴颈

16.1.2　轴瓦的结构

轴瓦是轴承中直接与轴颈接触的重要零件，它的结构和性能直接关系到轴承的效率、寿命和承载能力，因此是轴承设计中的主要研究对象之一。

轴瓦的结构如图 16-6 所示，有整体式的、剖分式的和分块式的三种。整体式轴瓦（也称轴套）用于整体式滑动轴承，剖分式轴瓦用于剖分式滑动轴承。大型滑动轴承，为了便于运输、装配和调整，一般采用分块式轴瓦。

为了改善轴瓦表面的摩擦性能，提高承载能力，常在轴瓦的内表面浇注一层减摩材料（如轴承合金等），此层材料称为轴承衬（简称轴衬）。为了使轴衬牢固地贴附在轴瓦的内表面，常在轴瓦上预制一些燕尾式沟槽等，如图 16-7 所示。

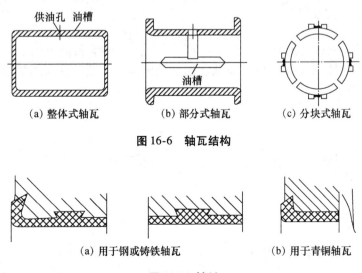

(a) 整体式轴瓦　　　(b) 部分式轴瓦　　　(c) 分块式轴瓦

图 16-6　轴瓦结构

(a) 用于钢或铸铁轴瓦　　　(b) 用于青铜轴瓦

图 16-7　轴衬

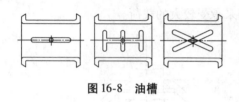

图 16-8 油槽

为了把润滑油导入整个摩擦表面之间,在轴瓦的非承载区需要开设油槽,如图 16-8 所示。油槽的长度要适宜,因为如果油槽太长,则会使润滑油从轴瓦端部大量流失;如果油槽过短,则润滑油将流不到整个轴瓦与轴颈的接触表面。油槽的长度一般取为轴瓦长度的 80%。轴瓦的结构尺寸可参看《机械设计手册》。

16.2 滚动轴承

滚动轴承由于有摩擦阻力小、效率高、起动轻快和润滑简单等优点,所以在各种机械设备中获得了十分广泛的应用。滚动轴承是标准件,设计时应按标准选用。

1. 滚动轴承的构造

滚动轴承的基本构造如图 16-9 所示,它是由外圈 1、内圈 2、滚动体 3 和保持架 4 四个基本元件组成的,有的轴承还有其他的附属元件。多数情况内圈随轴一起转动,外圈不动,但也存在相反情况或内、外圈一起转动的。内、外圈上都有滚道,滚动体沿滚道滚动,并且可以限制滚动体的侧向位移。保持架的作用是把滚动体彼此均匀地隔开,避免运转时相互碰撞,以减少滚动体的磨损。滚动轴承内圈与轴配合,外圈与轴承座孔或机座配合。

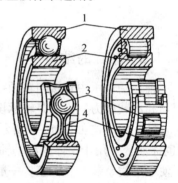

图 16-9 滚动轴承的构造
1—外圈;2—内圈;
3—滚动体;4—保持架

2. 滚动轴承的类型

根据所能承受的载荷的方向,滚动轴承可分为向心轴承和推力轴承两大类;根据滚动体的形状,滚动轴承又可分为球轴承和滚子轴承两类。常用滚动体的形状如图 10-10 所示。

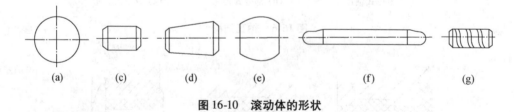

图 16-10 滚动体的形状

常用滚动轴承的类型及主要性能参见表 16-1。

表 16-1 滚动轴承的主要类型、特性及应用

轴承名称	类型代号	原标准类型代号	简　图	主要特性及应用
双列角接触球轴承	0	6		能同时承受径向载荷和双向的轴向载荷，具有相当于一对角接触球轴承背靠背安装的特性
调心球轴承	1	1		主要承受径向载荷，也可以承受不大的轴向载荷；允许角偏位小于 $2°\sim 3°$，能够自动调心。适用于多支点传动轴，刚性较小的轴及难以对中的轴
调心滚子轴承	2	3，9		与调心球轴承的特性基本相同，允许角偏位小于 $1°\sim 2.5°$，承载能力大。常用于其他轴承不能胜任的重载和冲击载荷的场合，如轧钢机、大功率减速器等
推力调心滚子轴承				能承受很大的轴向载荷和不大的径向载荷，能自动调心，允许角偏位小于 $2°\sim 3°$。适用于重载和要求调心性能好的场合，如重型机床、大型立式电机轴的支承等
圆锥滚子轴承	3	7		能同时承受径向载荷和单向轴向载荷，承载能力大；内、外圈可以分离，安装调整方便，一般应成对使用。适用于径向和轴向载荷都较大的场合，如斜齿轮、锥齿轮、蜗杆蜗轮轴及机床主轴的支承等
双列深沟球轴承	4	0		具有深沟球轴承的特性，比深沟球轴承的承载能力和刚性更大，可用于比深沟球轴承要求更高的场合
推力球轴承	5	8	51 000 52 000	套圈可以分离，只能承受轴向载荷，51000 型承受单向轴向载荷；52000 型承受双向轴向载荷；极限转速低。常用于起重机吊钩、蜗杆轴和立式车床主轴的支承等
深沟球轴承	6	0		主要承受径向载荷，也能承受一定的轴向载荷；极限转速高，高速时可用来承受不大的纯轴向力；承受冲击能力差。价格低廉、应用最广，适用于刚性较大的轴上，如机床齿轮箱、小功率电动机等

（续表）

轴承名称	类型代号	原标准类型代号	简图	主要特性及应用
角接触球轴承	7	6		能承受径向和单向轴向载荷，接触角α越大，则承受轴向载荷的能力也越大；一般应成对使用。适用于刚性大、跨距较小的轴，如斜齿轮减速器和蜗杆减速器中轴的支承等
推力圆柱滚子轴承	8	9		能承受很大的单向轴向载荷，承载能力比推力球轴承大得多。常用于承受轴向载荷大而又不需要调心的场合
圆柱滚子轴承	N	2		内、外圈可以分离，且允许少量轴向移动；承载能力比深沟球轴承大，能承受较大的冲击载荷，但不能承受轴向载荷。适用于刚性大、对中良好的轴，如大功率电动机、人字齿轮减速器等

3. 滚动轴承的代号

GB/T 272—1993 规定了滚动轴承代号的表示方法，并要求打印在轴承端面上。一般用途的滚动轴承代号由基本代号、前置代号和后置代号构成，用阿拉伯数字和拉丁字母等表示，其构成参见表 16-2。

表 16-2 滚动轴承代号的构成

前置代号	基本代号			后置代号						
	五	四	三 二 一							
成套轴承分部件代号	类型代号	尺寸系列代号	内径代号	内部结构代号	密封与防尘结构代号	保持架及其材料代号	特殊轴承材料代号	公差等级代号	游隙代号	其他代号
		宽度系列代号	直径系列代号								

（1）滚动轴承的基本代号。

滚动轴承的基本代号用来表示轴承的内径、尺寸系列和类型，一般最多为五位数。

① 轴承的内径代号。对公称内径为 16～17 mm 及常用公称内径 $d = 20～480$ mm 的滚动轴承，其内径代号以右起第一、二数字表示。具体的表示方法及其余内径的代号参见表 16-3。

表 16-3 轴承的内径代号

轴承公称内径/mm	内径代号	示例
0.6～10（非整数）	用公称内径毫米数直接表示，在其与尺寸系列代号之间用"/"分开	深沟球轴承 618/2.5 $d = 2.5$ mm

(续表)

轴承公称内径/mm		内径代号	示 例
1～9（整数）		用公称内径毫米数直接表示，对深沟球轴承及角接触球轴承7，8，9直径系列，内径与尺寸系列代号之间用"/"分开	深沟球轴承625/5 $d = 5$ mm
10～17	10	00	深沟球轴承6201 $d = 12$ mm
	12	01	
	15	02	
	17	03	
20～480		公称内径除以5的商数，商数为个位数时，需在商数左边加"0"，如07	调心滚子轴承23208 $d = 40$ mm
大于和等于500		用公称内径毫米数直接表示，但在与尺寸系列之间用"/"分开	调心滚子轴承230/500 $d = 500$ mm

② 轴承的尺寸系列代号。滚动轴承的尺寸系列代号由直径系列代号（右起第三位数字，参见表16-4）和宽度系列代号（右起第四位数字，参见表16-5）组合而成，表示轴承内径相同时，具有不同的外径和宽度，如图16-11所示。

表16-4 直径系列代号的数字及意义

代号	0	1	2	3	4	5	7	8	9
意义	特轻	特轻	轻	中	重	特重	超轻	超轻	超轻

表16-5 宽度系列代号的数字及意义

代号	0	1	2	3	4	5	6	7	8
意义	窄	正常	宽	特宽	特宽	特宽	特宽	特低	特窄

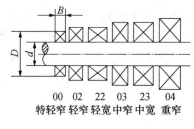

图16-11 轴承尺寸系列代号结构

③ 轴承类型代号。滚动轴承类型代号用基本代号右起第五位数字（或字母）表示。常用轴承的类型、代号参见表16-1。

(2) 滚动轴承的后置代号、前置代号。

后置代号、前置代号是轴承在结构形状、尺寸、公差、技术要求等有改变时，在基本代号左、右添加的补充代号。

① 滚动轴承的后置代号。后置代号包括内部结构代号、密封与防尘结构代号、保持架及其材料代号、公差等级代号、游隙代号及其他代号等。其中，密封与防尘结构代号、保持架及其材料代号为有相关结构时采用。

- 内部结构代号：表示同一类型轴承的不同代号。例如接触角 $\alpha = 15°$、$\alpha = 25°$、$\alpha = 40°$ 的角接触球轴承分别在基本代号后用 C、AC、B 表示。
- 公差等级代号：滚动轴承的公差等级分为 0、6、6x、5、4、2 等6级，其中0级精度最低,2级精度最高。标记方法是在轴承基本代号后写/P_0、/P_6、/P_{6x}、/P_5、/P_4、/P_2等。

- 游隙代号:轴承的游隙分为径向游隙和轴向游隙,它们分别表示一个套圈固定,另一个套圈沿径向或轴向由一个极限位置到另一个极限位置的移动量。游隙代号分6组,常用代号为0,一般不予标注;其他组的代号分别为/C_1、/C_2、/C_3、/C_4、/C_5。

② 滚动轴承的前置代号。轴承的前置代号里用字母表示轴承的分部件。例如 L 表示可分离轴承的可分离套圈;而 K 表示轴承的滚动体与保持架组件等。

4. 滚动轴承的类型选择

选用滚动轴承时,首先要选择类型。影响正确选择轴承类型的主要因素有:轴承的载荷、转速、装拆及经济性等。具体选择可参考下列原则。

(1) 轴承受载荷的大小、方向及性质是选择轴承类型的主要依据。如果只承受径向载荷时,一般选用深沟球轴承或圆柱滚子轴承;只承受轴向载荷时,可选用推力轴承;同时承受径向及轴向载荷,但轴向载荷不大时,可选用深沟球轴承或接触角不大的角接触球轴承或圆锥滚子轴承;同时承受径向及轴向载荷,而轴向载荷较大时,应选用接触角较大的角接触球轴承和圆锥滚子轴承,也可以选用向心轴承与推力轴承组合,分别承受径向力与轴向力。

(2) 滚子轴承的承载能力较球轴承大,当载荷较大或有冲击载荷时,宜选用滚子轴承。

(3) 球轴承允许的极限转速高于滚子轴承,故在高速轻载及要求旋转精度较高时,宜选用球轴承。

(4) 对于需要经常拆卸或拆装困难的地方,可选用内外圈分离的轴承,如圆柱滚子轴承、圆锥滚子轴承等。

(5) 当支承跨距大,轴的弯曲变形大,或轴与孔的中心线不重合而有角度误差,两个轴承座孔中心位置有误差,或多支点时,应考虑选用调心轴承。

(6) 考虑经济性。一般球轴承比滚子轴承便宜,调心轴承价格最高。普通级同型号不同精度的轴承比价为:6级:5级:4级:2级 = 1:1.8:2.3:7:10。可见,相同型号的轴承中,精度愈高,价格愈高。在相同精度的轴承中,深沟球轴承的价格最低。因此,在选用轴承时,应在保证轴承工作性能的前提下,尽量选用价格低廉的轴承。

第四篇

液压与液力传动

第 17 章 液压与液力传动概论

用液体作为工作介质来实现能量传递的传动方式称为液体传动。液体传动按其工作原理的不同可分为液压传动和液力传动。主要以液体的压力能进行工作的传动方式称为液压传动，主要以液体的动能进行工作的传动方式称为液力传动。

17.1 液压传动

17.1.1 液压传动的工作原理

液压传动的工作原理我们可以由液压千斤顶的工作原理来说明。如图 17-1 所示，液压千斤顶主要由大油缸 6 和大活塞 7、小油缸 3 和小活塞 2、单向阀 4 和 5、截止阀 9 以及杠杆 1、重物 8 和油箱 10 等组成。

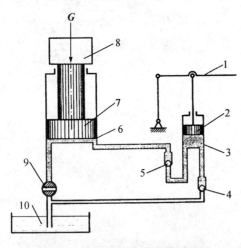

图 17-1 液压千斤顶的工作原理图
1—杠杆；2—小活塞；3—小油缸；4，5—单向阀；6—大油缸；7—大活塞；8—重物；9—截止阀；10—油箱

工作时，用手向上提起杠杆 1，小活塞 2 被带动上升，于是小油缸 3 的下腔密封容积增大，腔内压力下降，形成局部真空，这时单向阀 5 将所在的通道关闭，油箱 10 中的油液在大气压力的作用下推开单向阀 4 流进油通道进入小油缸的下腔，完成一次吸油动作。接着压下杠杆，小活塞下移，小油缸的下腔密封容积减小，腔内压力升高，这时单向阀 4 自动关闭油液流回油箱的通道，而小油缸下腔的压力油推开单向阀 5 挤入大油缸 6 的下腔，推动大活塞 7 向上移动，将重物 8 顶起一段距离。如此反复提压杠杆，即可将重物不断升起，达到顶起重物的目的。

若将截止阀 9 旋转 90°，则在重物的重力作用下，大油缸中的油液流回油箱，大活塞下降到原位。

从此例可以看出，液压千斤顶就是液压传动装置，通过其工作过程可知液压传动是依靠液体在密封容积变化中的压力能来实现运动和动力传动的。

17.1.2 液压传动系统的组成

如图 17-2 所示是一个机床工作台液压传动系统，通过它可进一步了解液压传动系统的基本原理和组成情况。

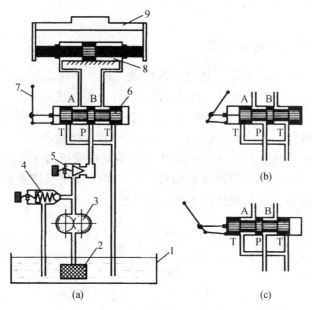

图 17-2 液压传动系统的工作原理及组成
1—油箱；2—滤油器；3—液压泵；4—溢流阀；5—节流阀；6—换向阀；7—手柄；8—液压缸；9—工作台

如图 17-2（a）所示，液压缸 8 固定在床身上，活塞连同活塞杆带动工作台作往复运动。液压泵 3 在电动机驱动下高速旋转，油液从油箱中经滤油器 2 被吸入液压泵内，增大压力后输入系统。若将换向阀手柄 7 向右推，使阀芯处于图 17-2（b）所示的位置，则来自液压泵的压力油经节流阀 5 和换向阀 6 进入油缸 8 的左腔，推动活塞连同工作台 9 一起向右移动，同时油缸右腔的油液经换向阀回到油箱。若将换向阀的手柄扳到左边位置，使换向阀处于图 17-2（c）所示的位置，则压力油经换向阀进入油缸的右腔，推动活塞连同工作台一起向左移动，这时左腔的油液也经换向阀回到油箱。

节流阀是用来调节油缸运动速度的，当节流阀的开口较大时，进入油缸的流量较大，油缸的运动速度也较快；反之，当节流阀的开口较小时，油缸的运动速度则较慢。换向阀是用来改变油液在系统中运动方向的，可以使油液进入油缸的左腔或右腔。溢流阀是用来控制系统油液最高压力的，当系统的压力达到其调定值时，该阀打开，油液由此流回油箱，起到控制系统最高压力或溢流稳压的作用。

从上例可知，液压传动系统由以下五个部分组成。

（1）动力元件：即液压油泵，它将发动机或电动机输入的机械能转换为液压能。其作用是为系统提供具有一定压力和流量的液压油，是系统的动力源。

（2）执行元件：即液压油缸和液压马达。其作用是将液压能转换为机械能，输出力和速度或扭矩和转速，以驱动工作部件。

(3) 控制元件：即各类阀。其作用是用来控制系统中油液的压力、流量和流动方向，以保证执行元件完成预定的动作。

(4) 辅助元件：即油箱、油管、过滤器、冷却器及各种指示器和控制仪表等。其作用是提供必要的条件使系统得以完成正常工作。

(5) 工作介质：即液压油。液压系统就是通过工作介质来实现运动和动力传动的。

17.1.3 液压系统图及图形符号

如图 17-1、图 17-2 所示的液压传动系统图是一种半结构式的工作原理图，这种图形直观性强，较易理解，但难于绘制，如果系统中元件过多时更是如此。为了便于阅读、分析、设计和绘制液压系统，在工程实际中，国内外都采用液压元件的图形符号来表示。按照规定，这些图形符号只表示元件的功能，不表示元件的结构和参数，并以元件的静止状态或零位状态来表示。如图 17-3 所示的液压系统图就是采用国家标准 GB/T 786.1—1993 规定的液压图形符号绘制的。使用这些图形符号，可使液压系统图形简单清晰，便于绘制。GB/T 786.1—1993 规定的液压图形符号参见本书附录。

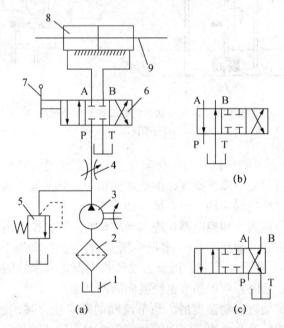

图 17-3 液压传动系统工作原理图

1—油箱；2—滤油器；3—液压泵；4—节流阀；5—溢流阀；6—换向阀；7—手柄；8—液压缸；9—工作台

17.1.4 液压传动的特点

与其他传动形式相比，液压传动主要有以下优点：

(1) 在相同功率条件下，液压传动装置体积小，重量轻；

(2) 执行元件工作平稳，换向时冲击较小，可频繁换向；

(3) 可方便实现过载保护,且工作油液能使液压元件实现自润滑,故使用寿命长;
(4) 液压传动容易实现无级调速,且调速范围大;
(5) 操纵简单,调节控制方便,特别是与机、电、气联合使用,易于实现复杂的自动工作循环;
(6) 由于液压元件已实现了标准化、系列化和通用化,液压系统的设计、制造、维修已大大简化。

液压传动的主要缺点有:
(1) 液压传动中的泄漏和液体的可压缩性会影响执行元件运动的准确性;
(2) 液压传动有较多的能量损失,传动效率较低,因此不宜作远距离传动;
(3) 液压传动对油温的变化比较敏感,不宜在很高或很低的温度下工作;
(4) 液压系统出现故障时不易查找原因。

综上所述,液压传动的优点是主要的,它的缺点会随着科学技术的发展逐步得到解决。

17.2 液力传动

17.2.1 液力传动的工作原理

液力传动的工作原理可以由一组离心泵-涡轮机系统来说明,如图 17-4 所示。发动机带动离心泵 1 旋转,离心泵从液槽吸入液体并带动液体旋转,然后将液体以一定的速度输入导管 3,这样离心泵便把发动机的机械能转变成了液体的动能。由离心泵输出的高速液体经导管冲击涡轮机 2 的叶片,使涡轮转动,从而输出机械能。

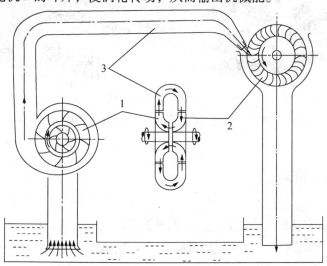

图 17-4 离心泵-涡轮机系统
1—离心泵;2—涡轮机;3—导管

液力传动装置主要有液力耦合器和液力变矩器，本书以液力变矩器为例介绍液力传动装置。

17.2.2 液力变矩器

液力传动是一种以液体为工作介质的能量转换装置，它主要包括两部分：能量的输入部件，一般称为泵轮，它将发动机的机械能转变为液体的动能；能量输出部件，一般称为涡轮，它将液体的动能转变为机械能对外输出。如果液力传动装置只有上述两个部件，则称这一传动装置为液力耦合器；若除上述两部件外还有一个固定的导流部件，一般称为导轮，则称这个液力传动装置为液力变矩器。

如图 17-5 所示是泵轮、涡轮和导轮各为一个的最简单的液力变矩器，在各工作轮上都安装着一定形状和角度的工作叶片。其工作过程是：发动机通过飞轮、驱动壳将动力传给泵轮，高速转动的泵轮将液体带动起来一起旋转，这样泵轮将发动机的机械能转变为液体的动能，液体以一定的速度沿导轮的叶片飞出，去冲击涡轮的叶片，使涡轮旋转，将动力向后边传递，这样涡轮就将液体的动能转变为机械能对外输出；同时，沿涡轮叶片飞出的液流冲击固定不动的导轮，导轮通过液流对涡轮施加反作用力矩，从而使涡轮的输出力矩增大，这样就达到了变矩的目的。液流经过导轮回到泵轮进入下一个循环。

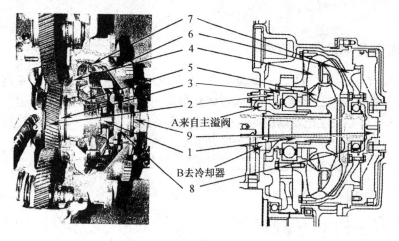

图 17-5 液力变矩器

1—轴；2—齿轮；3—轴承；4—泵轮；5—导轮；6—涡轮；7—驱动壳；8—轴承；9—端盖

17.2.3 液力传动的特点

液力传动装置主要有以下优点。

（1）使车辆具有良好的自动适应性。当外载荷增大时，变矩器能使车辆自动增大牵引力，同时车辆自动减速，以克服增大了的外载荷；反之，当外载荷减小时，车辆又能自动减小牵引力，提高车辆的速度。

（2）扩大了机械的适应范围。当工程机械的工作装置作业时，如果作业阻力增大，则工作装置的运动速度自动变慢；如果作业阻力减小，则工作装置的运动速度自动变快，以适应工作阻力的变化。

（3）液力变矩器既可保证发动机经常在额定工况下工作，可避免发动机因外负荷突然增大而熄火，同时也满足车辆牵引工况和作业工况的需要。

（4）提高了车辆的使用寿命。由于液力传动的工作介质是液体，故能吸收并减少来自发动机和外载荷的振动和冲击，因此可提高车辆的使用寿命。

（5）提高了车辆的舒适性。采用了液力传动后，可以平稳起步，并在较大的速度范围内无级变速，同时吸收和减少振动及冲击，从而提高了车辆的舒适性。

（6）简化了车辆的操纵。由于液力变矩器本身就是一个自动无级变速器，发动机的动力范围得到了扩大，故变速箱的挡数可以减小，换挡操纵简单。

液力传动的主要缺点为：与一般机械传动相比，传动效率较低，成本较高。

第18章 液 压 泵

在液压传动系统中,液压泵是动力元件,其功用是把原动机输入的机械能转变成液压能对外输出,向系统提供具有一定压力和流量的液压油。在液压传动系统中所使用的液压泵都是容积式液压泵,它是依靠周期性变化的密闭容积和必要的配流装置来进行工作的。

18.1 液压泵概述

18.1.1 液压泵的工作原理及分类

如图 18-1 所示为一单柱塞液压泵的工作原理。柱塞 2 安装在泵体 3 里,并在弹簧作用下始终与偏心轮 1 接触,当偏心轮由原动机带动旋转时,柱塞便在泵体内作往复移动,使密封腔 a 的容积发生变化。当柱塞向右移动时,密封腔的容积增大,形成局部真空,油箱中的油便在大气压力的作用下通过单向阀 4 流入泵体内,实现吸油,此时单向阀 5 关闭,防止系统油液回流。当柱塞向左移动时,密封腔的容积减小,油液受挤压,便经单向阀 5 压入系统,实现压油,此时单向阀 4 关闭,避免油液流回油箱。若偏心轮不停地旋转,泵就不断地吸油和压油。

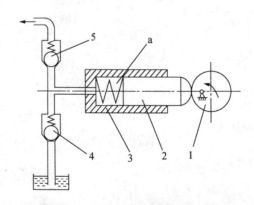

图 18-1 单柱塞液压泵的工作原理
1—偏心轮;2—柱塞;3—泵体;4,5—单向阀;a—密封腔

由此可见,液压泵是靠密封腔的容积变化来实现吸油和压油的,其排油量的大小取决于密封腔的容积变化,故称为容积式泵。容积式泵工作有两个必要条件。

(1) 有周期性的密封容积变化。密封容积由小变大时实现吸油,由大变小时实现压油。

(2) 有配流装置。它保证密封容积由小变大时只与吸油管连通,密封容积由大变小时只与压油管连通。上述单柱塞液压泵中的两个单向阀 4、5 就是起配流作用的,是配流装置的一种类型。

根据液压泵结构形式的不同，液压泵有齿轮泵、叶片泵、柱塞泵、螺杆泵等类型。其中，齿轮泵可分为外啮合齿轮泵和内啮合齿轮泵；叶片泵可分为单作用叶片泵和双作用叶片泵；柱塞泵可分为轴向柱塞泵和径向柱塞泵等。

根据液压泵的输出流量是否变化，液压泵可分为定量泵和变量泵。

18.1.2 液压泵的性能参数

1. 液压泵的压力

（1）工作压力 p。液压泵的工作压力是指泵工作时输出油液的实际压力，其大小取决于外界负载。当外界负载增大时，液压泵的压力升高；当外界负载减小时，液压泵的压力降低。

（2）额定压力 p_n。泵在正常工作条件下，按实验标准规定能连续运转的最高压力称为泵的额定压力。额定压力的大小受其本身的泄漏和结构强度所制约。当泵的工作压力超过额定压力时，泵就会超载。

由于液压传动的用途不同，系统所需要的压力也不相同，为了便于液压元件的设计、生产和使用，将压力分为几个等级（参见表18-1）。

表18-1 压力分级

压力等级	低压	中压	中高压	高压	超高压
压力 p/MPa	≤2.5	>2.5～8	>8～16	>16～32	>32

2. 液压泵的排量和流量

（1）排量 V。由泵的密封腔几何尺寸变化计算而得的泵每转的排油体积称为泵的排量，其常用单位为 mL/r。

（2）理论流量 q_{vt}。由泵的密封腔几何尺寸变化计算而得的泵在单位时间内的排油体积称为泵的理论流量。泵的理论流量等于排量与其转速的乘积，即：

$$q_{vt} = Vn \tag{18-1}$$

（3）实际流量 q_v。液压泵的实际流量是泵工作时实际排出的流量。

（4）额定流量 q_{vn}。液压泵的额定流量是泵在额定压力和额定转速下输出的实际流量。由于泵存在泄漏，所以泵的实际流量和额定流量都小于理论流量。

3. 液压泵的功率

（1）输出功率 P_o。在液压传动系统中，泵的输出表现为液体的压力和流量，其输出功率等于液体压力和流量的乘积，即：

$$P_o = pq_v \tag{18-2}$$

式中：P_o——泵的输出功率；

p——输出油液的压力；

q_v——输出油液的流量。

(2) 输入功率 P_i。液压泵的输入功率为驱动泵轴的机械功率，即：
$$P_i = 2\pi n T_i \tag{18-3}$$
式中：P_i——泵的输入功率；
n——泵轴的转速；
T_i——液压泵的输入转矩。

液压泵在工作中，由于有泄漏和机械摩擦，存在能量损失，故其输出功率小于输入功率，即 $P_o < P_i$。

4. 液压泵的效率

(1) 容积效率 η_v。液压泵的实际流量与理论流量的比值称为泵的容积效率，即：
$$\eta_v = \frac{q_v}{q_{vt}} = \frac{q_{vt} - \Delta q_v}{q_{vt}} = 1 - \frac{\Delta q_v}{q_{vt}} \tag{18-4}$$
式中：η_v——容积效率；
q_v——实际流量；
q_{vt}——理论流量；
Δq_v——液压泵的泄漏量。

液压泵的泄漏量 Δq_v 是理论流量与实际流量的差值，其值大小与泵的压力 p 有关，并随 p 的增大而增加。

(2) 机械效率 η_m。由于泵在工作时存在各种摩擦损失（机械摩擦、液体摩擦），所以驱动泵轴所需要的实际转矩必然大于理论转矩。理论转矩与实际转矩的比值称为机械效率，即：
$$\eta_m = \frac{T_t}{T_i} \tag{18-5}$$
式中 T_i 为实际输入转矩，T_t 为理论转矩。如果忽略各种能量损失，泵的理论机械功率将全部转换为液压功率，即：
$$pq_{vt} = pVn = 2\pi n T_t$$
则有 $T_t = \dfrac{pV}{2\pi}$，将此式带入式（18-5）得：
$$\eta_m = \frac{pV}{2\pi T_i} \tag{18-6}$$

(3) 总效率 η。泵的输出功率与输入功率的比值称为泵的总效率，即：
$$\eta = \frac{P_o}{P_i} = \frac{pq_v}{2\pi n T_i} = \frac{q_v pV}{Vn 2\pi T_i} = \eta_v \eta_m \tag{18-7}$$

【例 18-1】 某液压泵的输出油压 $p = 12$ MPa，转速 $n = 1400$ r/min，排量 $V = 48$ mL/r，容积效率 $\eta_v = 0.95$，总效率 $\eta = 0.9$，求液压泵的输出功率和输入功率。

解：(1) 求液压泵的输出功率。
液压泵的实际输出流量：
$$q_v = q_{vt}\eta_v = Vn\eta_v = 48 \times 10^{-3} \times 1400 \times 0.95 = 63.84 \text{ (L/min)}$$
液压泵的输出功率：

$$P_\text{o} = pq_\text{v} = \frac{12 \times 10^6 \times 63.84 \times 10^{-3}}{60} = 12.77 \text{ (kW)}$$

（2）求液压泵的输入功率。

液压泵的输入功率：

$$P_\text{i} = \frac{P_\text{o}}{\eta} = \frac{12.77}{0.9} = 14.19 \text{ (kW)}$$

18.2 齿轮泵

齿轮泵是液压系统中广泛采用的液压泵，有外啮合和内啮合两种结构形式。齿轮泵的主要优点是结构简单，制造方便，体积小，重量轻，转速高，自吸性能好，对油的污染不敏感，工作可靠，寿命长，便于维护修理以及价格低廉等。齿轮泵的主要缺点是流量和脉动率大，噪声大，排量不可调等。

18.2.1 外啮合齿轮泵

1. 外啮合齿轮泵的工作原理

如图 18-2 所示为渐开线圆柱直齿形的外啮合齿轮泵的工作原理图，在泵体内有一对齿数相同的外啮合渐开线齿轮，齿轮两侧由端盖盖住（图中未标示出）。泵体、端盖和齿轮之间形成了密封腔，并由两个齿轮的齿面接触线将左、右两腔隔开，形成了吸、压油腔。当齿轮按图示方向旋转时，右侧吸油腔内的轮齿相继脱开啮合，使密封容积增大，形成局部真空，油箱中的油在大气压力作用下进入吸油腔，并被旋转的齿轮带入左侧；左侧压油腔的轮齿不断进入啮合，使密封容积变

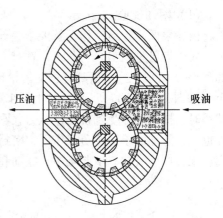

图 18-2 外啮合齿轮泵的工作原理图

小，油液被挤出，通过压油口压油，这就是齿轮泵的吸油和压油过程。齿轮不断地旋转，泵就不断地吸油和压油。

2. 齿轮泵的排量和流量

齿轮泵的排量（V）相当于两个齿轮齿槽容积之和。假设齿槽容积等于轮齿体积，那么其排量就等于一个齿轮的齿槽容积和轮齿体积的总和，即相当于以有效齿高（$h = 2m$）和齿宽构成的平面所扫过的环形体积，故泵的排量为：

$$V = \pi dhb = 2\pi zm^2 b \tag{18-8}$$

式中：d——分度圆直径，$d = mz$；

h——有效齿高，$h = 2m$；

z——齿轮齿数;

b——齿轮齿宽;

m——齿轮模数。

实际齿槽容积比轮齿体积稍大一些,所以通常取:

$$V = 6.66zm^2 b \tag{18-9}$$

齿轮泵的实际输出流量为:

$$q_v = 6.66zm^2 bn\eta_v \tag{18-10}$$

式中,n 为泵的转速;η_v 为泵容积效率;q_v 是齿轮泵的平均流量。

实际上,由于齿轮泵啮合过程中压油腔的容积变化率是不均匀的,因此齿轮泵的瞬时流量是脉动的。设 q_{vmax}、q_{vmin} 表示最大、最小瞬时流量,则流量脉动率 σ 可表示为:

$$\sigma = \frac{q_{vmax} - q_{vmin}}{q_v} \tag{18-11}$$

齿轮泵的齿数越少,流量脉动率就越大,其值最高可达 20% 以上。流量脉动引起压力脉动,随之产生振动与噪声(内啮合齿轮泵的流量脉动率要小得多),所以高精度机械不宜采用外啮合齿轮泵。

3. 外啮合齿轮泵的结构特点

(1) 困油现象。

齿轮泵要平稳地工作,就要求齿轮啮合的重合度必须大于 1,即一对轮齿尚未脱开,另一对轮齿已进入啮合。此时,就有一部分油液被围困在两对轮齿所形成的密封腔之内,如图 18-3 所示。这个密封容积随齿轮转动先由最大(如图 18-3(a)所示)逐渐减小到最小(如图 18-3(b)所示),又由最小逐渐增加到最大(如图 18-3(c)所示)。密封容积减小时,被困油液受到挤压,压力急剧上升,并从缝隙中流出,导致油液发热,轴承等机件也受到附加的不平衡负载作用;密封容积增大又会造成局部真空,使溶于油中的气体分离出来,产生气穴,引起噪声、振动和气蚀,这就是齿轮泵的困油现象。

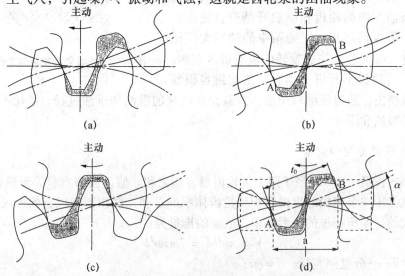

图 18-3 齿轮泵的困油现象及消除措施

消除困油现象的方法，通常是在齿轮的两端盖板上开卸荷槽，如图18-3（d）中的虚线所示，使密封容积减小时通过右边的卸荷槽与压油腔相通，密封容积增大时通过左边的卸荷槽与吸油腔相通。在很多齿轮泵中，两槽并不对称于齿轮中心线分布，而是整个向吸油腔侧平移一段距离，这样能取得更好的卸荷效果。

（2）径向作用力不平衡。

齿轮泵工作时，液体作用在齿轮外缘上的压力是不均匀的，从低压腔到高压腔，压力沿齿轮旋转方向逐齿递增，因此齿轮和轴受到径向不平衡力的作用。工作压力越高，径向不平衡力也越大，严重时能使泵轴弯曲，导致齿顶接触泵体，产生磨损，同时也降低轴承的使用寿命。

为了减少径向不平衡力的影响，常采取缩小压油口的办法，使压油腔的压力油仅作用在1~2个齿的范围内；同时适当增大径向间隙，使齿顶不与泵体接触。

（3）泄漏。

外啮合齿轮泵压油腔的压力油向吸油腔泄漏有三条途径：一是通过齿轮啮合处的啮合间隙，二是通过泵体内孔和齿顶圆间的径向间隙，三是通过齿轮两端面和盖板间的端面间隙。在三类间隙中，以端面间隙的泄漏量最大，约占70%~80%左右，而且泵的压力愈高，间隙泄漏就愈大，因此其容积效率很低，一般齿轮泵只适用于低压场合。为了减小泄漏，用设计减小间隙的方法并不能取得很好的效果，因为泵在经过一段时间运转后，由于磨损而使间隙变大，泄漏又会增加。为使齿轮泵能在高压下工作，并具有较高的容积效率，需要从结构上采取措施，对端面间隙进行自动补偿。

通常采用的端面间隙自动补偿装置有浮动轴套式和弹性侧板式两种，其原理都是引入液压油使轴套或侧板紧贴齿轮端面，且压力越高，贴得越紧，因而能自动补偿端面磨损和减小间隙。如图18-4所示为采用浮动轴套的中高压齿轮泵的一种典型结构，其中轴套1和轴套2是浮动安装的，轴套左侧的空腔均与泵的压油腔相通。当泵工作时，轴套1和轴套2受左侧高压油的作用而向右移动，将齿轮的两侧面压紧，从而自动补偿了端面间隙。采用这一自动补偿装置的齿轮泵的额定工作压力可达20 MPa，容积效率不低于0.9。

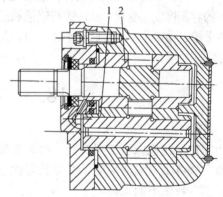

图18-4　采用浮动轴套的中高压齿轮泵

1，2—轴套

18.2.2　内啮合齿轮泵

内啮合齿轮泵有渐开线齿形和摆线齿形两种，其结构示意图如图18-5所示。

1. 渐开线齿形内啮合齿轮泵

渐开线齿形内啮合齿轮泵由小齿轮、内齿环、月牙形隔板等组成。当小齿轮为主动轮时，带动内齿环绕各自的中心同方向旋转，左半部轮齿退出啮合，容积增大，形成真空，进行吸油。进入齿槽的油被带到压油腔，右半部轮齿进入啮合，容积减小，从压油口压油。在小齿轮和内齿轮之间要装一块月牙形隔板，以便将吸、压油腔隔开。

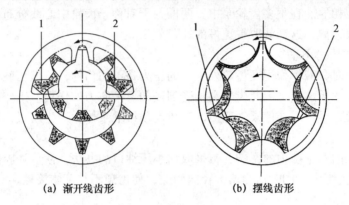

(a) 渐开线齿形　　　　　　　(b) 摆线齿形

图 18-5　内啮合齿轮泵结构示意图
1—吸油腔；2—压油腔

2. 摆线齿形内啮合齿轮泵

摆线齿形内啮合齿轮泵又称摆线转子泵，主要零件是一对内啮合的齿轮（即内、外转子）。内转子齿数比外转子齿数少一个，两转子之间有一偏心距。工作时，内转子带动外转子同向旋转，所有内转子的齿都进入啮合，形成几个独立的密封腔。随着内、外转子的啮合旋转，各密封腔的容积将发生变化，从而进行吸油和压油。内啮合齿轮泵具有结构紧凑、尺寸小、重量轻、运转平稳、噪声小、流量脉动小等优点，其缺点是齿形复杂、加工困难、价格较贵。

18.3　叶　片　泵

叶片泵在机床、工程机械、汽车等设备中应用比较广泛。叶片泵具有结构紧凑、运动平衡、噪声小、输油均匀、寿命长等优点，其缺点是结构复杂，吸油特性差，对油液的污染敏感，转速不能太高。

一般叶片泵工作压力为 7 MPa，高压叶片泵可达 14 MPa。随着结构和工艺材料的不断改进，叶片泵也逐步向中、高压方向发展。

叶片泵按其工作原理可分为单作用式和双作用式两类。双作用式和单作用式相比，其输出流量脉动率小，所受的径向力基本平衡。双作用叶片泵常做成定量泵，而单作用叶片泵可以做成多种变量形式。

18.3.1　双作用叶片泵

1. 双作用叶片泵的工作原理

如图 18-6 所示为双作用叶片泵的工作原理图。该泵主要由定子 1、转子 2、叶片 3、配油盘和泵体等组成。定子内表面形似椭圆，由两段大半径圆弧 R、两段小半径圆弧 r 和四段过渡曲线所组成。定子和转子的中心重合。在转子上沿圆周均布的若干个槽内分别安放有叶片，这些叶片可沿槽做径向滑动。在配流盘上，对应于定子四段过渡曲线的位置开有四个腰形配流窗口，其中两个窗口与泵的吸油口连通，为吸油窗口，另两个窗口与压油口连通，为压油窗口。当转子由轴带动按图示方向旋转时，叶片在离心力和根部油压（叶片根部与压油窗口连通）的作用下压下定子内表面，并随定子内表面曲线的变化而被迫在转子槽内往复滑动。于是，相邻两叶片间的密封腔容积就发生增大或缩小的变化，经过窗口 a 处时容积增大，便通过窗口 a 吸油；经过窗口 b 处时容积缩小，便通过窗口 b 压油。转子每转一

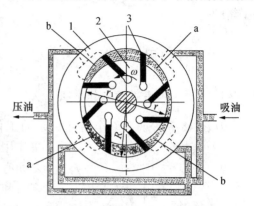

图 18-6　双作用叶片泵的工作原理图
1—定子；2—转子；3—叶片

周，每一叶片往复滑动两次，因而吸、压油作用发生两次，故这种泵称为双作用叶片泵。由于吸、压油口对称分布，转子和轴所受的径向液压力相平衡，所以这种泵又称为平衡式叶片泵。该泵的排量不可调，是定量泵。

2. 双作用叶片泵的排量和流量

由叶片泵的工作原理可知，当叶片泵每伸缩一次时，每两叶片间油液的排出量等于大半径 R 圆弧段的容积与小半径 r 圆弧段的容积之差。若叶片数为 z，则双作用叶片泵每转排油量应等于上述容积差的 $2z$ 倍，表达式为：

$$V = 2\pi (R^2 - r^2) b \tag{18-12}$$

泵输出的实际流量则为：

$$q_v = Vn\eta_v = 2\pi (R^2 - r^2) bn\eta_v \tag{18-13}$$

式（18-12）和式（18-13）中，b 为叶片宽度。

如不考虑叶片厚度，则理论上双作用叶片泵流量无脉动。这是因为在转子转动时，压油窗口处的叶片使前、后两个工作腔之间互相连通，形成了一个组合的密封工作腔。随着转子的匀速转动，位于大、小圆弧处的叶片均在圆弧上滑动，压油腔的容积不变，因此泵的瞬时流量也是均匀的。但由于叶片有一定厚度，根部又连通压油腔，在吸油区的叶片不断伸出，根部容积要用压力油来补充，导致减少了输出量，造成少量流量脉动。通过理论分析可知，流量脉动率在叶片数为 4 的整数倍且大于 8 时最小，故双作用叶片泵的叶片数通常取 12。

3. 双作用叶片泵的结构特点

（1）定子过渡曲线。

定子内表面的曲线是由四段圆弧和四段过渡曲线组成的（如图 18-6 所示）。理想的过渡曲线不仅应使叶片在槽中滑动时的径向速度和加速度变化均匀，而且应使叶片转到过渡曲线和圆弧交接点处的加速度突变不大，以减小冲击和噪声。目前，双作用叶片泵一般都使用综合性能较好的等加速、等减速曲线作为过渡曲线。

（2）径向作用力平衡。

由于双作用叶片泵的吸、压油口对称分布，所以转子和轴承上所承受的径向作用力是平衡的。

18.3.2 单作用叶片泵

1. 单作用叶片泵的工作原理

如图18-7所示为单作用叶片泵的工作原理图。与双作用叶片泵显著不同之处是，单作用叶片泵的定子内表面是一个圆形，转子与定子之间有一偏心矩 e，两端的配油盘上只开有一个吸油窗口和一个压油窗口。当转子旋转一周时，每一叶片在转子槽内往复滑动一次，每相邻两叶片间的密封腔容积发生一次增大和缩小的变化。容积增大时通过吸油窗口吸油，容积缩小时则通过压油窗口压油。由于这种泵在转子每转一周的过程中，吸油、压油各一次，故称单作用叶片泵。又因这种泵的转子受有不平衡的径向液压力，故又称非平衡式叶片泵，也因此使泵工作压力的提高受到了限制。如果改变定子和转子间的偏心距 e，就可以改变泵的排量，故单作用叶片泵常做成变量泵。

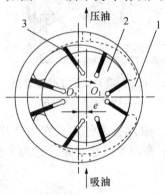

图18-7 单作用叶片泵工作原理图
1—定子；2—转子；3—叶片

2. 单作用叶片泵的排量和流量

如图18-8所示，当单作用叶片泵的转子每转一周时，两相邻叶片间的密封容积变化量为 $V_1 - V_2$，泵的排量 $V = (V_1 - V_2)z$。若近似地把 AB 和 CE 看作是中心为 O_1 的圆弧，则经推导整理得泵的排量近似表达式为：

$$V = 2\pi beD \tag{18-14}$$

泵的实际流量为：

$$q_v = Vn\eta_v = 2\pi beDn\eta_v \tag{18-15}$$

式中：b——叶片宽度；
e——转子与定子偏心距；
D——定子内径；
n——泵的转速；
η_v——泵的容积效率。

单作用叶片泵的定子内表面和转子外表面都为圆柱面，由于偏心安置，其容积变化不均匀，故流量是脉动的。理论分析表明，泵内叶片为奇数时脉动率较小，故单作用叶片泵的叶片数一般为13或15。

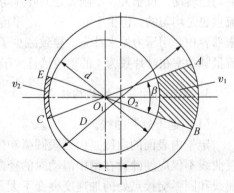

图18-8 单作用叶片泵排量的计算

3. 单作用叶片泵的结构特点

(1) 定子和转子偏心安置。

移动定子位置即可改变偏心距,就可以调节泵的输出流量。偏心反向时,吸油、压油方向也相反。

(2) 叶片后倾。

为了减小叶片与定子间的磨损,叶片底部油槽采取在压油区通压力油、在吸油区与吸油腔相通的结构形式,因而,叶片的底部和顶部所受的液压力是平衡的。这样,叶片仅靠旋转时所受的离心力作用向外运动顶在定子内表面上。根据力学分析,叶片后倾一个角度更有利于叶片向外伸出,通常后倾角为 24°。

(3) 径向液压力不平衡。

由于转子及轴承上承受的径向力不平衡,所以单作用叶片泵不宜用于高压系统,其额定压力不超过 7 MPa。

18.4 柱 塞 泵

柱塞泵是依靠柱塞在缸体内往复运动,使密封工作腔的容积发生变化来实现吸油、压油的。由于其主要构件柱塞与缸体的工作部分均为圆柱表面,因此加工方便、配合精度高、密封性能好。同时,柱塞泵的主要零件处于受压状态,从而使材料强度性能得到充分利用,故柱塞泵常做成高压泵。此外,只要改变柱塞的工作行程就能改变泵的排量,易于实现单向或双向变量。所以,柱塞泵具有压力高、结构紧凑、效率高及流量调节方便等优点。但其缺点是结构较为复杂,有些零件对材料及加工工艺的要求较高,因而在各类容积式泵中,柱塞泵的价格最高。柱塞泵常用于需要高压大流量和流量需要调节的液压系统中,如拉床、龙门刨床、工程机械等设备的液压系统。

柱塞泵按柱塞排列方向的不同,分为轴向柱塞泵和径向柱塞泵。轴向柱塞泵按其结构特点又分为斜盘式和斜轴式两类。

18.4.1 斜盘式轴向柱塞泵

1. 斜盘式轴向柱塞泵的工作原理

轴向柱塞泵的柱塞都平行于缸体的中心线,并均匀分布在缸体的圆周上。斜盘式轴向柱塞泵的工作原理如图 18-9 所示。泵的传动轴中心线与缸体中心线重合,故又称为直轴式轴向柱塞泵。它主要由斜盘 1、柱塞 2、缸体 3、配油盘 4 等元件所组成。缸体上均匀分布了若干个轴向柱塞孔,孔内装有柱塞,柱塞都与缸体轴线平行。斜盘与缸体间倾斜了一个 γ 角。缸体由轴带动旋转,斜盘和配油盘固定不动。在底部弹簧的作用下,柱塞头部始终紧贴斜盘。当缸体按图示方向旋转时,由于斜盘和弹簧的共同作用,使柱塞产生往复运动,各柱塞与缸体间的密封腔容积便发生增大或缩小的变化,通过配油盘上的窗口 a 吸油，通过窗口 b 压油。

如果改变斜盘倾角 γ 的大小，就能改变柱塞的行程，也就改变了泵的排量；如果改变斜盘倾角的方向，就能改变吸油、压油的方向，因此就成为双向变量泵。

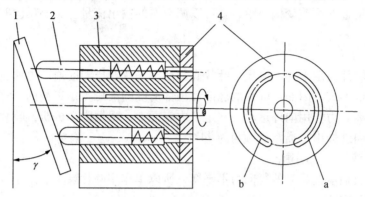

图 18-9　斜盘式轴向柱塞泵的工作原理
1—斜盘；2—柱塞；3—缸体；4—配油盘

2. 斜盘式轴向柱塞泵的排量和流量

当柱塞泵旋转一周时，柱塞行程（即柱塞移动的距离）$L = D\tan\gamma$（如图 18-10 所示），故柱塞泵每转的排量为：

$$V = \frac{\pi}{4}d^2 D(\tan\gamma) z \tag{18-16}$$

泵实际输出的流量为：

$$q_v = \frac{\pi}{4}d^2 D(\tan\gamma) z n \eta_v \tag{18-17}$$

式中：d——柱塞直径；
　　　D——缸体上柱塞分布圆直径；
　　　γ——斜盘倾角；
　　　z——柱塞数；
　　　n——泵的转数；
　　　η_v——泵的容积效率。

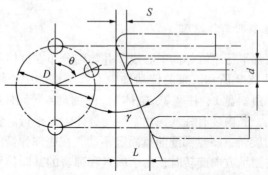

图 18-10　轴向柱塞泵流量的计算

实际上,由于柱塞在缸体孔中的运动不是恒速,因而输出流量是有脉动的。当柱塞数为奇数且柱塞数多时脉动较小,因而一般常用的柱塞泵的柱塞个数为7、9或11。

3. 轴向柱塞泵的结构特点

如图18-11所示为常见的轴向柱塞泵结构图,它由两部分组成:右边的主体部分(可再分为前泵体部分、中间泵体部分)和左边的变量部分。缸体5安装在中间泵体1和前泵体7内,由传动轴8通过花键带动旋转。在缸体内的七个轴向缸孔中分别装有柱塞9。柱塞的球形头部装在滑履12的孔内,并可作相对滑动。中心弹簧3通过内套2、钢球13和回程盘14将滑履12紧紧地压在斜盘15上,同时中心弹簧又通过外套10将缸体压向配油盘6。当缸体由传动轴带动旋转时,柱塞相对缸体作往复运动,于是容积发生变化,这时油液可通过缸孔底部月牙形的通油孔、配油盘上的配油窗口和前泵体的进、出油孔完成吸、压油工作。

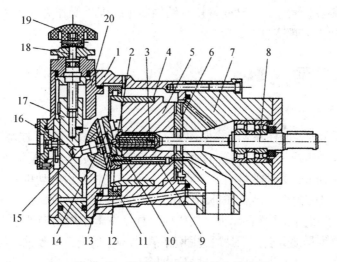

图 18-11 手动变量斜盘式轴向柱塞泵

1—中间泵体;2—内套;3—中心弹簧;4—钢套;5—缸体;6—配油盘;7—前泵体;
8—传动轴;9—柱塞;10—外套;11—轴承;12—滑履;13—钢球;14—回程盘;
15—斜盘;16—轴销;17—变量活塞;18—丝杆;19—手轮;20—变量机构壳体

轴向柱塞泵的结构特点如下。

(1) 滑履结构。

在图18-9中,各柱塞以球形头部直接接触斜盘而滑动,柱塞头部与斜盘之间为点接触,因此被称为点接触式轴向柱塞泵。泵工作时,柱塞头部接触应力大,极易磨损,故一般轴向柱塞泵都在柱塞头部装有滑履12(如图18-11所示),改点接触为面接触,并且各相对运动表面之间通过滑履上小孔引入压力油,实现可靠的润滑,从而大大降低了相对运动零件表面的磨损。这样,就有利于泵在高压下工作。

(2) 中心弹簧机构。

柱塞泵要想正常工作,柱塞头部的滑履必须始终紧贴斜盘。图18-9中采用在每个柱塞底部加一个弹簧的方法。但在这种结构中,随着柱塞的往复运动,弹簧易于疲劳损坏。

在图 18-11 中改用一个中心弹簧，通过钢球和回程盘将滑履压向斜盘，从而使泵具有较好的自吸能力。这种结构中的弹簧只受静载荷，不易疲劳损坏。

（3）缸体端面间隙的自动补偿。

由图 18-11 可见，使缸体紧压配油盘端面的作用力，除中心弹簧的推力外，还有柱塞孔底部台阶面上所受的液压力，此液压力比弹簧力大得多，而且随泵工作压力增大而增大。由于缸体始终受力紧贴着配油盘，就使端面间隙得到了自动补偿，提高了泵的容积效率。

（4）变量机构。

在变量轴向柱塞泵中均设有专门的变量机构，用来改变斜盘倾角 γ 的大小以调节泵的排量。轴向柱塞泵的变量方式有多种，其变量机构的结构形式亦多种多样。图 18-11 中采用的是手动变量机构，设置在泵的左侧。变量时，转动手轮 19，丝杆 18 随之转动，因导键的作用，变量活塞 17 便上下移动，通过轴销 16 使支承在变量壳体上的斜盘绕其中心转动，从而改变了斜盘倾角 γ。手动变量机构结构简单，但手操作力较大，通常只能在停机或泵压较低的情况下实现变量。

18.4.2 径向柱塞泵

1. 径向柱塞泵的工作原理

如图 18-12 所示为径向柱塞泵工作原理图。泵由转子 1、定子 2、柱塞 3、配油铜套 4 和配油轴 5 等主要零件组成。柱塞沿径向均匀地分布安装在转子上。配油铜套和转子紧密配合，并套装在配油轴上，配油轴是固定不动的。转子连同柱塞由电动机带动一起旋转。柱塞靠离心力（有些结构是靠弹簧或低压补油作用）紧压在定子的内壁面上。由于定子和转子之间有一偏心距 e，所以当转子按图示方向旋转时，柱塞在上半周内向外伸出，其底部的密封容积逐渐增大，产生局部真空，于是通过固定在配油轴上的窗口 a 吸油。当柱塞处于下半周时，柱塞底部的密封容积逐渐减小，通过配油轴窗口 b 把油液压出。转子转一周，每个柱塞各吸、压油一次。若改变定子和转子的偏心距 e，则泵的输出流量也改变，即为径向柱塞变量泵；若偏心距 e 从正值变为负值，则进油口和压油口互换，即为双向径向变量柱塞泵。

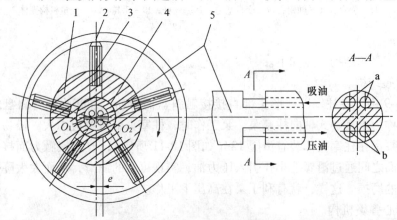

图 18-12 径向柱塞泵工作原理图

1—转子；2—定子；3—柱塞；4—配油铜套；5—配油轴

2. 径向柱塞泵的排量和流量

柱塞的行程为两倍偏心距 e，泵的排量为：

$$V = \frac{\pi}{4}d^2 2ez = \frac{\pi}{2}d^2 ez \tag{18-18}$$

泵的实际输出流量为：

$$q_v = \frac{\pi}{2}d^2 ezn\eta_v \tag{18-19}$$

径向柱塞泵的瞬时流量也是脉动的，与轴向柱塞泵相同。为了减少脉动，柱塞数通常也取奇数。径向柱塞泵的优点是制造工艺好，变量容易，工作压力较高，轴向尺寸小，便于做成多排柱塞的形式；其缺点是径向尺寸大，配油轴受有径向不平衡液压力作用，易磨损，泄漏间隙不能补偿。配油轴中的吸压油道的尺寸受到配油轴尺寸的限制，从而影响泵的吸入性能。这些缺点限制了泵的转速和压力的提高。

18.5 螺 杆 泵

螺杆泵是利用螺杆传动将液体沿轴向压送而进行工作的。螺杆泵内的螺杆可以有两根，也可以有三根。在液压传动中，使用最广泛的是具有良好密封性能的三螺杆泵。

如图 18-13 所示是三螺杆泵的结构图。在泵体内安装三根螺杆，中间的主动螺杆是右旋凸螺杆，两侧的从动螺杆是左旋凹螺杆。三螺杆泵的外圆与泵体的对应弧面保持着良好的配合，螺杆的啮合线把主动螺杆和从动螺杆的螺旋槽分割成多个相互隔离的密封工作腔。随着螺杆的转动，密封工作腔可以一个接一个地在左端形成，不断从左向右移动。主动螺杆每转一周，每个密封工作腔便移动一个导程。最左面的密封工作腔容积逐渐增大，因而吸油；最右面的容积逐渐减小，则将油压出。螺杆直径越大，螺旋槽越深，泵的排量就越大；螺杆越长，吸油口和压油口之间的密封层次越多，泵的额定压力就越高。

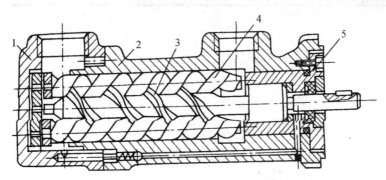

图 18-13 三螺杆泵

1—后盖；2—泵体；3—主动螺杆；4—从动螺杆；5—前盖

螺杆泵的结构简单紧凑，体积小，重量轻，运转平稳，输油量均匀，噪声小，寿命长，自吸能力强，允许采用高转速，容积效率高，对油液的污染不敏感。因此，螺杆泵在精密设备中应用比较广泛。其主要缺点是螺杆齿形复杂，加工较困难，不易保证精度。

18.6 各类液压泵的性能比较及应用

为比较前述各类液压泵的性能、特点及应用场合，以便于选用，现将有关内容列于表 18-2。

表 18-2 各类液压泵的主要性能比较及应用

类型 项目	齿轮泵	双作用叶片泵	单作用叶片泵	轴向柱塞泵	径向柱塞泵	螺杆泵
工作压力/MPa	<20	6.32.1	≤7	20~35	10~20	<10
容积效率	0.70~0.95	0.80~0.95	0.80~0.90	0.90~0.98	0.85~0.95	0.75~0.95
总效率	0.60~0.85	0.75~0.85	0.70~0.85	0.85~0.95	0.75~0.92	0.70~0.85
流量调节	不能	不能	能	能	能	不能
流量脉动率	大	小	中等	中等	中等	很小
自吸特性	好	较差	较差	较差	差	好
对油的污染敏感性	不敏感	敏感	敏感	敏感	敏感	不敏感
噪声	大	小	较大	大	大	很小
单位功率造价	低	中等	较高	高	高	较高
应用范围	机床、工程机械、农机、航空、船舶、一般机械	机床、注塑机、液压机、工程机械、飞机	机床、注塑机	工程机械、锻压机械、船舶、飞机	机床、液压机、船舶机械	精密机械、食品、化工、石油、纺织等机械

第19章 液压缸和液压马达

在液压传动系统中,液压缸和液压马达是执行元件,其功用是把通过回路输入的液压能转变成机械能对外输出。液压执行元件有液压缸和液压马达两种类型。液压缸一般用于实现直线往复运动或摆动运动,液压马达用于实现回转运动。

19.1 液压缸的类型和特点

液压缸有多种类型,按结构特点不同可分为活塞式、柱塞式、摆动式、组合式四类,按作用方式又可分为单作用式和双作用式两种。在单作用式液压缸中,压力油只进入液压缸的一腔,使缸实现单方向运动,反方向运动则依靠外力来实现。而在双作用液压缸中,压力油则交替进入液压缸的两腔,使缸实现正反两个方向的往复运动。

19.1.1 活塞式液压缸

活塞式液压缸可分为双杆式和单杆式两种结构,其固定方式有缸体固定和活塞杆固定两种。

1. 双杆活塞式液压缸

如图19-1所示为双杆活塞式液压缸的原理图。活塞两侧均装有活塞杆。当两活塞杆直径相同(即有效工作面积相等)、供油压力和流量不变时,则活塞往复运动中两个方向的推力和运动速度均相等,即:

$$v = \frac{q_v}{A} = \frac{4q_v}{\pi(D^2 - d^2)} \tag{19-1}$$

$$F = (p_1 - p_2)A = \frac{\pi}{4}(D^2 - d^2)(p_1 - p_2) \tag{19-2}$$

式中:v——活塞(或缸体)的运动速度;

q_v——供油流量;

F——活塞(或缸体)上的推力;

p_1,p_2——分别为液压缸进、出口压力;

A——液压缸有效工作面积;

D,d——分别为活塞、活塞杆直径。

这种两个方向等速、等力的特性使双杆液压缸可以用于双向负载基本相等的场合,如磨床液压系统。

图 19-1（a）所示为缸体固定式结构，缸的左腔进油，推动活塞向右移动，右腔则回油；反之活塞向左移动。图 19-1（b）所示为活塞杆固定式结构，缸的左腔进油，推动缸体向左移动，右腔回油；反之缸体向右移动。

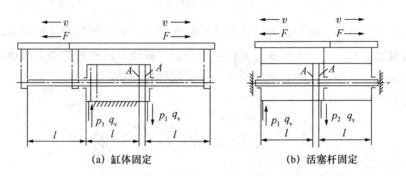

(a) 缸体固定　　　　　　(b) 活塞杆固定

图 19-1　双杆活塞式液压缸的原理

2. 单杆活塞式液压缸

如图 19-2 所示为双作用单杆活塞式液压缸。它只在活塞的一侧装有活塞杆，因而两腔有效作用面积不同。当向两腔分别供油，且供油压力和流量不变时，活塞在两个方向的运动速度和推力都不相等。

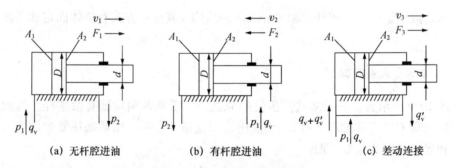

(a) 无杆腔进油　　　　　(b) 有杆腔进油　　　　　(c) 差动连接

图 19-2　双作用单杆活塞式液压缸

（1）当无杆腔进油时，活塞的运动速度 v_1 和推力 F_1 分别为：

$$v_1 = \frac{q_v}{A_1} = \frac{4q_v}{\pi D^2} \tag{19-3}$$

$$\begin{aligned} F_1 &= p_1 A_1 - p_2 A_2 \\ &= \frac{\pi}{4} D^2 p_1 - \frac{\pi}{4}(D^2 - d^2) p_2 \\ &= \frac{\pi}{4} D^2 (p_1 - p_2) + \frac{\pi}{4} d^2 p_2 \end{aligned} \tag{19-4}$$

(2) 当有杆腔进油时,活塞的运动速度 v_2 和推力 F_2 分别为:

$$v_2 = \frac{q_v}{A_2} = \frac{4q_v}{\pi(D^2 - d^2)} \tag{19-5}$$

$$\begin{aligned} F_2 &= p_1 A_2 - p_2 A_1 \\ &= \frac{\pi}{4}(D^2 - d^2)p_1 - \frac{\pi}{4}D^2 p_2 \\ &= \frac{\pi}{4}D^2(p_1 - p_2) - \frac{\pi}{4}d^2 p_1 \end{aligned} \tag{19-6}$$

式中:q_v——供油流量;

p_1,p_2——分别为液压缸进、出口压力;

D,d——分别为活塞、活塞杆直径;

A_1,A_2——分别是液压缸无杆腔和有杆腔的活塞有效作用面积。

比较上述各式,由于 $A_1 > A_2$,所以 $v_1 < v_2$,$F_1 > F_2$,即活塞杆伸出时推力较大,速度较小;活塞杆收回时推力较小,速度较大。因此,单杆活塞缸常用于一个方向有较大负载而运动速度较低,另一个方向为空载快速退回的设备。

(3) 液压缸两腔同时供入压力油时,如图 19-2(c)所示,由于无杆腔工作面积比有杆腔工作面积大,活塞向右的推力大于向左的推力,故其向右移动。液压缸的这种连接方式称为差动连接。差动连接时,活塞的速度和推力分别为:

$$v_3 = \frac{q_v}{A_1 - A_2} = \frac{4q_v}{\pi d^2} \tag{19-7}$$

$$F_3 = p_1 A_1 - p_2 A_2 \approx \frac{\pi}{4}D^2 p_1 - \frac{\pi}{4}(D^2 - d^2)p_1 = \frac{\pi}{4}d^2 p_1 \tag{19-8}$$

差动连接时实际起有效作用的面积是活塞杆的横截面积。与非差动连接无杆腔进油工况相比,在输入油液压力和流量相同的条件下,活塞杆的伸出速度较大而推力较小。

19.1.2 柱塞式液压缸

如图 19-3 所示为柱塞式液压缸。柱塞式液压缸由缸筒 1、柱塞 2、导向套 3、密封圈 4 和压盖 5 等零件所组成。由于柱塞与导向套配合,以保证良好的导向,故可以不与缸筒接触,因而对缸筒内壁的要求很低,甚至可以不加工,工艺性好、成本低,特别适合于行程较长的场合。

柱塞端面是受压面,其面积大小决定了柱塞缸的推力和速度。柱塞工作时恒受压,且为保证压杆的稳定,柱塞必须有足够的强度,故柱塞一般较粗,重量较大,水平安装时易产生单边磨损,所以柱塞缸适宜于垂直安装使用。

若水平安装使用柱塞式液压缸时,为减轻重量,有时制成空心柱塞。为防止柱塞自重下垂,通常要设置支撑套和托架。柱塞缸只能制成单作用缸,在大行程设备中,为了得到双向运动,柱塞缸常成对使用(如图 19-3 所示)。

柱塞缸结构简单,制造容易,维修方便,常用于大行程设备。

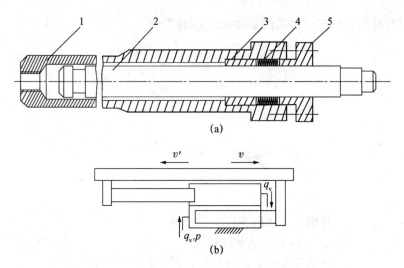

图 19-3 柱塞式液压缸
1—缸筒；2—柱塞；3—导向套；4—密封圈；5—压盖

19.1.3 摆动式液压缸

摆动式液压缸也称摆动马达，是输出转矩并实现往复摆动的执行元件，有单叶片和双叶片两种形式。

如图 19-4（a）所示为单叶片式摆动缸，它的摆动角较大，可达 300°。当摆动缸进出油口压力分别为 p_1 和 p_2，输入流量为 q_v 时，它的输出转矩 T 和角速度 ω 各为：

$$T = \frac{b}{2}(R_2^2 - R_1^2)(p_1 - p_2) \tag{19-9}$$

$$\omega = \frac{2q_v}{b(R_2^2 - R_1^2)} \tag{19-10}$$

式中：b——叶片的宽度；

R_1，R_2——分别为叶片底部、顶部的回转半径。

如图 19-4（b）所示为双叶片式摆动缸，它的摆动角度较小，可达 150°，它的输出转矩是单叶片式的两倍，而角速度则是单叶片式的一半。

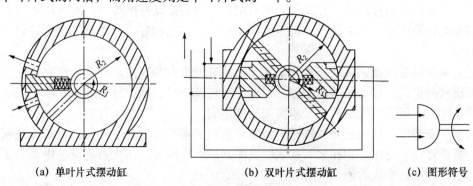

(a) 单叶片式摆动缸　　(b) 双叶片式摆动缸　　(c) 图形符号

图 19-4 摆动缸

摆动液压缸应用于驱动工作机构做往复摆动或间歇运动等场合，而且由于其密封性较差等原因，一般只用于低压，如送料、夹紧和工作台回转等辅助装置。

19.1.4 组合式液压缸

1. 伸缩缸

伸缩缸也称多级缸，它由两极或两极以上活塞缸套装而成，如图 19-5 所示。前一级活塞缸的活塞就是后一级活塞缸的缸筒。伸缩缸逐个伸出时，有效工作面积依次减小，因此当输入流量相同时，外伸速度依次增大；当负载恒定时，液压缸的工作压力逐渐升高。空载收回的顺序一般是从小活塞到大活塞。活塞全部收回后，总长度较短，结构紧凑，适用于安装空间受到限制而行程要求很长的场合，如起重机伸缩臂液压缸、自卸汽车举升液压缸等。

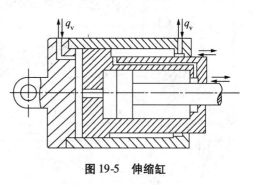

图 19-5 伸缩缸

2. 齿条活塞缸

如图 19-6 所示为齿条活塞缸，又称无杆活塞缸。它由带齿条杆的双活塞缸和齿轮齿条机构所组成。这种液压缸的特点是：将活塞的直线往复运动经过齿轮、齿条机构转换为回转运动。齿条活塞缸常用于机床的进给机构、回转工作台的转位机构等。

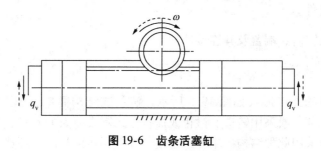

图 19-6 齿条活塞缸

19.2 液压缸的结构

如图 19-7 所示为液压滑台液压缸的典型结构，它由缸筒、活塞、活塞杆、端盖等组成。为了防止油液向外泄漏或由高压腔向低压腔泄漏，在缸筒与端盖、活塞与活塞杆、活塞与缸筒之间均设置密封圈。为了防止灰尘、沙粒、水等脏物进入液压缸内部，在端盖与活塞杆之间装有防尘圈，用以刮除活塞杆上的脏物。为了防止活塞快速退回到行程终端时撞击缸盖，在液压缸的端部还设置了缓冲装置。液压缸用螺钉固定在滑座上，活塞杆通过支架和滑台固定在一起，活塞杆往复移动时，即带动滑台运动。

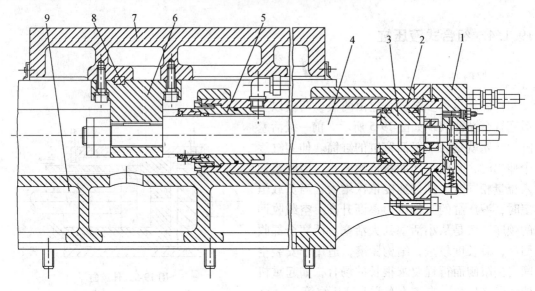

图 19-7　液压滑台液压缸

1—后端盖；2—缸筒；3—活塞；4—活塞杆；5—前端盖；6—支架；7—滑台；8—平键；9—滑座

归纳起来，液压缸由缸体组件、活塞组件、密封装置和连接件等基本部分所组成。此外，一般液压缸还设有缓冲装置和排气装置。

19.2.1　缸体组件

缸体组件包括缸筒、端盖及其连接件。

1. 缸体组件的连接形式

缸体组件常见的连接形式如图 19-8 所示。法兰式结构简单，加工和拆装都很方便，连接可靠。缸筒端部一般采用铸造、镦粗或焊接方式制成粗大的外径，用以穿装螺栓。大中型液压缸大部分采用此种结构。半环式连接分外半环连接和内半环连接两种。半环连接工艺性好，连接可靠，结构紧凑，拆装方便。但半环槽对缸筒强度有所削弱，需加厚缸壁，常用于无缝钢管缸筒与端盖的连接。螺纹式连接分为外螺纹连接和内螺纹连接两种。其特点是重量轻，外径小，结构紧凑，但缸筒端部结构复杂，装卸需专用工具，旋端盖时易损坏密封圈，一般用于小型液压缸。拉杆式连接结构通用性好，缸筒加工方便，拆装容易，但端盖的体积较大，拉杆受力后会拉伸变形，影响端部密封效果，只适用于长度不大的中低压缸。焊接式连接外形尺寸较大，结构简单，但焊接时易引起缸筒变形，主要用于柱塞式液压缸。

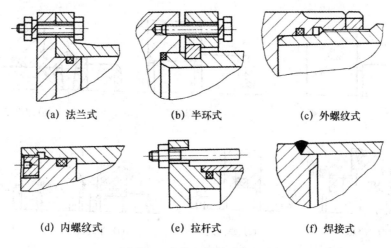

图 19-8　缸体组件的连接形式

2. 缸筒、端盖和导向套

缸筒是液压缸的主体，它与端盖、活塞等零件构成密闭的容腔，承受油压，因此要有足够的强度和刚度，以便抵抗液压力和其他外力的作用。缸筒内孔一般采用镗削、绞孔、滚压或珩磨等精密加工工艺制造，以使活塞及其密封件、支撑件能顺利滑动，并保证密封效果、减少磨损、防止腐蚀，缸筒内部有时需要镀铬。

端盖装在缸筒端部，与缸筒形成密闭容腔，同样承受很大的液压力，因此它们及其连接部件都应有足够的强度。

导向套对活塞杆或柱塞起导向和支撑作用。有些液压缸不设导向套，而直接采用端盖孔导向，结构简单，但磨损后必须更换缸盖。

19.2.2　活塞组件

活塞组件由活塞、活塞杆及其连接件等组成。根据工作压力、安装方式和工作条件的不同，活塞组件也有多种结构形式。

1. 活塞组件的连接形式

如图 19-9 所示为活塞与活塞杆连接的主要形式。整体式连接（如图 19-9（a）所示）和焊接式连接（如图 19-9（b）所示）结构简单，轴向尺寸紧凑，但损坏后需整体更换。锥销式连接（如图 19-9（c）所示）加工容易、装配简单，但承载能力小，且需要必要的防止脱落装置。螺纹式连接（如图 19-9（d）、（e）所示）结构简单，装拆方便，但一般需备有防松螺母。半环式连接（如图 19-9（f）、（g）所示）强度高，但结构复杂。

一般而言，在轻载情况下可采用锥销式连接；一般的液压缸使用螺纹式连接；高压和振动较大的液压缸使用半环式连接；行程较短或尺寸不大的液压缸，其活塞与活塞杆可采用整体式或焊接式连接。

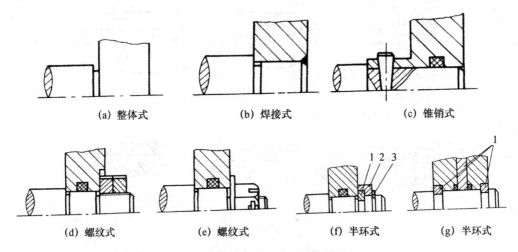

图 19-9　活塞与活塞杆的连接形式
1—半环；2—轴套；3—弹簧圈

2. 活塞和活塞杆

活塞受油压的作用在缸筒内做往复运动，因此活塞必须具有一定的强度和良好的耐磨性。活塞一般用铸铁制造。活塞的结构通常分为整体式和组合式两类。

活塞杆是连接活塞和工作部件的传力零件，它必须具备足够的强度和刚度。活塞杆无论是实心的还是空心的，通常都用钢料制造。活塞杆在导向套内往复运动，其外圆表面应当耐磨并具有防锈能力，故活塞杆外圆表面一般镀铬。

19.2.3　密封装置

密封装置的作用是用来防止液压油的泄漏。液压泵、液压缸、液压马达等是依靠密闭容积的变化来传递能量的，所以密封装置的优劣将直接影响液压元件的性能。根据两个需要密封的偶合面间有无相对运动，可把密封装置分为动密封和静密封两类。

密封装置应该具有良好的密封性能，并能随着压力的增加自动提高其密封性能，同时摩擦阻力要小，耐油性、耐腐蚀性、耐磨性要好，使用寿命要长，还要制造简单、装拆方便、使用的温度范围宽等。常见的密封方法主要有间隙密封、活塞环密封和密封圈密封。

1. 间隙密封

间隙密封是依靠相对运动零件配合面间的微小间隙来防止泄漏、实现密封的，因此可用减小间隙的办法来减少泄漏。一般的间隙为 0.01～0.05 mm，这就要求配合面的加工精度很高。在圆柱配合面的间隙密封中，常在配合表面上开有几道环行的沟槽（宽 0.3～0.5 mm，深 0.5～1 mm，间距 2～5 mm），一般称平衡槽。平衡槽的作用是可使活塞自动对中，各向油压趋于平衡，减小摩擦阻力；可减小偏心量，增大油液泄漏阻力，提高了密封性能；可储存油液，使活塞自动润滑。

间隙密封的特点是结构简单、摩擦阻力小、磨损小、润滑性能好，但对零件的加工精度要求较高，密封效果较差，因此间隙密封仅适用于尺寸较小、压力较低、运动速度较高的活塞与缸体内孔间的密封。

2. 活塞环密封

活塞环密封是依靠装在活塞环形槽内的弹性金属环紧贴缸筒内壁实现密封，如图 19-10 所示。活塞环密封的密封效果较间隙密封好，适应的压力和温度范围宽，能自动补偿磨损和温度变化的影响，能在高速条件下工作，摩擦阻力小、使用寿命长、工作可靠。但因活塞环与其对应的滑动面之间为金属接触，故不能完全密封，且活塞环加工复杂，缸筒内表面加工精度要求高，故一般用于高压、高温、高速的场合。

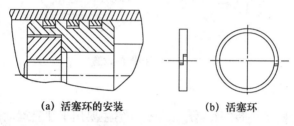

(a) 活塞环的安装　　(b) 活塞环

图 19-10　活塞环密封

3. 密封圈密封

密封圈密封是液压系统中应用最广泛的一种密封形式，主要有 O 形、Y 形和 V 形等，此外还有防尘圈、组合密封圈等密封装置，其材料为耐油橡胶、尼龙等。

（1）O 形密封圈。

O 形密封圈的截面是圆形，主要用于静密封和滑动密封。O 形圈密封的原理如图 19-11 所示。它属于挤压密封。当密封圈装入密封槽后，其截面受到一定的压缩变形。在无液压力时，靠密封圈的弹性对接触面产生预接触压力 p_0，实现初始密封（如图 19-11（a）所示）。当密封腔充入压力油后，在液压力 p 的作用下，O 形圈被挤到槽的一侧，O 形圈变成如图 3-11（b）所示，O 形圈以更大的弹性变形力密封，密封面上的接触压力上升为 p_m，提高了密封效果。

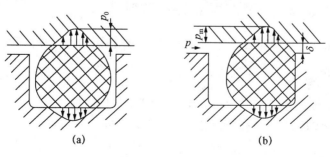

图 19-11　O 形圈密封原理

O 形圈在安装时必须保证适当的预压缩量。压缩量的大小直接影响 O 形圈的使用性能和寿命：过小不能密封；过大则摩擦力增大且易损坏。

在静密封中，当压力大于 32 MPa 时，或在动密封中，当压力大于 10 MPa 时，O 形圈就会被挤入间隙中而损坏，以至密封效果降低或失去密封作用。为此，在 O 形圈低压侧需设置由聚四氟乙烯或尼龙制成的挡圈（如图 19-12 所示），其厚度为 1.25～2.5 mm。双向受高压时，两侧都要加挡圈。

O 形圈结构简单，摩擦力较小，装拆方便，密封可靠，成本低，使用温度范围宽，但启动摩擦力较大，使用寿命较短。

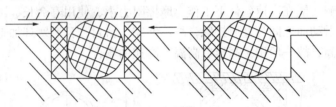

图 19-12 挡圈的设置

(2) Y 形密封圈。

Y 形密封圈的截面呈 Y 形，属唇形密封圈。它主要用于往复运动的密封。Y 形圈的密封作用是依赖于它的唇边对偶合面的紧密接触，在液压力的作用下产生较大的接触压力，达到密封的目的。液压力越高，贴得越紧，接触压力越大，密封性能越好。因此，Y 形圈在从低压到高压的压力范围内都表现了良好的密封性能，还能自动补偿唇边的磨损。

安装 Y 形圈时，唇口端应对着液压力高的一侧。当压力变化较大，滑动速度较快时，为避免翻转，要使用支撑环，以固定密封圈，如图 19-13 所示。

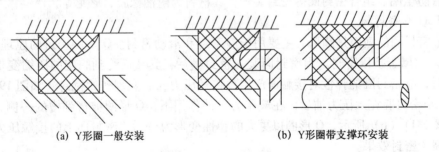

(a) Y 形圈一般安装　　　　(b) Y 形圈带支撑环安装

图 19-13 Y 形密封圈

Y 形密封圈密封性、稳定性和耐压性都较好，摩擦阻力小，使用寿命长，是目前使用广泛的密封装置之一。

(3) V 形密封圈。

V 形圈的截面是 V 形，如图 19-14 所示。V 形密封装置是由压环、V 形圈和支撑环组成，所采用的 V 形圈的数量可根据工作压力来选定。安装时，V 形圈的开口应向压力高的一侧。

V 形圈的密封性能良好、耐高压、寿命长，且通过选择适当的 V 形圈的数量和调节压紧力，可获得最佳的密封效果；但 V 形圈的摩擦阻力及轴向结构尺寸较大。V 形圈主要用于活塞杆的往复运动密封。

（4）防尘圈。

防尘圈设置在活塞杆或柱塞密封圈的外部，用于防止外界灰尘、沙粒等异物进入液压缸内，以避免影响液压系统的工作和液压元件的使用寿命。目前常用的防尘圈一般为唇形，按其有无骨架分为骨架式和无骨架式两种。其中以无骨架式应用最广泛，其工作状态如图 19-15 所示。防尘圈的唇部对活塞杆应有一定的过盈量，以便当活塞杆做往复运动时，唇口刃部能将粘附在杆上的灰尘、沙粒等清除掉。

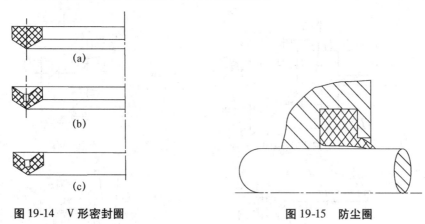

图 19-14　V 形密封圈　　　　　　图 19-15　防尘圈

19.2.4　液压缸的缓冲装置

当运动部件的质量较大、运动速度较快时，由于惯性力较大，具有很大的动量，因而在活塞运动到缸体的终端时，会与端盖发生机械碰撞，产生很大的冲击和噪声，从而引起液压缸的损坏。故一般应在液压缸内设置缓冲装置，或在液压系统中设置缓冲回路。

缓冲的一般原理是：当活塞快速运动到接近缸盖时，通过节流的方法增大回油阻力，使液压缸的回油腔产生足够的缓冲压力，活塞因运动受阻而减速，从而避免了与缸盖的快速相撞。常见的缓冲装置主要有下述几种，如图 19-16 所示。

（1）圆柱形环隙式缓冲装置。

如图 19-16（a）所示，当缓冲柱塞 A 进入缸盖上的内孔时，缸盖和活塞间形成环形缓冲油腔 B，被封闭的油液只能经环形间隙 δ 排出，产生缓冲压力，从而实现减速缓冲。这种装置在缓冲过程中，由于回油通道的节流面积不变，故缓冲开始时产生的缓冲制动力很大，其缓冲效果较差，液压冲击较大，且实现减速所需行程较长。但这种装置结构简单，便于设计和降低成本，所以在一般系列化的成品液压缸中多采用这种缓冲装置。

（2）圆锥形环隙式缓冲装置。

如图 19-16（b）所示，由于缓冲柱塞 A 为圆锥形，所以缓冲环形间隙 δ 随位移量不同而改变，即节流面积随缓冲行程的增大而缩小，使机械能的吸收较均匀，其缓冲效果较好，但仍有液压冲击。

（3）可变节流槽式缓冲装置。

如图 19-16（c）所示，在缓冲柱塞 A 上开有三角节流沟槽，节流面积随着缓冲行程的增大而逐渐减小，其缓冲压力变化较平缓。

(4) 可调节流孔式缓冲装置。

如图 19-16（d）所示，当缓冲柱塞 A 进入缸盖内孔时，回油口被柱塞堵住，只能通过节流阀 C 回油，调节节流阀的开度，可以控制回油量，从而控制活塞的缓冲速度。当活塞反向运动时，压力油通过单向阀 D 很快进入液压缸内，并作用在活塞的整个有效作用面积上，故活塞不会因推力不足而产生启动缓慢现象。这种缓冲装置可以根据负载情况调整节流阀的开度，进而改变缓冲压力的大小，因此适用范围较广。

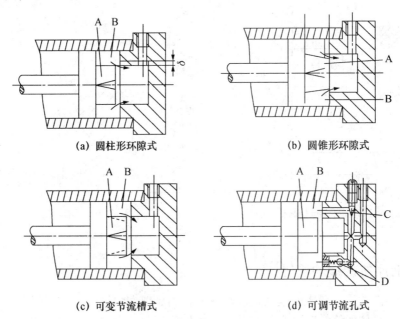

图 19-16 液压缸的缓冲装置
A—缓冲柱塞；B—缓冲油腔；C—节流阀；D—单向阀

19.2.5 排气装置

液压系统往往会混入空气，使系统工作不稳定，产生振动、噪声及工作部件爬行和前冲等现象，严重时会使系统不能正常工作，因此设计或使用液压缸时必须考虑排除空气。

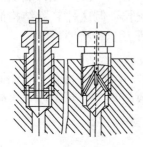

图 19-17 排气塞结构

在液压系统安装或长时间停止工作后又重新启动时，必须把液压系统中的空气排出去。对于要求不高的液压缸往往不设专门的排气装置，而是将油口布置在缸筒两端的最高处，这样也能使空气随油液排往油箱，再从油面逸出；对于速度稳定性要求较高的液压缸或大型液压缸，则常在液压缸两侧面的最高位置处（该处往往是空气聚集的地方）设置专门的排气装置，如排气塞、排气阀等。如图 19-17 所示为两种排气塞。当松开排气塞螺钉后，让液压缸全行程空载往复运动若干次，带有气泡的油液就会被排出。然后再拧紧排气塞螺钉，液压缸便可正常工作。

19.3 液压马达

液压马达是执行元件，它能将液体的压力能转换为机械能，输出转矩和转速。液压马达与液压泵的结构基本相同，也可分为齿轮式、叶片式、柱塞式和螺杆式等。从原理上讲，液压泵可作液压马达，液压马达也可作液压泵，但由于二者的使用目的和工作条件不同，故实际结构有所区别。

19.3.1 液压马达的主要性能参数

在液压马达的各项性能参数中，压力、排量、流量等参数与液压泵同类参数具有相似的含义，其原则差别在于：在泵中它们是输出参数，在马达中则是输入参数。

从液压马达的功用来看，其主要性能参数为转速（n）、转矩（T）和效率（η）。

1. 液压马达的转速和容积效率

由于马达存在泄漏，输入马达的实际流量 q_v 应大于理论流量 q_{vt}，故液压马达的容积效率为：

$$\eta_v = \frac{q_{vt}}{q_v} \tag{19-11}$$

将 $q_{vt} = Vn$ 代入式（19-11），可得液压马达的转速为：

$$n = \frac{q_v}{V}\eta_v \tag{19-12}$$

2. 液压马达的转矩和机械效率

因为液压马达工作时存在摩擦，它的实际输出转矩 T 必然小于理论转矩 T_t，故液压马达的机械效率为：

$$\eta_m = \frac{T}{T_t} \tag{19-13}$$

设马达进、出口间的压差为 Δp，则马达的理论功率为 $P_t = 2\pi n T_t = \Delta p q_{vt} = \Delta p V n$，因而有：

$$T_t = \frac{\Delta p V}{2\pi}$$

将该式代入式（19-13），可得液压马达的输出转矩公式为：

$$T = \frac{\Delta p V}{2\pi}\eta_m \tag{19-14}$$

3. 液压马达的总效率

液压马达的输入功率为 $P_i = p q_v$，输出功率 $P_o = 2\pi n T$，而马达的总效率 η 为输出功率

P_o 与输入功率 P_i 的比值，即：

$$\eta = \frac{P_o}{P_i} = \frac{2\pi nT}{\Delta p q_v} = \frac{T}{\frac{\Delta p V}{2\pi}} \eta_v = \eta_m \eta_v \tag{19-15}$$

从式（19-15）可知，液压马达的总效率等于液压马达的机械效率 η_m 和容积效率 η_v 的乘积。

19.3.2 液压马达

液压马达的结构与同类型的液压泵基本相同。按照液压马达的输出转速不同，可分为高速马达和低速马达两类，一般认为额定转速高于 500 r/min 的属于高速马达，额定转速低于 500 r/min 的属于低速马达。按照排量是否可以调节，液压马达可分为定量马达和变量马达两类，其中变量马达又可分为单向变量马达和双向变量马达。下面以常用的轴向柱塞式液压马达为例介绍液压马达的工作原理。

如图 19-18 所示，当压力油经配油盘通入柱塞底部孔时，柱塞受压力油作用向外伸出，并紧压在斜盘上，这时斜盘对柱塞产生一反作用力 F。由于斜盘倾斜角为 γ，所以 F 可分解为两个分力：一个是轴向分力 F_x，它和作用在柱塞上的液压作用力相平衡；另一个分力 F_y，它使缸体产生转矩。设柱塞和缸体的垂直中心线成 φ 角，则此柱塞产生的转矩为：

$$T_i = F_y a = F_y R \sin\varphi = F_x R \tan\gamma \sin\varphi \tag{19-16}$$

式（19-16）中，R 为柱塞在缸体中的分布圆半径。液压马达输出的转矩应是处于高压腔各柱塞产生转矩的总和，即：

$$T = \sum F_x R \tan\gamma \sin\varphi \tag{19-17}$$

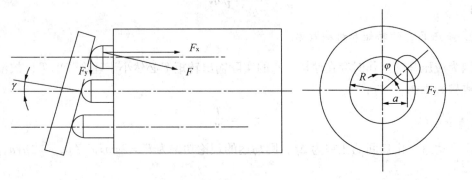

图 19-18 轴向柱塞式液压马达工作原理

由于柱塞的瞬时方位角 φ 是变量，柱塞产生的转矩也发生变化，故液压马达产生的总转矩也是脉动的。

液压马达的转速 n 和平均转矩 T 也可按式（19-12）和式（19-14）计算。

当马达的进、回油口互换时，马达将反向转动。如果改变斜盘倾角 γ 的大小，就改变了马达的排量；如果改变斜盘倾角 γ 的方向，就改变了马达的旋转方向，这时就成为双向变量马达。

第 20 章 液压控制阀

在液压传动系统中,液压控制阀主要用来控制液压执行元件运动的方向、承载的能力和运动的速度,以满足机械设备工作性能的要求。按其用途可分为方向控制阀、压力控制阀和流量控制阀三大类。尽管液压控制阀的类型各不相同,但它们之间存在着共性,在结构上所有阀的阀口开度面积、进出油口的压力差与流经阀的流量都遵循孔口流量公式,所有的阀都是通过控制阀体和阀芯的相对运动而实现控制目的的。

20.1 液压控制阀概述

液压控制阀是液压系统的控制元件,其作用是控制和调节液压系统中液体流动的方向、压力的高低和流量的大小,以满足执行元件的工作要求。

1. 对液压控制元件的基本要求

(1) 动作灵敏,使用可靠,工作时冲击和振动小,使用寿命长。
(2) 油液通过液压阀时压力损失小。
(3) 密封性能好,内泄漏少,无外泄漏。
(4) 结构简单紧凑,体积小。
(5) 安装、维护、调整方便,通用性好。

2. 液压控制阀的分类

(1) 液压控制阀按用途可分为方向控制阀、压力控制阀和流量控制阀。这三类阀还可以根据需要互相组合成为组合阀,使其结构紧凑,连接简单,并提高了效率。

(2) 液压控制阀按控制原理可分为开关阀、比例阀、伺服阀和数字阀。开关阀调定后只能在调定状态下工作,该类阀使用广泛,本章将详细介绍。比例阀和伺服阀能根据输入信号连续地或按比例地控制系统的参数。数字阀则用数字信息直接控制阀的工作。

(3) 液压控制阀按安装形式可分为管式连接、板式连接、叠加式连接和插装式连接。管式连接又称螺纹式连接,阀的油口用螺纹管接头或法兰和管道及其他元件连接,并由此固定在管路上。板式连接是阀的各油口均布置在同一安装面上,并用螺钉固定在与阀有对应油口的连接板上,再用管接头与管道及其他元件连接。板式连接方便,应用较广。叠加式连接是将阀的上下面作为连接结合面,各油口分别在这两个面上,且同规格阀的油口连接尺寸相同。每个阀除其自身的功能外,还起油路通道的作用,阀相互叠装便构成回路,无须管道连接,结构紧凑,压力损失小。插装式连接的阀没有单独的阀体,是由阀芯、阀套等组成的单元体插装在插装块体的预制孔中,用连接螺纹或盖板固定,并通过块内通道把各插装式阀连通组成回路,插装块体起到阀体和管路的作用。这是适应液压系统集成化而发展起来的一种新型安装连接方式。

20.2 方向控制阀

方向控制阀用以控制液压系统中油液流动的方向和液流的通与断,分为单向阀和换向阀两类。

20.2.1 单向阀

1. 普通单向阀

普通单向阀简称单向阀,其作用是控制油液单向流动。普通单向阀由阀体1、阀芯2、弹簧3等零件组成。如图20-1(a)所示为管式单向阀,图20-1(b)所示为板式单向阀。压力油从进油口P_1进入,作用于锥形阀芯2上,当克服弹簧3的弹力时,顶开阀芯2,经过环形阀口从出油口P_2流出。当液流反向时,在弹簧3的弹力和油液压力的作用下,阀芯锥面紧压在阀体的阀座上,则油液不能通过。图中a表示径向油口,b表示弹簧腔。图20-1(c)所示为单向阀的图形符号。

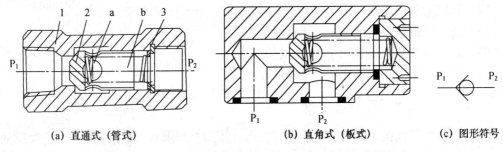

(a) 直通式(管式)　　(b) 直角式(板式)　　(c) 图形符号

图 20-1　单向阀
1—阀体;2—阀芯;3—弹簧

为了保证单向阀工作灵敏可靠,单向阀中的弹簧刚度一般都较小。单向阀的开启压力约在 0.04~0.1 MPa,当通过其额定流量时的压力损失一般不超过 0.1~0.4 MPa。若更换刚度较大的弹簧,使其开启力达到 0.2~0.6 MPa,则可作背压阀使用。

2. 液控单向阀

如图20-2(a)所示为液控单向阀的结构原理图,它由普通单向阀和液控装置两部分组成。当控制口K不通入压力油时,其作用与普通单向阀相同。当控制口K通入压力油时,推动活塞1、顶杆2,将阀芯3顶开,使P_2和P_1接通,液流在两个方向可以自由流动。为了减小活塞1移动的阻力,设有一外泄油口L。如图4-2(b)所示为液控单向阀的图形符号。

液控单向阀具有良好的反向密封性,常用于执行元件需长时间保压、锁紧的场合。

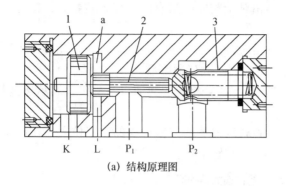

(a) 结构原理图　　　　　　　(b) 图形符号

图 20-2　液控单向阀

1—活塞；2—顶杆；3—阀芯

20.2.2　换向阀

换向阀的作用是利用阀芯和阀体相对位置的改变,来控制各油口的通断,从而控制执行元件的换向和启停。换向阀的种类很多,其分类参见表 20-1。

表 20-1　换向阀的分类

按阀的工作位置和通路数分	二位二通、二位三通、二位四通、二位五通、三位四通、三位五通等
按控制方式分	电磁换向阀
	电液换向阀
	手动换向阀
	液动换向阀
	机动换向阀
	气动换向阀
按阀芯形式分	滑阀式换向阀
	转阀式换向阀

1. 换向阀的工作原理

如图 20-3 所示为换向阀的工作原理图。图示状态下,液压缸两腔不通压力油,活塞处于停止状态。若使阀芯 1 左移,阀体 2 的油口 P 和 A 连通、B 和 T 连通,则压力油经 P、A 进入液压缸左腔,推动活塞向右运动,此时右腔油液经 B、T 流回油箱；反之,若使阀芯右移,则油口 P 和 B 连通、A 和 T 连通,活塞便向左运动。

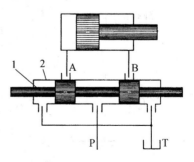

图 20-3　换向阀工作原理图

1—阀芯；2—阀体

表 20-2 列出了几种常用换向阀的结构原理和图形符号。换向阀图形符号的含义如下。

（1）方格数表示换向阀的阀芯相对于阀体所具有的工作位置数，二格即二位，三格即三位。

（2）方格内的箭头表示两油口相通，符号"⊥"和"⊤"表示此油口不连通。箭头、箭尾及不连通符号与任意方格的交点数表示油口通路数。

（3）P 表示压力油的进口，T 表示与油箱相连的回油口，A 和 B 表示连接其他工作油路的油口。

（4）三位阀的中间方格和二位阀靠近弹簧的方格为阀的常态位置。在液压系统图中，换向阀的符号与油路的连接一般应画在常态位置上。

表 20-2 换向阀的结构原理和图形符号

名 称	结构原理图	图形符号
二位二通	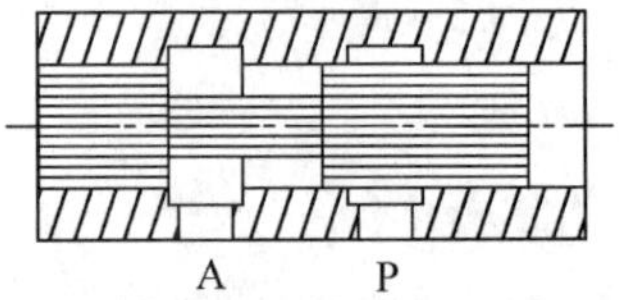 （A P）	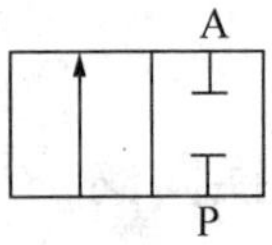 （A / P）
二位三通	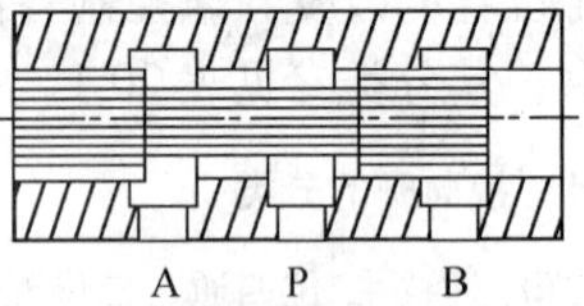 （A P B）	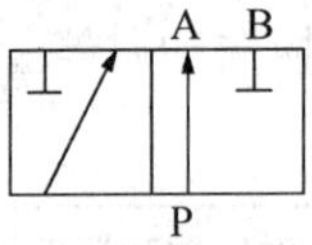 （A B / P）
二位四通	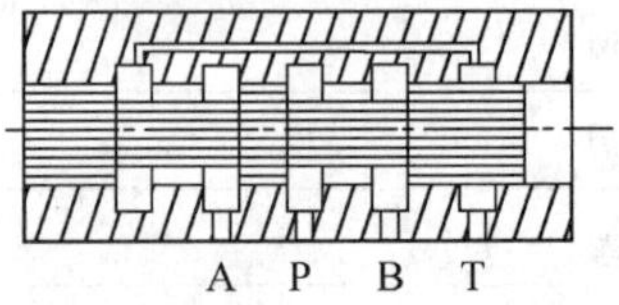 （A P B T）	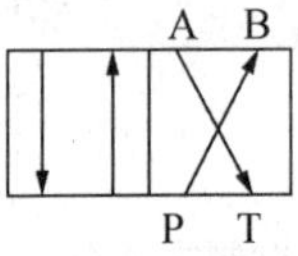 （A B / P T）
二位五通	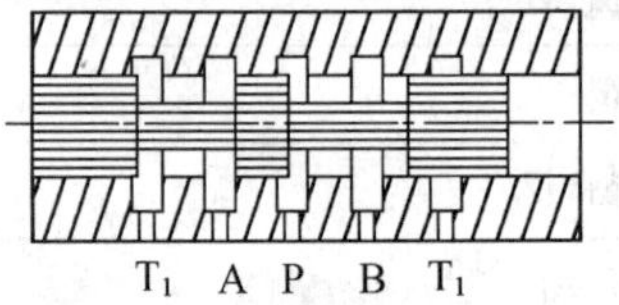 （T₁ A P B T₂）	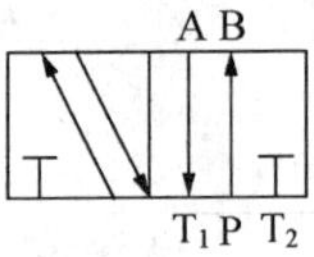 （A B / T₁ P T₂）
三位四通	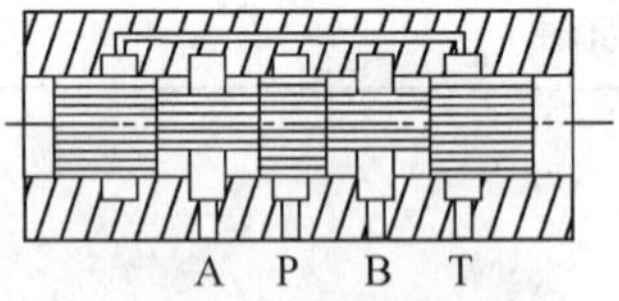 （A P B T）	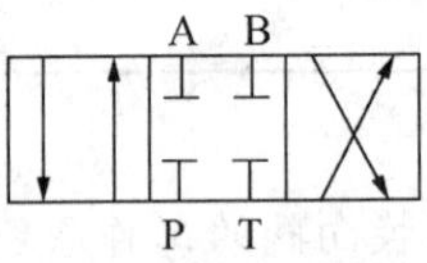 （A B / P T）
三位五通	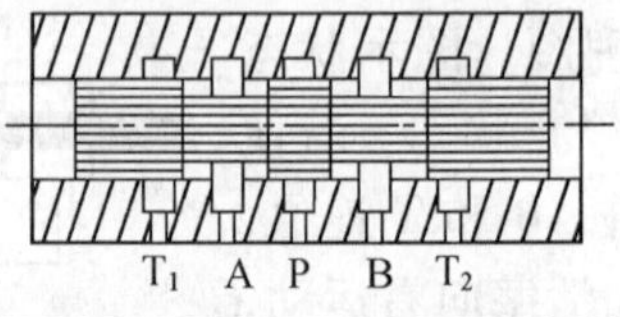 （T₁ A P B T₂）	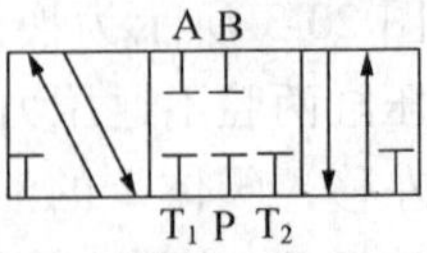 （A B / T₁ P T₂）

2. 三位换向阀的中位机能

三位阀处于常态位（即中位）时各油口的连通方式称为中位机能。中位机能不同，中位时对系统的控制性能也不相同。不同机能的阀、阀体通用，仅阀芯台肩结构、尺寸及内部通孔情况有所不同。

表 20-3 列出了三位四通换向阀的五种常用中位机能形式、结构简图和中位符号。

表 20-3 三位四通换向阀中位机能

代 号	结构简图	中位符号	中位油口状态和特点
O			各油口全封闭，换向精度高，但有冲击，缸被锁紧，泵不卸荷，并联缸可运动
H			各油口全通，换向平稳，缸浮动，泵卸荷，其他缸不能并联使用
Y			P 口封闭，A、B、T 口相通，换向较平稳，缸浮动，泵不卸荷，并联缸可运动
P			T 口封闭，P、A、B 口相通，换向最平稳，双杆缸浮动，单杆缸差动，泵不卸荷，并联缸可运动
M			P、T 口相通，A、B 口封闭，换向精度高，但有冲击，缸被锁紧，泵卸荷，其他缸不能并联使用

3. 几种常用的换向阀

（1）机动换向阀。

机动换向阀又称行程阀。它一般是利用安装在运动部件上的挡块或凸轮，压下顶杆或滚轮而使阀芯移动，以此来实现油路切换的。机动换向阀通常是弹簧复位式的两位阀，它的结构简单，动作可靠，换向位置精度高。

如图 20-4（a）所示为两位二通的机动换向阀。在图示状态下，阀芯 2 在弹簧 3 的弹力作用下被顶向上端，油口 P 和 A 不通；当挡块压下滚轮 1 经推杆使阀芯移到下端时，油口 P 和 A 连通。如图 20-4（b）所示为机动换向阀的图形符号。

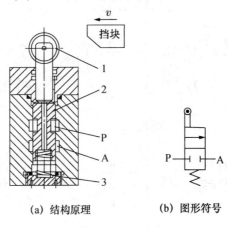

(a) 结构原理　　　　(b) 图形符号

图 20-4　机动换向阀

1—滚轮；2—阀芯；3—弹簧

（2）电磁换向阀。

如图 20-5（a）所示为三位四通电磁换向阀的结构原理图，它是利用电磁铁的吸力来操纵阀芯换位的方向控制阀。阀的两端各有一个电磁铁和一个对中弹簧，阀芯在常态时处于中位。当右端电磁铁通电时，右衔铁 6 通过推杆将阀芯 4 推至左端，阀在右位工作，其油口 P 与 B 相通、A 与 T 相通；当左端电磁铁通电时，阀芯移至右端，阀在左位工作，油口 P 与 A 相通、B 与 T 相通。如图 20-5（b）所示为三位四通电磁换向阀的图形符号。

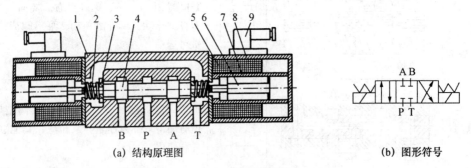

(a) 结构原理图　　　　(b) 图形符号

图 20-5　三位四通电磁换向阀

1—阀体；2—弹簧；3—弹簧座；4—阀芯；5—线圈；6—衔铁；7—隔套；8—壳体；9—插头组件

电磁换向阀操纵方便，布局灵活，有利于实现自动化控制，目前应用十分广泛。按使用电源不同，电磁换向阀可分为交流电磁阀和直流电磁阀。交流电压常用 220 V 或 380 V，直流电压常用 24 V。

(3) 液动换向阀。

电磁换向阀虽然布局容易，控制方便，但电磁铁的吸力有限，难于切换大的流量。当阀的通径大于 10 mm 时常用压力油操纵阀芯换位。这种利用控制油路的压力油推动阀芯改变位置的阀常称为液动换向阀。

如图 20-6（a）所示为三位四通液动换向阀的结构原理图。当其两端控制油口 K_1 和 K_2 均不通入压力油时，阀芯在两端弹簧的作用下处于中位；当 K_1 进压力油，K_2 接油箱时，阀芯移至右端，阀在左位工作，油口 P 与 A 相通、B 与 T 相通；反之，K_2 进压力油，K_1 接油箱时，阀芯移至左端，阀在右位工作，油口 P 与 B 相通、A 与 T 相通。如图 20-6（b）所示为三位四通液动换向阀的图形符号。

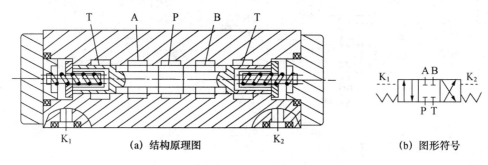

图 20-6 三位四通液动换向阀

(4) 电液换向阀。

电液换向阀是由电磁换向阀和液动换向阀结合在一起构成的一种组合式换向阀。在电液换向阀中，电磁换向阀起先导控制作用（称先导阀），液动换向阀则控制主油路换向（称主阀）。

如图 20-7（a）所示为三位四通电液换向阀的结构原理图。上面的是电磁阀（先导阀），下面的是液动阀（主阀）。其工作原理可用详细图形符号加以说明，如图 20-7（b）所示。常态时，先导阀和主阀皆处于中位，主油路中，A、B、P、T 油口均不相通。当左电磁铁通电时，先导阀左位工作，控制油由 K 经先导阀到主阀芯左端油腔，操纵主阀芯右移，使主阀也切换至左位工作，主阀芯右端油腔回油经先导阀及泄油口 L 流回油箱。此时主油路口 P 与 A 相通、B 与 T 相通。同理，当先导阀右电磁铁通电时，主油路油口换接，P 与 B 相通、A 与 T 相通，实现了油液换向。如图 20-7（c）所示为三位四通电液换向阀的简化符号。

(5) 手动换向阀。

手动换向阀是用手动杆操纵阀芯换位的换向阀。如图 20-8（a）所示为自动复位式手动换向阀，放开手柄 1，阀芯 2 在弹簧 3 的作用下自动回复中位。如果将该阀阀芯右端弹簧 3 的部位改为图 20-8（b）所示的形式，即成为可在三个位置定位的手动换向阀。图 20-8（c）、图 20-8（d）所示为其图形符号。手动换向阀结构简单、动作可靠，常用于持续时间较短且要求人工控制的场合。

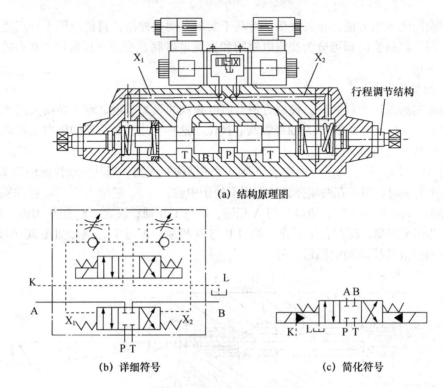

图 20-7 三位四通电液换向阀

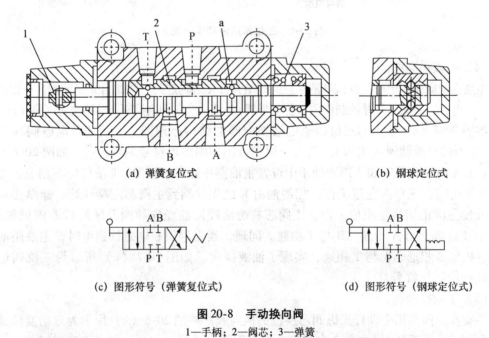

图 20-8 手动换向阀
1—手柄；2—阀芯；3—弹簧

(6) 多路换向阀。

多路换向阀是一种集中布置的组合式手动换向阀，常用于工程机械等要求集中操纵多个执行元件的设备中。多路换向阀的组合方式有并联式、串联式和顺序单动式三种，符号如图 20-9 所示。

当多路换向阀为并联式组合（如图 20-9（a）所示）时，泵可以同时对三个或单独对其中任一个执行元件供油。在对三个执行元件同时供油的情况下，由于负载不同，三者将先后动作。当多路换向阀为串联式组合（如图 20-9（b）所示）时，泵依次向各执行元件供油，第一个阀的回油口与第二个阀的压力油口相连。各执行元件可单独动作，也可同时动作。在三个执行元件同时动作的情况下，三个负载压力之和不应超过泵压。当多路阀为顺序单动式组合（如图 20-9（c）所示）时，泵按顺序向各执行元件供油。操纵前一个阀时，就切断了后面阀的油路，从而可以防止各执行元件之间的动作干扰。

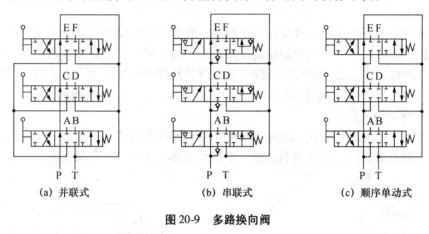

(a) 并联式　　(b) 串联式　　(c) 顺序单动式

图 20-9　多路换向阀

20.3　压力控制阀

压力控制阀是控制液压系统压力或利用压力变化来实现某种动作的阀的统称。这类阀的共同特点是利用阀芯上液体压力与弹簧力相平衡的原理来进行工作的。压力控制阀按用途不同可分为溢流阀、顺序阀、减压阀和压力继电器等。

20.3.1　溢流阀

1. 溢流阀的结构与工作原理

溢流阀有多种用途，主要是溢去系统多余的油液，使泵的供油压力得到调整并保持基本恒定。溢流阀按其结构原理可分为直动型和先导型。直动型一般用于低压系统，先导型常用于中、高压系统。

（1）直动型溢流阀。

如图 20-10（a）所示为直动型溢流阀的结构原理图。来自进油口 P 的压力油经阀芯 3 上的径向孔和阻尼孔 a 通入阀芯的底部，阀芯的下端便受到压力为 p 的油液的作用。若阀的有效作用面积为 A，则压力油作用于该面积上的力为 pA。设调压弹簧 2 作用于阀芯上的预紧力为 F。当进油压力较小（$pA < F$）时，阀芯处于下端位置，将进油口 P 和回油口 T 隔开，即不溢流。随着进油压力的升高，当 $pA = F$ 时，阀芯即将开启。当 $pA > F$ 时，阀芯向上移动，弹簧被进一步压缩，油口 P 和 T 相通，溢流阀开始溢流，进油压力就不会继续升高。当通过溢流阀的流量变化时，阀口开度（即弹簧压缩量）也随之改变。但在弹簧压缩量变化很小的情况下，可以认为阀芯在液压力和弹簧力作用下保持平衡，溢流阀进口处的压力基本保持为定值。

调节螺钉 1 可以改变弹簧的预压缩量，从而调定溢流阀的溢流压力。阻尼小孔 a 的作用是增加液阻以减小滑阀（移动过快而引起）振动。卸油口 b 可将泄漏到弹簧腔的油液引回至回油口 T。

由于这种溢流阀的压力油直接作用于阀芯，故称直动型溢流阀。直动型溢流阀一般只能用于低压小流量的场合。当控制较高压力和较大流量时，需要刚度较大的调压弹簧，不但手动调节困难，而且溢流阀阀口开度（调压弹簧压缩量）略有变化便引起较大的压力变化。如图 20-10（b）所示为直动型溢流阀的图形符号，这也是溢流阀的一般符号。

（2）先导型溢流阀。

如图 20-11 所示为先导型溢流阀。该阀由先导阀和主阀两部分组成。先导阀就是一个小规格的直动型溢流阀，而主阀阀芯是一个锥形端部、上面开有阻尼孔的圆柱筒。

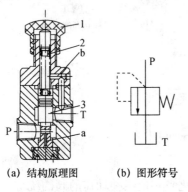

(a) 结构原理图　　(b) 图形符号

图 20-10　直动型溢流阀
1—调节螺钉；2—弹簧；3—阀芯

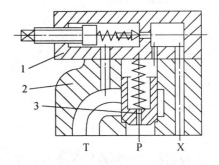

图 20-11　先导型溢流阀
1—先导阀；2—主阀；3—阻尼孔

如图 20-11 所示，油液从进油口 P 进入，经阻尼孔到达主阀弹簧腔，并作用在先导阀锥阀芯上（一般情况下，外控口 X 是堵塞的）。当进油压力不高时，液压力不能克服先导阀的弹簧弹力，这时，主阀芯因前、后腔油压相同，故被主阀弹簧压在阀座上，主阀口亦关闭，阀内无油液流动。当进油压力升高到先导阀的预调压力时，先导阀阀口打开，主阀弹簧腔的油液流过先导阀阀口并经阀体上的通道和回油口 T 流回油箱。这时，油液流过阻尼小孔 3 产生压力损失，使主阀芯两端形成压力差。主阀芯在此压差作用下，克服弹簧阻力向上移动，使进、回油口连通，达到溢流稳压的目的。调节先导阀的调压螺钉，便能调节溢流压力。更换不同刚度的弹簧，便能得到不同的调压范围。

在先导型溢流阀中，先导阀用于控制和调节溢流压力，主阀通过控制溢流口的启闭而稳定压力。由于通过先导阀的流量较小，锥阀的阀孔尺寸也较小，调压弹簧的刚度也就不大，因此调压比较轻便。主阀芯因两端均受油液压力的作用，主阀弹簧只需很小的刚度，当溢流量变化而引起主阀弹簧压缩量变化时,溢流阀所控制的压力变化也就较小,故先导型溢流阀稳压性能优于直动型溢流阀。但先导型溢流阀必须在先导阀和主阀都动作的情况下才能控制压力作用,因此其灵敏度低于直动型溢流阀。如图20-12所示为溢流阀的图形符号。

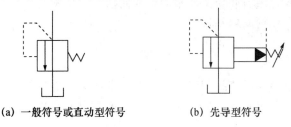

(a) 一般符号或直动型符号　　(b) 先导型符号

图20-12　溢流阀的图形符号

2. 溢流阀的应用

根据溢流阀在液压系统中所起的作用,溢流阀可作为溢流阀、安全阀、卸荷阀和背压阀使用。

(1) 作为溢流阀使用。在采用定量泵供油的液压系统中,由流量控制阀调节进入执行元件的流量,定量泵输出的多余油液则从溢流阀流回油箱。在工作过程中溢流阀口常开,系统的工作压力由溢流阀调整并保持基本恒定,如图20-13(a)所示的溢流阀1。

(2) 作为安全阀使用。如图20-13(b)所示为一变量泵供油系统,执行元件速度由变量泵自身调节,系统中无多余油液,系统工作压力随负载变化而变化。正常工作时,溢流阀口关闭;一旦过载,溢流阀口立即打开,使油液流回油箱,系统压力不再升高,以保障系统安全。

(3) 作为卸荷阀使用。如图20-13(c)所示,将先导型溢流阀远程控制口K通过二位二通电磁阀与油箱连接。当电磁铁断电时,远程控制口K被堵塞,溢流阀起溢流稳压作用。当电磁铁通电时,远程控制口K连通油箱,溢流阀的主阀芯上端压力接近于零,此时溢流阀口全开,回油阻力很小,泵输出的油液便在低压下经溢流阀口流回油箱,使液压泵卸荷,从而减小系统功率损失,故溢流阀起卸荷作用。

(4) 作为背压阀使用。如图20-13(a)所示的溢流阀2接在回油路上,可对回油产生阻力,即形成背压,利用背压可提高执行元件的运动平稳性。

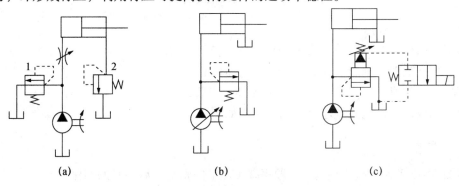

(a)　　　　　　　　(b)　　　　　　　　(c)

图20-13　溢流阀的应用

20.3.2 顺序阀

顺序阀是利用系统压力变化来控制油路的通断,以实现某些液压元件的顺序动作。顺序阀也有直动型和先导型两种结构。

1. 顺序阀的结构与工作原理

顺序阀的工作原理和溢流阀相似,其主要区别在于:溢流阀的出口接油箱,而顺序阀的出口接执行元件。顺序阀的内泄漏油不能用通道与出油口相连,而必须用专门的泄油口接通油箱。

如图20-14(a)所示为直动型顺序阀的结构原理图。常态下,进油口 P_1 与出油口 P_2 不通。进口油液经阀体3和下盖1上的油道流到控制活塞2的底部。当进口油液压力低于弹簧5的调定压力时,阀口关闭。当进口压力高于弹簧调定压力时,控制活塞在油液压力作用下克服弹簧力将阀芯4顶起,使 P_1 与 P_2 相通,压力油便可经阀口流出。弹簧腔的泄漏油从泄油口L流回油箱。因该顺序阀的控制油直接从进油口引入,故称为内控外泄式顺序阀。其图形符号如图20-14(b)所示。

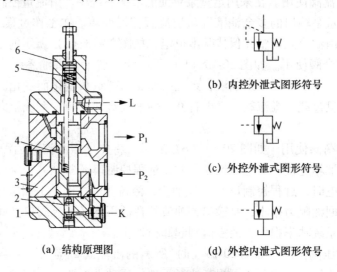

图 20-14 直动型顺序阀
1—下盖;2—活塞;3—阀体;4—阀芯;5—弹簧;6—上盖

将图20-14(a)中的下盖旋转90°或180°安装,切断原控制油路,将外控口K的螺塞取下接通控制油路,则阀的开启由外部压力油控制,便构成外控外泄式顺序阀,图形符号如图20-14(c)所示。若再将上盖6旋转180°安装,并将外泄口L堵塞,则弹簧腔与出油口相通,构成外控内泄式顺序阀,图形符号如图20-14(d)所示。

2. 顺序阀的应用

如图20-15所示为机床夹具上用顺序阀实现工件先定位后夹紧的顺序动作回路图。当换向阀右位工作时,压力油首先进入定位缸下腔,完成定位动作以后,系统压力升高,达到顺序阀的调定压力（为保证工作可靠，顺序阀的调定压力应比定位缸最高工作压力高 0.5～0.8 MPa）时，顺序阀打开，压力油经顺序阀进入夹紧缸下腔，实现液压夹紧。当换向阀左位工作时，压力油同时进入定位缸和夹紧缸上腔，拔出定位销，松开工件，夹紧缸通过单向阀回油。此外，顺序阀还用作卸荷、平衡、背压阀使用。

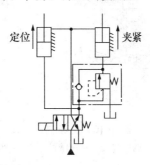

图 20-15　顺序阀的应用

20.3.3　减压阀

减压阀主要用来使液压系统某一支路获得较液压泵供油压力低的稳定压力。减压阀也有直动型和先导型之分，其中先导型减压阀应用较多。

1. 减压阀的结构与工作原理

如图 20-16（a）所示为先导型减压阀的结构原理图。它在结构上和先导型溢流阀类似，也由先导阀和主阀两部分组成。压力油从阀的进油口（图中未标出）进入进油腔 P_1，经减压阀口 x 减压后，再从出油腔 P_2 和出油口流出。出油腔压力油经小孔 f 进入主阀芯 5 的下端，同时经阻尼小孔 e 流入主阀芯上端，再经孔 c 和孔 b 作用于锥阀芯 3 上。当出油口压力较低时，先导阀关闭，主阀芯两端压力相等，主阀芯被平衡弹簧 4 压在最下端（图示位置），减压阀口开度为最大，压降为最小，减压阀不起减压作用。当出油口压力达到先导阀的调定压力时，先导阀开启，此时 P_2 腔的部分压力油经孔 e、孔 c、孔 b、先导阀口、孔 a 和泄漏口 L 流回油箱。由于阻尼小孔 e 的作用，主阀芯两端产生压力差，主阀芯便在此压力差作用下克服平衡弹簧的弹力上移，减压阀口减小，使出油口压力降低至调定压力。由于外界干扰（如负载变化）使出油口压力变化时，减压阀将会自动调整减压阀口的开度以保持出油口压力稳定。调节调整螺钉 1 即可调节调压弹簧 2 的预压缩量，从而调定减压阀出油口压力。如图 20-16（b）所示为直动型减压阀图形符号，也是减压阀的一般符号；图 20-16（c）为先导型减压阀的图形符号。

2. 减压阀的应用

减压阀在夹紧油路、控制油路和润滑油路中应用较多。如图 20-17 所示是减压阀用于夹紧油路的原理图，液压泵除供给主油路压力油外，还经分支路上的减压阀为夹紧缸提供较泵供油压力低的稳定压力油，其夹紧力大小由减压阀来调节控制。

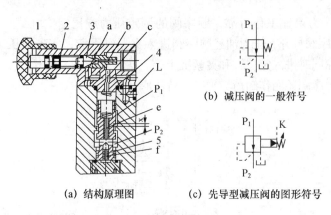

(a) 结构原理图　　(c) 先导型减压阀的图形符号

图 20-16　先导型减压阀

1—调整螺钉；2—调压弹簧；3—锥阀芯；4—平衡弹簧；5—主阀芯

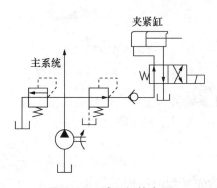

图 20-17　减压阀的应用

20.3.4　压力继电器

压力继电器是将油液的压力信号转变为电信号的转换元件。它利用液压系统压力的变化来控制电路的接通或切断，以实现自动控制或安全保护。

压力继电器类型很多，如图 20-18 所示为单柱塞式压力继电器的结构原理图及图形符号。压力油从油口 P 进入压力继电器，作用在柱塞 1 底部。当系统压力到达调定压力时，作用在柱塞上的液压力克服弹簧的弹力，推动顶杆 2 上移，使微动开关 4 的触电闭合，发出电信号。调节螺钉 3 可以改变弹簧的压缩量，相应地就调节了发出电信号的控制油压力。当系统压力降低时，在弹簧力作用下，柱塞下移，压力继电器复位切断电信号。

压力继电器发出电信号时的压力称为开启压力，切断电信号时的压力称为闭合压力。由

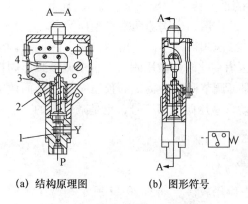

(a) 结构原理图　　(b) 图形符号

图 20-18　单柱塞式压力继电器

1—柱塞；2—顶杆；3—调节螺钉；4—微动开关

于摩擦力的作用，开启压力高于闭合压力，其差值称为压力继电器的灵敏度。差值越小，则灵敏度越高。

20.4 流量控制阀

流量控制阀是通过改变阀口通流面积来调节输出流量，从而控制执行元件的运动速度。常用的流量控制阀有节流阀和调速阀两种。

20.4.1 流量控制阀的特性

1. 节流口的流量特性公式

通过节流口的流量与其结构有关，实际应用的节流口都介于薄壁孔和细长孔之间，故通过节流孔的流量可以用小孔流量通用公式 $q_v = CA_T\Delta p^\varphi$ 来描述。当 C、Δp、和 φ 一定时，只要改变节流口的通流面积 A_T，就可调节通过节流口的流量 q_v。

2. 影响节流口流量稳定的因素

在液压系统中，当节流口的通流面积 A_T 调定后，要求通过节流口的流量 q_v 稳定不变，以使执行元件速度稳定，但实际上有很多因素影响着节流口的流量稳定性。

（1）负载变化的影响。节流口前后的压力差 Δp 随执行元件所受负载的变化而变化，Δp 的变化会引起通过节流口的流量变化，且 φ 越大 Δp 变化对流量影响越大。一般而言，薄壁孔 φ 值最小，因此节流口常采用薄壁孔。

（2）温度变化的影响。油的温度变化会引起油的黏度变化，小孔流量通用公式中的系数 C 值就会发生变化，从而使流量发生变化。显然，节流孔越长，影响越大。故薄壁孔长度短时，对温度变化最不敏感。

（3）节流孔的阻塞。在压差、油温和黏度等因数不变的情况下，当节流口的开度很小时，流量会出现不稳定，甚至断流，这种现象称为阻塞。产生阻塞的主要原因是：节流口处高速液流产生局部高温，致使油液氧化变质生成胶质沉淀，甚至引起油中碳的燃烧产生灰烬，这些生成物和油中原有的杂质结合，在节流口表面逐步形成附着层，它不断堆积又不断被高速液流冲掉，流量就不断地发生波动，附着层堵死节流口时则出现断流。

阻塞将会造成系统执行元件速度不均，因此节流阀有一个能正常工作的最小流量限制值，称为最小稳定流量。

3. 节流口的形式

如图 20-19 所示是常用的三种节流口形式。图 20-19（a）所示为针阀式节流口，其中针阀做轴向移动，改变通流面积，以调节流量。针阀式节流口结构简单，但流量稳定性差，一般用于要求不高的场合。图 20-19（b）所示为偏心式节流口，阀芯上开有截面为三角形或矩形的偏心沟槽，转动阀芯就可以改变通流面积以调节流量。偏心式节流口的阀芯受径向不平衡力，适用于压力较低的场合。图 20-19（c）所示为轴向三角槽式节流口，阀芯端部开有一个或两个斜三角槽，在轴向移动时，阀芯就可改变通流面积的大小。轴向三角槽式节流口结构简单，可获得较小的稳定流量，故应用广泛。

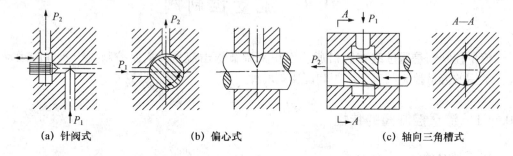

(a) 针阀式　　　　(b) 偏心式　　　　(c) 轴向三角槽式

图 20-19　常用的节流口形式

20.4.2　节流阀的结构及特点

如图 20-20（a）所示为普通节流阀的结构原理图，它的节流口是轴向三角槽式。打开节流阀时，压力油从进油口 P_1 进入，经孔 a、阀芯 1 左端的轴向三角槽、孔 b 和出油口 P_2 流出。阀芯 1 在弹簧力的作用下始终紧贴在推杆 2 的端部。旋转手轮 3，可使推杆沿轴向移动，改变节流口的通流面积，从而调节通过阀的流量。如图 20-20（b）所示为普通节流阀的图形符号。

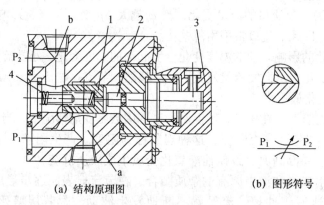

(a) 结构原理图　　　　(b) 图形符号

图 20-20　普通节流阀

1—阀芯；2—推杆；3—手轮；4—弹簧

节流阀的结构简单，体积小，使用方便，成本低。但节流阀负载和温度的变化对流量稳定性的影响较大，因此只适用于负载和温度变化不大或速度稳定性要求不高的液压系统。

20.4.3　调速阀工作原理及特点

调速阀是由定差减压阀与节流阀串联而成的组合阀。节流阀用来调节通过的流量，定差减压阀则自动调节，使节流阀前后的压差为定值，从而消除了负载变化对流量的影响。如图 20-21（a）所示，定差减压阀 1 与节流阀 2 串联，定差减压阀左、右两腔也分别与节流阀前、后端相通。设定差减压阀的进口压力为 P_1，油液经减压后出口压力为 P_2，通过节流阀又降至 P_3 进入液压缸。P_3 的大小由液压缸载荷 F 决定。载荷 F 变化，则 P_3 和调速阀两端压差 P_1-P_3 随之变化，但节流阀两端压差 P_2-P_3 却不变。例如，F 增大使 P_3 增大，减压阀芯弹簧腔液压作用力也增大，阀芯右移，减压口开度 x 加大，减压作用减小，使 P_2 有所增加，结果压差 P_2-P_3 保持不变。反之亦然。调速阀通过的流量因此就保持恒定了。图 20-21（b）和图 20-21（c）所示分别表示调速阀的详细符号和简化符号。

如图 20-22 所示表示节流阀和调速阀的流量特性曲线。图中曲线 1 表示的是节流阀的流量与进出油口压差 Δp 的变化规律。根据流量公式 $q_v = CA_T\Delta p^\varphi$ 可知，节流阀的流量随压差变化而变化。图中曲线 2 表示的是调速阀的流量与进出口压差 Δp 的变化规律。调速阀在压差大于一定值后流量基本稳定。调速阀在压差很小时，定差减压阀阀口全开，减压阀不起作用，这时调速阀的特性和节流阀相同。可见，要使调速阀正常工作，应保持最小压差。

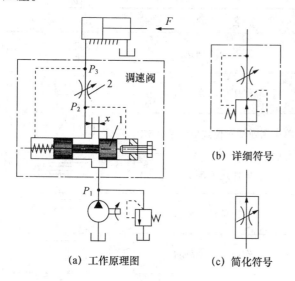

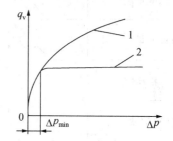

图 20-21　调速阀的工作原理和符号
1—定差减压阀；2—节流阀

图 20-22　流量阀的流量特性曲线
1—节流阀；2—调速阀

附 录

一、基本符号、管路及连接

名 称	符 号	名 称	符 号
工作管路	——	柔性管路	⌒
控制管路泄漏管路	- - - - - - -	组合元件框线	
连接管路	┴ ┤	单通路旋转接头	
交叉管路	┼	三通路旋转接头	

二、动力源及执行机构

名 称	符 号	名 称	符 号
单向定量液压泵		摆动液压马达	
双向定量液压泵		单作用单活塞杆缸	
单向变量液压泵		单作用弹簧复位式单活塞杆缸	
双向变量液压泵		单作用伸缩缸	
液压源		双作用单活塞杆缸	
单向定量液压马达		双作用双活塞杆缸	
双向定量液压马达		双作用可调单向缓冲缸	
单向变量液压马达		双作用伸缩缸	
双向变量液压马达		单作用增压器	

三、控制方式

名　称	符　号	名　称	符　号
人力控制一般符号		差动控制	
手柄式人力控制		内部压力控制	
按钮式人力控制		外部压力控制	
弹簧式机械控制		单作用电磁控制	
顶杆式机械控制		单作用可调电磁控制	
滚轮式机械控制		双作用电磁控制	
加压或卸压控制		双作用可调电磁控制	
液压先导控制（加压控制）		电液先导控制	
液压先导控制（卸压控制）		定位装置	

四、控制阀

名　称	符　号	名　称	符　号
溢流阀一般符号或直动型流溢阀		减压阀一般符号或直动型减压阀	
先导型溢流阀		先导型减压阀	
先导型比例电磁溢流阀		顺序阀一般符号或直动型顺序阀	

(续表)

名　称	符　号	名　称	符　号
先导型顺序阀		集流阀	
平衡阀 （单向顺序阀）		分流集流阀	
		截止阀	
卸荷阀一般符号 或直接型卸荷阀		单向阀	
		液控单向阀	
压力继电器		液压锁	
不可调节流阀			
可调节流阀		或门型梭阀	
可调单向节流阀		二位二通换向阀（常闭）	
调速阀一般符号		二位二通换向阀（常开）	
单向调速阀		二位三通换向阀	
		二位四通换向阀	
温度补偿型调速阀		二位五通换向阀	
旁通型调速阀		三位三通换向阀	
分流阀		三位四通换向阀	
三位四通 手动换向阀		三位四通电磁换向阀	
二位二通 手动换向阀		三位四通电液换向阀	
三位四通 液动换向阀		四通伺服阀	

五、硬件和其他装置

名　　称	符　号	名　　称	符　号
油箱		冷却器	
密闭式油箱（三条油路）		过滤器一般符号	
蓄能器一般符号		带磁性滤芯过滤器	
弹簧式蓄能器		带污染指示器过滤器	
重锤式蓄能器		压力计	
		压力差	
气体隔离式蓄能器		流量计	
		温度计	
温度调节器		电动机	
加热器		行程开关	

六、轴的基本偏差数值

基本偏差代号	a	b	c	cd	d	e	ef	f	fg	g	h	js
公差等级	所有等级 上偏差											
基本尺寸/mm												
≤3	-270	-140	-60	-34	-20	-14	-10	-6	-4	-2	0	偏差=±IT/2
>3～6	-270	-140	-70	-46	-30	-20	-14	-10	-6	-4	0	
>6～10	-280	-150	-80	-56	-40	-25	-18	-13	-8	-5	0	
>10～14 >14～18	-290	-150	-95	—	-50	-32	—	-16	—	-6	0	
>18～24 >24～30	-300	-160	-110	—	-65	-40	—	-20	—	-7	0	
>30～40 >40～50	-310 -320	-170 -180	-120 -130	—	-80	-50	—	-25	—	-9	0	
>50～65 >65～80	-340 -360	-190 -200	-140 -150	—	-100	-60	—	-30	—	-10	0	
>80～100 >100～120	-380 -410	-220 -240	-170 -180	—	-120	-72	—	-36	—	-12	0	
>120～140 >140～160 >160～180	-460 -520 -580	-260 -280 -310	-200 -210 -230	—	-145	-85	—	-43	—	-14	0	
>180～200 >200～225 >225～250	-660 -740 -820	-340 -380 -420	-240 -260 -280	—	-170	-100	—	-50	—	-15	0	
>250～280 >280～315	-920 -1050	-480 -540	-300 -330	—	-190	-110	—	-56	—	-17	0	
>315～355 >355～400	-1200 -1350	-600 -680	-360 -400	—	-210	-125	—	-62	—	-18	0	
>400～450 >450～500	-1500 -1650	-760 -840	-440 -480	—	-230	-135	—	-68	—	-20	0	

（续表）

基本偏差代号																			
公差等级	j			k		m	n	p	r	s	t	u	v	x	y	z	za	zb	zc
基本尺寸/mm	5,6	7	8	4~7	≤3 >7														
						下偏差													
≤3	−2	−4	−6	0	0	+2	+4	+6	+10	+14	—	+18	—	+20	—	+26	+32	+40	+60
>3~6	−2	−4	—	+1	0	+4	+8	+12	+15	+19	—	+23	—	+23	—	+35	+42	+50	+80
>6~10	−2	−5	—	+1	0	+6	+10	+15	+19	+23	—	+28	—	+28	—	+42	+52	+67	+97
>10~14	−3	−6	—	+1	0	+7	+12	+18	+23	+28	—	+33	—	+40	—	+50	+64	+90	+130
>14~18													+39	+45	—	+60	+77	+108	+150
>18~24	−4	−8	—	+2	0	+8	+15	+22	+28	+35	—	+41	+47	+54	+63	+73	+98	+136	+188
>24~30											+41	+48	+55	+64	+75	+88	+118	+160	+218
>30~40	−5	−10	—	+2	0	+9	+17	+26	+34	+43	+48	+60	+68	+80	+94	+112	+148	+200	+274
>40~50											+54	+70	+81	+97	+114	+136	+180	+242	+325
>50~65	−7	−12	—	+2	0	+11	+20	+32	+41	+53	+66	+87	+102	+122	+144	+172	+226	+300	+405
>65~80									+43	+59	+75	+102	+120	+146	+174	+210	+274	+360	+480
>80~100	−9	−15	—	+3	0	+13	+23	+37	+51	+71	+91	+124	+146	+178	+214	+258	+335	+445	+585
>100~120									+54	+79	+104	+144	+172	+210	+254	+310	+400	+552	+690
>120~140	−11	−18	—	+3	0	+15	+27	+43	+63	+92	+122	+170	+202	+248	+300	+365	+470	+620	+800
>140~160									+65	+100	+134	+190	+228	+280	+340	+415	+535	+700	+900
>160~180									+68	+108	+146	+210	+252	+310	+380	+465	+600	+780	+1000
>180~200	−13	−21	—	+4	0	+17	+31	+50	+77	+122	+166	+236	+284	+350	+425	+520	+670	+880	+1150
>200~225									+80	+130	+180	+258	+310	+385	+470	+575	+740	+960	+1250
>225~250									+84	+140	+196	+284	+340	+425	+520	+640	+820	+1050	+1350
>250~280	−16	−26	—	+4	0	+20	+34	+56	+94	+158	+218	+315	+385	+475	+580	+710	+920	+1200	+1550
>280~315									+98	+170	+240	+350	+425	+525	+650	+790	−1000	−1300	−1700
>315~355	−18	−28	—	+4	0	+21	+37	+62	+108	+190	+268	+390	+475	+590	+730	+900	−1150	−1500	−1900
>355~400									+114	+208	+294	+435	+530	+660	+820	−1000	−1300	−1650	−2100
>400~450	−20	−32	—	+5	0	+23	+40	+68	+126	+232	+330	+490	+595	+740	+920	−1100	−1450	−1850	−2400
>450~500									+132	+360	+360	+540	+660	+820	−1000	−1250	−1600	−2100	−2600

注：1. 基本尺寸小于1 mm时，各级的a和b都不采用；

2. js的数值，对IT7~IT11，若IT的数值（mm）为奇数，则取 $js = \pm \dfrac{IT-1}{2}$。

七、孔的基本偏差数值

基本偏差代号	A	B	C	CD	D	E	EF	F	FG	G	H	JS	J			K		M			N	
公差等级	所有等级												6	7	8	≤8	>8	≤8	>8	≤8	>8
基本尺寸/mm	下偏差											偏差=±IT/2										
≤3	+270	+140	+60	+34	+20	+14	+10	+6	+4	+2	0		+2	+4	+6	0	0	−2	−2	−4	−4
>3~6	+270	+140	+70	+46	+30	+20	+14	+10	+6	+4	0		+5	+6	+10	−1+Δ	—	−4+Δ	−4	−8+Δ	0
>6~10	+280	+150	+80	+56	+40	+25	+18	+13	+8	+5	0		+5	+8	+12	−1+Δ	—	−6+Δ	−6	−10+Δ	0
>10~14 >14~18	+290	+150	+95	—	+50	+32	—	+16	—	+6	0		+6	+10	+15	−1+Δ	—	−7+Δ	−7	−12+Δ	0
>18~24 >24~30	+300	+160	+110	—	+65	+40	—	+20	—	+7	0		+8	+12	+20	−2+Δ	—	−8+Δ	−8	−15+Δ	0
>30~40 >40~50	+310 +320	+170 +180	+120 +130	—	+80	+50	—	+25	—	+9	0		+10	+14	+24	−2+Δ	—	−9+Δ	−9	−17+Δ	0
>50~65 >65~80	+340 +360	+190 +200	+140 +150	—	+100	+60	—	+30	—	+10	0		+13	+18	+28	−2+Δ	—	−11+Δ	−11	−20+Δ	0
>80~100 >100~120	+380 +410	+220 +240	+170 +180	—	+120	+72	—	+36	—	+12	0		+16	+22	+34	−3+Δ	—	−13+Δ	−13	−23+Δ	0
>120~140 >140~160 >160~180	+460 +520 +580	+260 +280 +310	+200 +210 +230	—	+145	+85	—	+43	—	+14	0		+18	+26	+41	−3+Δ	—	−15+Δ	−15	−27+Δ	0
>180~200 >200~225 >225~250	+660 +740 +820	+340 +380 +420	+240 +260 +280	—	+170	+100	—	+50	—	+15	0		+22	+30	+47	−4+Δ	—	−17+Δ	−17	−31+Δ	0
>250~280 >280~315	+920 +1050	+480 +540	+300 +330	—	+190	+110	—	+56	—	+17	0		+25	+36	+55	−4+Δ	—	−20+Δ	−20	−34+Δ	0
>315~355 >355~400	+1200 +1350	+600 +680	+360 +400	—	+210	+125	—	+62	—	+18	0		+29	+39	+60	−4+Δ	—	−21+Δ	−21	−37+Δ	0
>400~450 >450~500	+1500 +1650	+760 +840	+440 +480	—	+230	+135	—	+68	—	+20	0		+33	+43	+66	−5+Δ	—	−23+Δ	−23	−40+Δ	0

(续表)

基本偏差代号	P至ZC	P	R	S	T	U	V	X	Y	Z	ZA	ZB	ZC	Δ						
公差等级	≤7	\>7												3	4	5	6	7	8
基本尺寸/mm		下偏差																	
≤3		-6	-10	-14	—	-18	—	-20	—	-26	-32	-40	-60	0					
>3~6		-12	-15	-19	—	-23	—	-28	—	-35	-42	-50	-80	1	1.5	1	3	4	6
>6~10		-15	-19	-23	—	-28	—	-34	—	-42	-52	-67	-97	1	2.5	2	3	6	7
>10~14		-18	-23	-28	—	-33	—	-40	—	-50	-64	-90	-130	1	2	3	3	7	9
>14~18							-39	-45		-60	-77	-108	-150						
>18~24		-22	-28	-35	—	-41	-47	-54	-63	-73	-98	-136	-188	1.5	2	3	4	8	12
>24~30					-41	-48	-55	-64	-75	-88	-118	-160	-218						
>30~40		-26	-34	-43	-48	-60	-68	-80	-94	-112	-148	-200	-274	1.5	3	4	5	9	14
>40~50					-54	-70	-81	-97	-114	-136	-180	-242	-325						
>50~65	在大于7级的相应数值上增加一个Δ值	-32	-41	-53	-66	-87	-102	-122	-144	-172	-226	-300	-405	2	3	5	6	11	16
>65~80			-43	-59	-75	-102	-120	-146	-174	-210	-274	-360	-480						
>80~100		-37	-51	-71	-91	-124	-146	-178	-214	-258	-335	-445	-585	2	4	5	7	13	19
>100~120			-54	-79	-104	-144	-172	-210	-254	-310	-400	-525	-690						
>120~140		-43	-63	-92	-122	-170	-202	-248	-300	-365	-470	-620	-800	3	4	6	7	15	23
>140~160			-65	-100	-134	-190	-228	-280	-340	-415	-535	-700	-900						
>160~180			-68	-108	-146	-210	-252	-310	-380	-465	-600	-780	-1000						
>180~200		-50	-77	-122	-166	-236	-284	-350	-425	-520	-670	-880	-1150	3	4	6	9	17	26
>200~225			-80	-130	-180	-258	-310	-385	-470	-575	-740	-960	-1250						
>225~250			-84	-140	-196	-284	-340	-425	-520	-640	-820	-1050	-1350						
>250~280		-56	-94	-158	-218	-315	-385	-475	-580	-710	-920	-1200	-1550	4	4	7	9	20	29
>280~315			-98	-170	-240	-350	-425	-525	-650	-790	-1000	-1300	-1700						
>315~355		-62	-108	-190	-268	-390	-475	-590	-730	-900	-1150	-1500	-1900	4	5	7	11	21	23
>355~400			-114	-208	-294	-435	-530	-660	-820	-1000	-1300	-1650	-2100						
>400~450		-68	-126	-232	-330	-490	-535	-740	-920	-1100	-1450	-1850	-2400	5	5	7	13	23	34
>450~500			-132	-252	-360	-540	-660	-820	-1000	-1250	-1600	-2100	-2600						

注：1. 基本尺寸小于1mm时，各级的A和B及大于8级的N均不采用。

2. js的数值，对IT7~IT11，若IT的数值（mm）为奇数，则取 js = $\pm \dfrac{IT-1}{2}$；

3. 特殊情况，当基本尺寸大于250到315mm时，M6的ES等于-9（不等于-11）；

4. 对小于或等于IT8的K、M、N和小于或等于IT7的P至ZC，所需Δ值从表内右侧选择取。例如，大于6至10mm的P6，Δ=3，所示ES = -15+3 = 12mm。

参 考 文 献

[1] 张定华. 工程力学 [M]. 北京：高等教育出版社. 2003.
[2] 程嘉佩. 材料力学 [M]. 北京：高等教育出版社. 1998.
[3] 刘寿梅. 建筑力学 [M]. 北京：高等教育出版社. 2004.
[4] 王定国，周全光. 机械原理与机械零件 [M]. 北京：高等教育出版社. 1997.
[5] 王纪安. 工程材料与材料成形工艺 [M]. 北京：高等教育出版社. 2004.
[6] 王利贤. 机械基础 [M]. 北京：人民交通出版社. 2003.
[7] 吴善元，等. 机械基础 [M]. 北京：高等教育出版社. 2005.
[8] 廖琨. 机械基础 [M]. 北京：人民交通出版社. 2003.
[9] 凤勇. 机械基础 [M]. 北京：人民交通出版社. 2003.
[10] 孙宝宏. 机械基础 [M]. 北京：化学工业出版社. 2002.
[11] 扬黎明. 机械原理与机械零件 [M]. 北京：高等教育出版社. 1998.
[12] 马永林. 机构与机械零件 [M]. 北京：人民教育出版社. 1978.
[13] 丁树模. 液压传动 [M]. 北京：机械工业出版社. 2004.
[14] 张宏友. 液压与气动技术 [M]. 大连：大连理工大学出版社. 2004.